文化的
幽靜
匿蹤與現身
人類學

謝世忠——著

代序　餵雞之後的幽靜寫作

這本書收納作者九年前出版《餵雞屋人類學》之後，陸續撰寫的各式各樣文章，譬如在高中公民教科書講述文化意義、受邀撰序，推介學友出版的書籍、說明擔任社團或計畫主持人的主張、敘述進入不同國家或社區部落的訪問與研究歷程，或者純粹是生活、工作上感觸追憶。收入的七十四篇文章，千姿百態，誠如作者自言「內容規模差距蠻大」，佐證一個人類學者讀萬卷書、行萬里路的歷程。

作者通過一甲子年歲之後，近年來成為薩克斯風演奏者、阿美族和泰雅族語的發聲者（傣語嘛也通），而在平日生活、友朋聚會及旅遊田野中展現對萬般事物的高度好奇，正好可以跟這些文章內涵呈現的幅度對應。本人跟作者熟識多年，除了找時間吃肉飲酒、偶而胡謅談笑，更重要是長年來我們都有慢跑的習慣。慢跑是暫時脫離日常生活常軌的幽靜空間，在步伐輕緩、呼吸稍快之下，許多平時靜坐難得的創意、巧思，經常霎時閃現，因此慢跑也成為我們對抗失智失能的利器。在相對嚴肅的事務上如高等教育評鑑工作，我們由二〇〇六年就經常一起被分派在其他人文類到各大學校院去評鑑；後來臺灣開始重視研究倫理，作者被臺灣大學禮聘為行為與社會科學研究倫理委員會主任委員，我也以校外專家名義受邀參加研究倫理審議工作迄今。生命情調由嘻笑到莊嚴，變異之大，我們差堪比擬。

作者在教學研究是出了名的嚴格嚴謹，從他這些年受教的碩博士生言談中可以得知，但是對於學生的呵護、疼惜也是確定的。一旦學生需要幫忙，必定豪邁出手；尤其對於認真的學生絕不吝於讚賞，這本書對於學生表現的讚許與引以為榮，讓人動容！對於朋友的支撐則具現於在餐敘後跟「爐主」慷慨分攤，或者在當事人全然不知情的狀況下，在生日場合突然現身祝福。這是Tristan（作者美名）待人誠懇、真摯與暖男的一面。

一九八六有「天真人類學家」（奈吉爾・巴利）、一九九六年出現「傷心人類學」（露思・貝哈），接著二〇一一年作者出版了《餵雞屋人類學——迷妳論述一〇一》，之後就有《芭樂人類學》（二〇一五）、《巷仔口社會學》等書出現。進入二十一世紀後，透過各種視頻媒體工具出現在我們眼睛耳朵的訊息實在是太多太快了，新聞主播播報新聞之際，螢幕同時呈現跑馬燈、分割畫面、隨時插入的快訊之類；手機內建的APP之多之雜，隨時強迫手機主人瀏覽各種畫面、訊息。各種來路的資訊不斷出現，想讓閱聽者願意停下來多看、多聽、多想一點，只好在標題上嘗試新奇的點子。現在的珍貴、垃圾資訊流通的情況已經遠遠超過莊子曾感嘆的「吾生也有涯，而知也無涯，以有涯隨無涯，殆已」的情境。

由上世紀末到現在，臺灣社會的語言應用真是到翻天覆地的境況。讓一些正經八百的語文專家頻頻感嘆那是「語言之癌」、「語病」之類。譬如很有fu、芒果乾、（聖母型）渣男、型男、正妹（其實這是古文）、辣妹、酷哥、母湯（不要）、裸退、佛系、用肺發電、豬隊友等，其實具現人們、尤其年輕一輩的慧心閃現。有些可以經過時間的淬煉，堂而皇之進入經典文章。之所以這般煞費心思鋪陳語文巧思的足以引人注目，就是要提醒讀者們，不妨留意本書的行文風格！作者雖然是人類學者，卻在文字的使用上完全跟得上年輕人時髦！師友、學生們都知道，作者一直是拒絕使用手機的臺北人，他能夠跟上風騷顯然是深刻的觀察所得。真正的意思是，這本書仍然是扎實沉重的人類學書籍。

這本書我有機會先讀為快，有責任將我知道的作者風格以及本書的特色簡略敘述一過，回報作者也是我幾本書的寫序者，相信很多人會喜歡這一本書與它的主人。最後謹以鄒語祝福本書的閱讀者，yokeoasu（平安福泰）！

Pasu'e Poiconx 浦忠成

二〇二〇年四月二十九日於志學

自序

說自己喜歡動筆，的確也是，否則看看這批文字，又是哪兒來？但，人類學成了專業之後，並不有時而生成以專業來看日常生活的念頭，反而一直希望能用普通隨筆，記記有趣好玩的人事物心得。無料，事與願違，竟然完成任何一文，短短長長，總是人家一眼就會回應「原來人類學的觀點是這樣子喔！」很羨慕譬如說醫生作家，看他文章，根本猜不到正職，推斷當事者生活必定多彩多元。而我呢，大抵就宿命似地專職與小品難分難解了。數年前筆者出版《餵雞屋人類學——迷妳論述一〇一》，高興終於有一本輕鬆文集。惟「很學術」卻是多位好友的共同評斷。曾為此驚嚇了好一會兒，最後就認了，認當下，也認未來，而未來之一，就是本書。

除了擺脫不了的終日纏身之外，樣樣都很人類學，難道不也好處多多？應該就是一種觀察之眼的特性吧！特性常常有機會展現，成了專業知識一定程度的另類發揮，或許也可帶來些許樂趣，包括給自己，和著書立說之後的給讀者。想到此，會心有小小笑容了。

現在，這本類似餵雞屋的冊集又成，那是積累九年的書書寫寫。裡頭至少有四多，寫序評述者與老闆自居的話多，原民探索者多，臺美比較者多，還有，東西方論者多。這些多多，直接道出作者的平日身分：老是受邀替人寫推薦序文和自薦發表單位總管之言；必定有不少原住民好友；老是跑去美利堅洽公辦私；以及好奇各地不同款人類樣態。為何老作序寫評外加以組織負責人立場說話（如，動不動就理事長的話）？或許和個性趨向喜歡將諸事統合成一個整體有關，畢竟，寫序總得讀完人家數百頁大作，而長字輩開講，也是要合於所有成員之需。一份短序或一個講話，可以顧全道白，也是樂事。原民老友新朋當然眾，也常一起聚眾尋樂訴苦，然後大家就都轉到文字闡述之林。原民文學在其中，我也沾到些許歡笑與榮幸。

至於美國之魅力引力是什麼？怎老是到那兒取得靈感？或許異文化分二類，其一是總以人類學民族誌和相關標準學術語言予以論說者，譬如筆者的泰寮族群題目與北海道愛努範疇，而寫就他們的篇章，只能歸到一派正經另處，而不會加入從餵雞屋到此的游散陣容。其二是適合使用生活性觀察角度看一個寫一個者，北美社會應屬此類。我每每一入美國機場，就有數不盡的靈感跑上來，那些均須立即坐下完成一篇或至少半文。換句話說，凡是該寫寫遊散小品文的動機一旦出現，登上太平洋航線就對了。而藉此更進而廣泛討論東西方差異，或跑來跑去所看到之不同人類特色的道理，也於不久之後篇篇到位。

這本書取名幽靜，自認典雅，其出身基礎和餵雞屋類同。後者因為華盛頓州地名Wedgwood，前者則是奧瑞岡州Eugene音轉。全書分文化的平易書寫、文學的原住民族、人類學者的書房、以及跟上時代的筆觸等四輯，內含規模差距蠻大的七十四文。愈到後頭的篇幅，愈多係於幽靜市居所寫成或至少有了概念起頭。筆者二〇一六年九月至二〇一七年七月至奧瑞岡大學（University of Oregon）訪問，學校所在地Eugene，標準小城，幽幽靜靜不在話下，於是不理會既有名稱如尤金或雨津等，就專愛幽靜。

筆者的多款平日身分，以及二類異文化之一的在此呈現，共建了本書的絕大部分內容，它有幽微書寫的人類點滴，低調到不行，例如文學原民與時代筆觸多屬之，也有大剌剌的定義標準找答案，平易書寫和書房紀錄是為典型。於是，匿蹤與現身的副標題就水到泉成地報到了。我曾為課本為報紙為雜誌為專著為書店為展館為個人等等寫字，這些種種，哈不啷噹竟可合成輯，也能有幽靜好名字的加持，真可高興許久。

書成大事，老是獨孤如代後記的寂寞，似也不妥，於是特邀兩人多次相互為對方作序的阿里山鄒族大將浦忠成教授（*Pasu'e Poiconx*）再度賜序，等著看他如何以文學論文學與非文學。感恩再三！

謝世忠　於不久之後即將樓空的臺大人類學系研究室
二〇二〇年四月十六日　下午三點三十一分

目次

輯二　人類學者的書房

輯四 跟上時代的筆觸

輯一

文化的平易書寫

認識文化

一、前言

在我們日常生活中，存有一些為大家所習見，但卻少會被進一步去推敲其意涵的概念。「文化」就是其中一個典型的例子。什麼是文化？在臺灣，它似乎是普遍存在的。行政院有一「文化建設委員會」，各縣市政府設有「文化中心」，臺北市政府亦正在籌組「文化局」，而過去政府則曾推動「中華文化復興運動」。另外，我們也常看到「立法院文化」、「選舉文化」、「校園文化」、「原住民文化」、及「常民文化」等等的字眼。然而，這些四處可見的「文化」，是否指的均是同一種意思？或許少有人會認真的去思考這個問題，畢竟大家早已約定俗成地在使用它們了。

在中國，文化一詞也同樣被頻繁地套用。一九六六至一九七六年毛澤東統治時代，曾發起過規模龐大的「文化大革命」，而今天中國人亦常用諸如「某某人文化水平高」或「某某人沒有文化」等的說法，來論斷某一特定個人。倘若將臺灣和中國的「文化」採用現象一併來看，情況似更為複雜，而本文的目的就是準備澄清「文化」的多重界定，以期能較完整地瞭解它的意義。

二、文化的概念

文化的定義

在人文社會科學領域中，有一門學問叫作「人類學」，它主要的研究範圍之一就是人類的文化。當人類學者到世界各地探訪不同人群社會之時，常會發現各個群體的生活方式有很大差異，這項研究經驗促使學者們去思索兩個問題，那就是每一個獨特的生活方式到底是如何形成和運作的？而我們又應如何去理解人類對他們所發明或採用之生活方式的需求道理？學者們於是將人類的生活方式以「文化」一詞來予以統稱。換句話說，不論任何時空的人類群體，均會創造一套自己喜用的生活方式，而它即是該特定人群專有的文化。而由於人類的生活方式有明顯的「發明性」特質，有別於其它高等動物（如黑猩猩）只會有限度的使用簡單物品，而不知創造，因此，文化也被認為是人類所獨有的。

文化的分類

人是群居的動物，而凡是群居，就必須有一套群體成員共同理解並遵行的生活原則。基本上，這套原則即支配了生活方式的主要型態。人們依該共識原則建構了自然世界、社會世界、與超自然世界，而這三個世界範疇正是傳統人類學家所辨識出的文化三個類屬：物質文化、社會組織、及精神文化。

人在所處自然環境中，以自己的特殊方式認識動植物、無生物、及氣候，並配合生態和歷史發展條件而採行特定的生計方式（如狩獵採集、農耕、畜牧、或工業化等）。再者，他們也會運用各類如木、竹、石、金屬等物質材料來製成器物或建造房子。這些均是一般認定的物質文化範疇。

除了適應自然環境或使用其資源之外，人們依求生存、確保安全、及繁衍後代等的需要，形成了人際關係緊密的社會體。在人造的社會環境之中，各類展現關係的組織紛紛出現，其中最典型的就是家庭、血親、及姻親等親屬組織，以及依部落、村寨、職業、性別、或教育程度等而成立的非親屬性組織。每一個人就在與其它個人以及各類組織不同程度的互動情形下，進行社會生活。

社會組織與物質領域的生活，是屬於人與人、及人與物互動的文化範圍。而人類在生活經驗中，又會以其豐富的想像力和現實的需求，建構出一所謂的超自然世界。「超自然」是抽象虛幻的，但人類仍非常需要它，因為對超自然存在的認定，可以幫助人們解除對許多未知事物的恐懼心理，並合理化生活經驗的難解之處（如認為雷、雨、狂風巨浪等等均因神靈的主宰，才會如此強而有力）。各個宗教的產生，即是人類普遍性建構超自然世界的結果。

最後，人類在創造他們的物質文化、社會組織、及超自然文化之時，常會隨現包括美術、樂舞、及戲曲等範疇在內的藝術文化。它們使得原本以求生存（即與自然、與他人、及與未知世界的競爭與協調）為主要功能的各個文化層面，呈現出悅目賞心的效果，也反映了人類所具有的多重創意能力。

三、文化的組成

只有人類擁有文化，而每一區域性的文化單元，如日本文化、北美印地安人文化、及烏來泰雅族文化等，又各自有其在物質、社會、超自然、及藝術等四方面的特定表現，它們共同積累出多樣豐富的人類文化。以下即擬於四種文化類疇內常見的主要構成要素，及其發展出的重要文化制度細述於後。

政治型態與經濟基礎

人類必經組織才能以群體的形式共同生活。石器時代行狩獵採集生活的人群組織，常是以親密的親族成員為單位所構成的，人類學家稱之為「班隊」或「群隊」（band）。而當跨親族的政治團體在環境的需要下（如需大量人力維持某一處水源地）形成時，其組織的原則就更加複雜了。其中最明顯的就是世襲政治和軍事領袖的出現，學術上稱這種社會為「酋長邦」（chiefdom）。這種社會的繼續擴大（如必須同時管理數個距離相當遠的水源地），即形成了邦國（state）。一個邦國除了有規範明確的統治方式（如專制世襲、君主立憲、或民主選舉）之外，更常見複雜的官僚、教育、律法、交通、稅收、警察、及軍隊等體制。

政治的型態往往與經濟或生產方式有密切的關係。定耕的農業社會，如中國漢人社會、中世紀的西歐、及西班牙人殖民之前的拉丁美洲馬雅人原住民社會等，常見規模不等的邦國政體。而在山區行半農半獵，或非定耕農業（如隨不同燒墾林地而不定期遷徙者）經濟的群體（如中國西南的苗族、瑤族、及臺灣原住民中的泰雅、布農族），則較多見規模有限的酋長邦或部落社會。游牧社會一般也多為一個個半獨立存在的部落形式（如成吉思汗崛起統一全境之前的蒙古地區），不過，為與鄰近農業社會爭奪資源，他們也常共組大型邦國（如中世紀東亞地區西北面的突厥、回紇等），以期展現更強大有效的軍事力量。至於現存居於沙漠（如南非功賞人[!Kung San]或稱布須曼人[Bushman]）或密林（如馬來西亞北部屬黑膚身矮體型的賽芯人[Semang]）之中的狩獵採集群體，則仍見前述之小型「班隊」或「群隊」的活動組織。

親屬與婚姻關係

幾乎所有人類群體均會以血緣為基礎，去建構出一套屬於自己團體的親屬文化。所謂血緣的基礎，就是指男女婚媾之後產生後代的最基本社會組成，及其往上下世代和其它同輩衍展的關係。雖然，在生物學的證據上，男女的基因各會有一半的機會傳與所生子女，但人類各個群卻多會依自己的文化特定原則，主觀認定某一範疇的人為最親者，哪些人為次親者，而哪些人又完全與己無親屬關係。例如，漢人是典型的父系社會，自己與父系一方的家族成員同姓氏，大家並認為是同一家人，也共享祭祀和財產承繼權，而母方的親戚則在地位上遠不如父方。有的社會如花蓮地區的阿美族，傳統上家族中係由女兒承繼母親姓氏，獲得財產，並任家長；男性則多半負責全社區的護衛安全工作，而他們在親屬關係中的權力，也是以母舅對外甥的身份出現之時，才較為明顯。

婚姻是每一人類群體均非常重視的社會制度，因為它關係到後代是否得以完滿繁衍的問題。為了增加生育男性後代的機率，過去漢人社會尤其是中上人家，多有一夫多妻（按，較精準說法應是一妻多妾）的習慣。而雲南地區有一名為哈尼族的群體，則行一種類似「試婚」的特殊制度。亦即，婚前年輕男女可自由交往，父母更會在家屋旁另建一小屋供青年約會，一直到女方懷有身孕了，才娶進門。這種選媳方式，確定了娶進的女子具生育能力，也直接達成自己的家族得以繼續繁衍的目標。

宗教與巫術

大家都知道世界上有許多大型的宗教，它們包括佛教、基督教、天主教、伊斯蘭教（回教）等，一般多稱它們為世界性的制度化宗教。這些宗教有嚴密的階層性組織或神祇官僚規制（如天主教的教宗、樞機主教、主教、神父、修女等）、經典（如基督教聖經、伊斯蘭教可蘭經等）、及週期性的儀式祭典（如耶誕節、浴佛節等）。有一些較小規模之區域性制度化宗教如中國傳統的道教、臺灣的一貫道、印度教、及猶太教等，在本質上也與上述具世界性規模者相同。

不過，宗教並非只有前列之制度性型態者。在絕大部分社會中，即使主流信仰為大型的制度化宗教，一般民間常並行以非制度性的宗教。臺灣的漢人普遍崇拜祖先，並相信萬物有靈（如各處可見的大樹公、石頭公、土地公、山神、雷神等廟）是為一例。另外，在泰國，佛教是國教，但大小城鎮農村中，仍普遍供奉著佛教傳進之前即已存在的傳統村寨神。在當地，人們多依自己不同的需要，與不同功能意義的神佛交通。臺灣原住民的邵族、泰雅族、及布農族人，均相信祖靈力量非常強大，凡事必須依規而行，否則會被祖先懲罰。

宗教大多係在提供人生過程與日常生活上之道德或聖潔層次的倫理意義，人們從中習得一種特定價值觀，再依此做為自己或他人行為的判定標準。另外，宗教不僅圓說了世界或宇宙的存在現象，亦提供一個死後世界（如基督教之為上帝寵召的說法，及佛教之輪迴或至西方極樂世界的理論）的景況。不過，這些宗教的道理並無法完全解決人們在生活世界中的立即性不安全感，因此，巫術（witchcraft）就開始扮演它的功能性角色了。什麼是巫術呢？基本上，它是一種具神秘效果想像的技法，透過它，人們試圖預先知曉或掌握未來可能發生於自己的「命運」。例如，在臺灣，有不少人喜歡算命，其中的一項重要意義，就是希望預知將來自己的配偶、財富、子嗣、安全、及其它各種與自己相關之事物的訊息，而若有可能，更盼立即設法扭轉對自己不利的項目。巫術基本上是功利性的。臺灣原住民各族過去在進行狩獵或其它外出旅行的大事之前，亦多會行鳥占或雞骨卜占，以飛鳥叫聲或飛掠而過的情形，或母雞剖體後在雞胸骨上所呈現的紋相來認定前途。

創意美學

我們生活在現代世界中，不可或缺歌唱、音樂、美術、雕塑、舞蹈、戲劇等的藝術生活。換句話說，除了經濟、政治、親屬、婚姻、宗教、巫術等之較「嚴肅」的文化組成要素之外，人類亦在藝術或美學文化的領域上，留下了極為豐富的資產。

一般而言，在包括西方和中國在內的大型文明世界中，藝術作品多屬個人性與純創性者。亦即，每一作品都有特定的創作者（如義大利的米開蘭基羅、西班牙的畢卡索、及臺灣的張大千與李梅樹等），他個人獨享創造的成果。人們在與這些作品接觸時，也多係以休閒和愉悅輕鬆的態度進行欣賞（如去美術館看畫，或至歌劇院觀賞舞台劇）。不過，在許多部落社會中，其藝術作品往往不強調個人創作，也較少見為純藝術欣賞而作者。因為，這些藝術品（如臺灣原住民排灣族的人像木雕或衣服上的百步蛇紋飾）常與該群體的文化、歷史、神話、價值觀、及社會組織原則等密切相關，它的現實象徵意義（如排灣族木雕代表貴族身份，而百步蛇則象徵祖先的榮耀與力量），遠比單純美學來的重要。

不過，無論如何，藝術總是一種創意，即使如傳統特性相當明顯的部落藝術，在當前也常會加入各種外來影響的新表現要素（如改信天主教的臺東卑南族人會在新制的褲子上繡上十字架圖案），使得文化的內容更形豐富。

四、次文化

文化的構成內容有如前節所述的複雜，而每一個人又都是文化的承載者，那麼，我們想問的是，一個人就只歸屬單一文化體嗎？可不可能一個人同時是兩個或更多文化單元的成員？本節就來談談這個問題。

文化的維繫與創造

一般而言，一個人自出生之始，即身受父母、家庭、及更大社會之生活型態、行為模式、及道德標準的影響。亦即，個人在幼時自然地會成為父母所屬之文化體的成員，而父母的文化行為又多傳自更上一代，因此，這種代代相襲的生活方式或價值觀，就形成了一種文化維繫的體系。

然而，人類不單只會模仿或複製祖先的事物，他們還會眼觀八方地發現原屬於他群的「美好事物」，並予以採借，再轉而納入自己的文化生活之中。譬如，不少原為專制體制的社會，紛紛從民主共和世界中，習得了代議政治；又，印尼早先原受印度教影響，後來接觸了伊斯蘭教，不久後即放棄了大部分前者的文化要素等，都是典型的例子。一般所稱的文化變遷，常常就是在這種情況下產生的。

除此之外，人類靈活的頭腦，充滿無限的想像力，因此，它也會超越傳承與採借，從而發展出完全不同於過去世代的新款文化內容。這就是所謂的文化創造。人類的每一文化群體，就在學習模仿、採借納進、及新意發明等三大力量的共同作用下，以動態性的面貌存在著。

次文化的現象

既然文化形成的來源有前述傳承、採進、及創新等三種範疇，那麼，我們也可想及任一社會均可能在特定的時間上，出現其中某一範疇特別顯性的情況。換句話說，若採借與創新的力量比較強大，那傳承的部分可能因此稍微勢弱，繼而出現了某種新文化面貌明顯突出的情景。學者即常以「次文化」一詞，來說明這種突出於傳承屬性生活方式之外的另類文化模式。

基本上，我們可以接受有所謂「美國文化」、「日本文化」、及「臺灣文化」的存在，因為，在該特定地區之內的組成成員，大多數均共享某種大家認可的經濟行為、社會制度、超自然觀念、及藝術等文化範疇。不過，在各主流文化體之外，仍會出現各種可能的次文化體。在美國有「非洲裔美國人次文化」（指不少黑人從祖源地非洲引進一些音樂、美術、價值觀、信仰、及服裝等要素，再藉對它們的強調，來區辨自己與白人文化的不同），而今天在日本和臺灣則有「青少年次文化」（指當代年輕的一代在外型打扮、休閒活動、與長輩的互動方式、及人生目標等方面，表現出與上一代極大的不同）。次文化的出現多半與當事者集體尋求自主性或自我認同的動機有關，它常常使社會生活呈現出更為多元化的局面，充分顯露出人類活潑的創意能力。

五、多元文化主義

目前世界上存在的國家，幾乎沒有一個是僅以單一文化群體而構成的。換句話說，每一國家的內部都包含有多個不同的文化群體，其中有的主控著政治經濟資源，而有的則相對地居於弱勢。那麼，這些力量不對等的群體應如何相處呢？本節所介紹的「多元文化主義」，或許可供問題解決上的參考。

國際性的多元主義

無可諱言地，在當前，西方國家掌握了不少政治經濟的世界性優勢，因此，我們也常在非西方的亞、非及中南美等洲，見到當地被西方文化強力衝擊的現象。西方人以較大的資本力量，透過開發資源、經商、設廠、及觀光等名義，直接或間接地推銷自己的物質消費觀、宗教信仰觀、及其它待人接物的價值觀。我們常說「現代化其實就是西化的代名詞」。這句話即使有其值得商榷的地方，卻也已清楚地指出了西方文化對非西方世界文化傳統造成嚴重威脅的事實。

在這種情境下，不少人提出了警訊。他們認為，人類的文化若趨向單一性，將失去對突變之環境的多樣適應能力，將來很容易造成因集體難以因應驟然的巨變，而走向滅絕。於是，多元文化主義開始受到注意。今天，愈來愈多國家、社團、及個人，均在積極推動對不同國家、地區、及各類群體特有文化的尊重觀念。宣揚每一文化同具價值，並且彼此地位平等的「文化相對論」（該概念另一意思是，應以對方的文化價值觀來看待之，而不宜將自己的對錯想法強置於他人之上），也廣泛地為人們所採納。大家都同意多樣性文化的存在，才是人類之福。

對內的多元主義

同樣地，在各國內部居處於弱勢的原住或少數族群，過去也常面臨被同化的危機。在泰國，由於北方山區的許多部落，在語言和文化上均和主體群體泰族不同（例如，山地部落不信仰被政府定為國教的佛教），曼谷政府曾因此對他們相當不放心，擔心部落對國家的向心力不夠。約三十年前，泰國推行將佛教傳佈至山區的運動，期望以宗教的同化來使部落居民認同國家。但是，此舉非但未能成功，反而引起許多不滿，造成長期的社會不安。這個例子告訴了我們，文化相互尊重，繼而彼此和平共存的重要性。

當前在臺灣有人數相當少的原住民族存在（一九九七年的統計，約有三十九萬人之譜）。然而，他們人口雖少，族群和部落總數卻不少，因此可以想見其間不同文化所表現出來的豐富性內涵。在多元主義的指導方針下，這些原住民文化俱應獲得完全的尊重，以及具體性的保存發揚。臺灣若發展出多元文化的傳統，即代表著自由民主與平等公義精神的發揮，也是國家擠入第一流境地的象徵。

六、結語

從本文的敘述中，我們瞭解了文化的構成要素，及其生成、維繫、與發展的來源；也肯定了次文化的創造性意義；並更進而支持多元文化主義的主張。不過，吾人以為，在當前的情境下，最重要的應是大家對「文化」概念的確實認識。

在前言中，我們提及了不少以文化為名的機構、活動、或專有名詞，然而，他們所指的「文化」，均能以本課所述之人類學知識的基礎，來予以說明嗎？我們以為，這個問題值得進一步的釐清。

人類學所界定的文化，其實指的就是生活，它是大眾的，全民的，以及普遍存在於日常時空的。但是，有不少人以菁英式的思考，將文化與藝術美學劃上等號（如認為在國家戲劇院上演者才是文化，而鄉間野台戲則不是），或弄混了文化與教育程度的屬性（如中國即以「文化水平」的高低，來指稱教育水準的高低），造成不少理解上的困擾，也因此使屬於大家的生活性文化，一直難以為人所認識。這一點未來勢必應努力導正。

＊本文原係二〇〇〇年為某一出版社所寫之高中公民課本內容

發現文化

一、發現「文化」現象

有不少高等動物會使用自然界存在的物品如石塊、或藤蔓等，來謀取維生所需的資源。然而「使用」並不是一種文化的行動。人類的靈長類遠祖經長期演化，至距今約四百多萬年前，開始懂得將自然物轉化成人工物，亦即知道「製造」工具。此時，人方得以稱為「入」。因為「製造」即是一種「創作」的行為。有了創作行為與行動，才是文化的表現。唯有人才有文化，將近四萬個世紀以來，文化不斷傳承、採借，與創新，乃至形成了當今人類極度複雜、精緻和多彩的文化世界。

當今人類在生物分類上，同屬於一個物種（species），表面上膚色、身材、髮質等似乎差異很大，實則基因型態非常相近，因此，任何一對分屬不同種族（race）之健康男女婚配，均可繁衍出後代。不過，生物屬性極為接近的各地區人類，在文化上卻表現出頗為歧異的景況。

目前將近兩百個國家中，依各國所認定的族群或民族數目為據，全世界共約有八千多個族，他們更採用著為數上萬的各種語言或方言。不論是稱為族群還是民族，這些群體多各擁有包括語言在內之外顯與內涵方面均相當不同的文化。

文化除了如前面所提及者，係一種創造之外，它對承載該文化的成員而言，到底有何意義？傳統上，我們會說文化就是生活，一個文化群體的成員共享一種生活方式。這種說法基本上沒錯，不過，更精確地說，應是成員們對所見所聞，與所言所思的事物，具有相互可通達理解的認知。亦即，大家在經驗世界中，共享一套價值或意義體系，這套價值或意義體系被人們於生活中持續實踐，終而成為這群人獨特的日常習行。因此，發現或觀察文化現象，必須深入人們的生活。專業的文化人類學家常常在特定社區進行長期田野調查，就是這個道理。不過，一般人只要稍用點心，依可在日常生活中，發覺各個文化面相的存在。

二、觀察「文化」活動

一個個人和一個群體的思維方向與言行舉止，處處透露出文化的訊息。而自任一地方所發生的各個事件，以及從人們所使用的物質形體外觀，也多能看出文化在其中所扮演的關鍵位置。換句話說，從抽象的層次到具象的範疇，隨著人的不斷創造發明以及人對所建立之生活世界的積極適應，文化幾乎無所不在。

兩個日本男性在經人介紹認識之初，會彼此深深一鞠躬，此時，兩人會習慣性地掏出名片。待看清對方名片後，社會位階較低的一方，立即會多次地向較高的另一方，再行深度鞠躬。而後者則多半只是站挺身子，輕輕點頭回意。這個例子所透露出的日本文化訊息包括有：兩人初識必須互行大禮，陌生兩人應交換名片，大家均有社會位階高低順序的常識，低階者對高階者必行大禮，反之則小禮回應即可。在此種人與人互相結識的場合上，每位參與者都默契十足，對其中各項文化訊息均能有效把握，何時該有何種表態動作，亦能自然而然出現。只是，這些人為何能「默契十足」和「自然而然」呢？答案就是該特定情況參與者均是同一文化的承載者，大家共享同一價值或意義體系，所以根本不必擔心會中途出狀況。我們可順此想像一下，一個未有行大禮習慣，較少有人印製名片，以及講求社會平等之美國人來到日本，當他身臨類似上述結識當地新朋友的情境時，可能會出現的尷尬有趣場面。事實上，無數類此不同文化成員相互逢遇的情形，正天天於當今全球交流密切的各地上演著。

比較全面性的來觀看全世界各個文化群體，我們可以發現，幾乎每一人群均有年復一年的祭典儀式。這些祭儀自年初到年底，分別於特定的時間點上出現，人們舉行典禮，用以理解並強化自我群體與宇宙世界的關係。以信仰基督宗教的歐洲裔美國白人為例，他們一年中就有包括新年、復活節、感恩節及耶誕節等幾個重要節日，各地教會與家庭都會有因應的儀式，來顯現該特定時日對文化承載者的意義。又，在我們熟知的華人社會中，每年均有過年、元宵節、端午節、中元節（普渡）、中秋節、重陽節、及尾牙等等節日，政府和民間在不等程度上，多會舉辦祭儀或慶祝活動。另外，分佈於臺東卑南平原的臺灣原住民卑南族，每年七月行小米收穫節，十二底則舉行大狩獵祭、猴祭、及除喪祭。族人們在這些時日均會返鄉參加，各項儀式祭典也隨之陸續展開。總之，在長老、祭師、及地方領袖的帶領下，各個文化群體的重要年節祭儀多半已行之無數世代，它們是傳統文化的主要核心，其間所出現的人事地物等種種要素，對文化承載者而言都極富意義。人們藉之增進文化認同，也維繫著群體永續的向心力量。

三、生活與文化

「文化」一詞，在中文的字面上，有被文字、文明、文學、及藝文等轉化的意涵。它代表某種從粗糙進至優質的過程。在德文kultur或英文culture的字義上，也有類似的內涵。農業的英文agriculture字首agri為農業、農技、農藝之意，加上字尾的culture，就成了新石器時代以降人類主要生業技術的代名詞。人類的舊石器時代約有四百萬年之久，直到距今一萬年前發明了農業，才進入新石器時代。Agri-culture代表人類被自己所創的農耕技藝，轉化至另一階段的生活層次。因此，文化或culture即指涉了進步、高階、涵養與前瞻。

在現代社會中，一般所認知的文化，多半與文學、音樂、建築、藝術、雕刻、戲劇、或衣飾等的創作展演有關。提到希臘羅馬或古代中國文化，直接成為說明證據者，就是上述文藝劇樂諸品項的豐沛成績。今天在國家級或國際知名演出場所欣賞到的藝文展現，也與它們息息相關。通常，學者們會以精緻文化或菁英文化稱之。

不過，人類學家認為，生活創意事實上無所不在，精緻文化只是其中一小部份。一般人的日常慣行設計表現，亦是一種文化，我們習以大眾文化、庶民文化、或常民文化稱之，即使是如新石器時代之前，人類生活可能是一片「未開化」的「粗野」狀況，學術上也以「文化」認定之。那就是習稱的舊石器時代文化。舊石器時代有當時的大眾文化，它的內容也是相當豐富的。畢竟能從使用自然物質進階至製造用具，已是一大成功轉化的證據。人類學者以小寫的culture稱之，以示平民大眾化，而屬於專業藝術領域者，則以大寫Culture表之。

一般而言，每天出現於部落、鄉村、或城市民間生活角落者，多屬大眾文化範疇。反之，在都會特定場域則較常見精緻文化的展現。我國中央政府行政院設置的文化建設委員會，首任主任委員陳奇祿先生就是一位人類學家，他的施政範圍即包涵了大眾與精緻兩文化層面，因此，也樹立了文化發展常民與菁英兼顧的優良傳統。

此外，我們常能聽到「現在流行某某衣服款式」或「某一時代流行一種特定髮型」的生活敘述。什麼是「流行」？流行有人們對它的價值判斷，也有支持流行者對其內容所賦與的意義，因此，流行正是文化的一種形式。流行往往因人際往來或訊息交換而產生。它總是在特定時空上凸顯而出，不僅被大多數人知覺到，更集體仿而效之，讓自己也成為流行的一員。一九七〇年代臺灣的大專青年出現一股調性柔和抒情的和弦歌曲創作風潮，一般稱為「校園民歌」，那是當時的流行文化。二十世紀末期以迄今天的美國歌手瑪丹娜風靡現象，其在音樂風格、衣裝形式、及挑戰制式兩性觀的範疇等方面，均建構出了久久不褪的全球性流行文化。總之，不等規模程度的流行文化，就存在妳（你）我四周，只要稍加留意，即不難找到它的芳蹤。

不論是精緻、大眾、抑或流行文化，都與我們生活息息相關。現代人在全球化的時代中，很容易同時受到它們的影響，繼而使精緻變成流行，或將流行轉為大眾。當代人身處於多樣性文化世界中，生活自然也變得更為多彩。

四、主流文化與次文化

一般而言，若以當代國家為觀察焦點，每一國家內多會有一主體族群及一個或數個非主體族群存在。雖然，並不是一個族群就一定對應於一個文化，但大致上，各個族群均會有其特定的文化價值與文化生活。主體族群占國家人口多數，它們的文化往往即成了主流文化，而占少數的非主流族群之文化，就成了非主流文化。縱使今日強調多元文化，主流文化多半仍是國家建造自我文化價值的最主要依據，它通常會透過政策實行與教育的推動，傳達給非主體族群。因此，非主流文化面對主流文化的壓力，稍不謹慎，很可能就淪為帶有負面意涵的邊緣文化。世界上很多地方都可以看到邊緣文化與主流文化各自承載者之間所產生的矛盾與衝突。

泰國的主體族群是中部曼谷系統的泰人（歷史上稱暹邏人）。該國北部有操用另種泰語的清邁系統泰人，以及居處山區之非泰語系統的部落群體。在政府強力推動下，曼谷泰人語言文化成了該國標準的言行舉止藍本，在此一情景下，包括清邁地區與北部山區的各族文化，很快地變成邊緣，不僅母語不再流行，各種風俗習慣也日漸沒落。

主流與邊緣之文化範疇的關係，也可置於全球化的當下世界來予以說明。近兩百年來，源於西歐與北美洲的西方白人物質文化如服飾、交通工具、建築、及消費主義等，幾乎已「征服」全球。各地都會區最常見的景象就是開福特汽車，穿西裝，至洋樓大廈開會或購買精緻商品，而隨到四處更都可看到大小英文說明標示。西方物質文化無疑是為今天全球包括大眾和流行文化在內的主流。日本東京，每天一早，男性清一色灰藍全套西服，女性則全色套裝，擠入捷運準備上班，這是衣飾充分西化的展現。該國有些學者憂心日本本土文化自此將淪為邊緣，因此發起一波波包括茶道、語言、和服、飲食、及建築等方面的文化復振運動，試圖力挽狂瀾。

主流與邊緣文化，在人們心目中普遍有上下位階之分。而另有一種可稱之為「次文化」者，多半來自特定時空人群的創造浸染，它相對應於主流文化，並無負面邊緣的屬性。「青少年次文化」就是最典型的代表。

文化一脈相傳。從大陸移至臺灣的閩粵漢人，至少已在島上綿衍了十個世代。大多臺灣漢人家庭今天崇拜祖先，拿香拜拜，這就是文化相傳的證據。然而，誠如前節所言，文化不只會傳承，亦會採借、創新。人們一方面因與外在世界接觸而採借，另一方面，則因頭腦靈活，發明力強而不斷創新。採借和創新可能分立，也可能併而出現。不過，它的共同特點就是，與父祖傳承的文化內容截然不同。

每一世代均會有青少年次文化。一九六〇、七〇年代之交的臺灣青少年，一早與父母同在祖先牌位前鞠躬拜拜，然後就穿上尖頭鞋、開邊褲（長褲兩側，從腰部至底處，加上一寬約半公分布邊，稱為「開單邊」，加兩條則為「開雙邊」）、尖領長垂至口袋的襯衫，同時將書包背帶拉成超短，在家人望之搖頭不悅的景況下，出門到校與同儕共享裝扮樂趣。這些年輕人有自己的標誌慣用語彙，如「亂正點的」（指美麗帥氣）、「一管馬子」（指一位女孩）、「條子」（指少年警察隊）、「老頭」（指父親）、及「臺客」（指臺籍幫派成員）等等。他們著迷於美國流行的「熱門音樂」，不屑長輩喜歡的「望春風」或「秋風夜雨」。

上一世代的人往往不習慣新世代成員心儀的次文化。二〇〇〇年前後，當年尖頭鞋開邊褲外加短書包的世代，早已為人父母，孩子也都上了中學、大學。此時燒香拜祖先的傳統應是繼續維繫著。不過，親世代當下所面對的子世代正是：染彩色金頭髮，耳環與頸鍊成了男孩新寵，上衣長膝下褲拖地，同時，偶像迷戀、角色扮演、及網路線上遊戲結友加上形容個人特質等新詞彙如「超酷」、「好冰」、「長相很愛國」、「很機車」、「恐龍妹」、「ＬＫＫ」等等不斷的出現。年輕人有類此言行舉止，才代表活力與新時代。這套次文化有採借美、日要素，也有自行發明者，是典型之文化採借與文化創新同併出現的例子。

隨全球化腳步加劇，可以預見未來的新青少年次文化內容將愈來愈多元。上下世代應相互適應，彼此欣賞對方的創意空間，讓傳承不成為負擔，而創造更能無限拓展。大家一方面沉澱先人智慧，另一方面則放手建立今日明天的活潑文化世界。

＊本文係二〇〇六年為某一出版社所寫之高中公民與社會課本內容

多元文化

一、當代多元文化的形成與社會現象

十六世紀之前，歐洲人對世界和人類的理解，主要係以基督宗教的《聖經》記載為依據。當時西歐人的生活與教會緊密相關，因此，何謂「人類」，大概就只能以宗教道理來加以界說。

由於資本主義興起，探求商路和開拓資源的強大動機，促成了歐洲各國推動大航海地理發現的計畫。西歐人於十七、十八世紀約近兩百年之間，繞遍了全球，同時也在今之亞、非、美及大洋洲各地建立各國的勢力範圍。他們於各勢力範圍內，征服在地土著與原有國家，並且汲取土地物產資源。此一過程，就是我們今天所熟知的「殖民」（colonization）。

進行殖民之時，除了充分利用土著勞動力之外，殖民者亦會大量引入母國人士，前至殖民地擔任政治與經濟管理的工作。殖民是一種剝削，身處當下之歷史全面反省的時代，它自然須受嚴厲的批判。不過，就在殖民經驗中，西歐人同時發現了原來人類人種不只僅有白種人，文化與文明更不是只有基督宗教的範疇。存在於異邦的各式各樣膚色、語言、風俗習慣、文化信仰、以及食衣住行特質等等，吸引了來自殖民母國人士的注意，於是對「人類」和對「世界」的觀念，開始有了革命性的改變。換句話說，西方人慢慢地自西歐人就是「人類」代表，以及西歐即相等於「世界」的侷限思維中，掙脫出來。而今天所強調的多元文化主義，無可諱言地，泰半係奠基於充滿血淚的殖民接觸之上。亦即，看到了異族異文化，先是歧視剝削，再經徹底反省，最後進入多元尊重的今天。

自十八世紀後半葉以迄兩次世界大戰結束，殖民者因各種理由陸續退出或重組殖民地，有的地方如緬甸、印尼、菲律賓等，由土著組成了新的國家。有的如墨西哥、阿根廷等中南美洲國家，殖民者和土著混血的後裔，成了新國家的掌權者。另有些地方則直接由殖民者組成新國家，最典型的例子就是北美洲的美利堅合眾國和加拿大。無論如何，各個人種與文化間的大攪動，不斷地出現於自殖民時期初以迄今天的世界各地。當代的國際觀光、留學、貿易、通婚、勞工、及移民等，是為自殖民時代以降的第二波大規模族群文化密集交換時刻。發達的交通網路與電子資訊溝通技術，更進一步造成高密度的人際往來。人與人的相遇，事實上就是文化與文化對話的開始。在此一景況下，多元文化主義無疑是維繫世界和平的可能良方，因此，各國政府專家學者無不努力使它得以更精緻有效地實踐。

二、文化起源的雜異與涵化

美國建國兩百多年，大家都知道她是一個由世界各地移入者加上俗稱印地安人之原住民組成的國家。美國國勢強大，但到底有無一共同的「美國文化」（An American Culture）存在？答案正是「有」！一個人心崩解離析，缺乏共享價值的地方，不可能成就為一堅強穩定的大國。美國既是一強盛穩固的大國，我們就要去探問促使美國向心力堅定的基礎。原來，美國奉行「平等、民主、自由、共和、公義」等五大立國原則，它們深入家庭個人，人人以其為最高行事的理想。所以不論來自何處，人種、宗教、語言、生活、習慣可能差距頗大，但一經認同並實踐五大信念，大家即共享同一價值，也就是共同擁有一組文化意義，所謂的「單一」美國文化即存在於此。不過，除了享有已成普遍常識的大文化價值理念之外，包括西歐裔、非洲裔、墨西哥裔、波多黎哥裔、亞洲裔、以及原住民族在內的無數群體，各自亦有其特定的文化生活。這是由原鄉傳承或帶來的次文化，而不是由單一同質之美國文化所衍生分支的次文化。占最多人口的西歐裔（尤其是英國裔族群文化）不見得能同化其他族裔，反而是各個次文化之間長期彼此學習、採借、模仿、刺激創造，「涵化」的事實嫣然成矣。總之，細看美國，人種族群文化五花八門，它們突顯出了美國文化的雜異性，而涵化的過程，更使得北美洲人民生活活潑多樣。更重要的是，大多數國民奉行超越特定族群文化範圍的五大信念價直，使得共同的美國文化與多元的美國文化並存，國家自然強大富庶。

在今日臺灣，比較籠統地看，主要居民係由操用不同漢語方言的漢人，以及使用多種互不相通之南島語系各方言的原住民所組成。「漢人」和「原住民」當然不是兩個具高度同質性的族群文化單元。在漢人方面，至少有三、四百年前來自閩粵各鄉鎮地區移民的後代，以及五十幾年前隨國民政府遷來的中國各省居民和他們的家庭。雖然同為漢人，也絕大多數秉承儒家崇敬祖先、重視家庭倫常的價值觀，但在強調各自的差異時（如所拜神明不同、語言有異、彼此不習慣對方待人接物方式等），卻也曾引起過不少次嚴重的衝突。所以，文化源起的雜異性，可以成為多元文化扶持共存的典範，也可能是相互敵視的藉口。今天臺灣的漢人文化各要素，仍處在彼此涵化的過程中，如何學得多元的價值，乃至成為臺灣文化共同的核心，實為當務之急。

在原住民方面，目前政府承認有十二族。各族人數不多，文化內容也有相當差異，不過，相對於力量強大的漢人主體族群，為生存之需，各族文化相互涵化的程度近年來有增快之勢，「原住民族」的認同在很多場合裡，也超越了各部落族群的利益考量。畢竟，合作團結才能成就力量。

此外，在臺灣各平原盆地海岸臺地原存有俗稱「平埔族」的原住民群體，他們在過去幾百年間和漢人移民不斷通婚共居，涵化程度較深。今天，從漢人生活點滴中，仍可看出諸多平埔文化的要素（例如，臺灣話裡，先生稱妻子為「牽手」，而「牽手」事實上就是一平埔族的語彙）。足見所謂的「臺灣漢人文化」，不僅涵合了各個漢人語言或地域群體成分，亦容納了平埔原住民文化養份。「臺灣人」和「臺灣文化」的雜異性原就如此，更何況十二族原住民文化此刻亦正在不斷與漢文化交流互動。臺灣文化一天比一天豐富，只是「雜異」和「涵化」應成為相互欣賞理解的基礎。大家宜努力建構出如同美國之五大信念的共同價值。在共同價值觀念下，各種差異當是美麗也是優質。據此，不論是涵化還是次文化的繼續存在，也就順理成章的了。

三、我族中心與多元尊重

生物學家在多數哺乳類動物的生活模式中，發現了普遍存在的社會性。「社會性」指的是許多個體所表現出之福禍與共的我族行動。當我族的社會性行動開展時，一切利益皆為我用，而非我族類則成了與己爭奪資源的敵人，必須加以驅趕或甚至殲滅。

人類的基礎社會單元是家庭，有不少文化即以家庭為價值認同的核心，中國漢人文化就是典例之一。夫妻及其子女是為漢人家庭的基本成員，男性家長拼命工作，一切就為家庭各成員的福祿。家庭之外依關係遠近，有與男性家長之兄弟各家庭所合成的「宗族」，有同姓各家合稱的「氏族」，亦有籠統追溯血緣上共同祖先的「族群」，更有由國家號召國民共組的「國族」。一個陳姓男子娶妻生子組成家庭，他與其兄弟的家庭合起來即成一可清楚追朔關係的陳姓宗族，該宗族和其他不一定認識的陳姓宗族可能共屬一難以確認彼此關係的陳姓氏族，而陳姓氏族與各個他姓氏族，則均具漢人或漢族群的認同，最後在國家主導之下，漢族與其他非漢族群一起被納入「中華民族」（亦即國族的範疇）之內。自家庭、宗族、氏族、族群，到國族，任何時刻凡是從其中任一人群社會單元的利益獲取作為思考基點，都可算是一種我族中心。換句話說，依情況的不同，「家庭我族中心」、「宗族我族中心」、「氏族我族中心」、「族群我族中心」、及「國族我族中心」可能會分別出現。其他如同鄉、同教育程度、同職業、同語言、同性別、同學、同事及同省籍等等，也都會顯現出與我族中心類同的利己思想與行為。

我族中心有其生物性基礎，也有如前述漢人文化所建構出的各種與自己關係親疏遠近的我族範圍。為了生存而形成了我族共同利益感知，我們可以理解，但，我族中心主義若發揮得太極致，很可能造成非常嚴重的後果。

事實上，多數族群都會在自我領域上，認定己身的優質性。例如，臺東外海蘭嶼島上原住民稱自己為*taw*，意為「人」。分佈於中央山脈的布農族人稱己為*bunun*，也是「人」的意思。中國四川涼山地區今被列為國家少數民族之一的彝族，自稱為*nosu*，意為「黑色的貴族」。東南亞泰寮諸國的泰語系各群體所自稱的*tai*，即含有「自由」之意。這些意為「人」、「貴族」或「自由」等等的稱名，反映了群體成員的一份驕傲與榮耀。十九世紀以來，在世界學術知識界，乃至政治場合或一般社會，進化論始終非常流行。該理論除了說明生物從低等、簡單演化至高等、複雜之外，亦衍生出文化從粗野進化至文明的觀點。在此一情況下，人的思想被導引至時時以分辨族群發展程度或文明階段高低為目的。因此，原本充滿族群信心的原住民族或少數民族，很容易就被劃歸為文化較後段或尚未成就文明的群體。西歐人移民到北美洲、中南美洲、澳洲、紐西蘭、南非等地之初，即對被認定為落後野蠻的當地原住民族施以殘酷壓制的手段。近代史上的中國雖未採用源自西方的文明進化論學理，但她有自己傳統「華夏」與「蠻夷」之別的論述。華夏代表文明，蠻夷則醜陋無人性。當華夏努力擴張時，任一「蠻夷」各族與其遭遇，多即淪為次等位階，以致造成原稱己為「人」或「貴族」的群體，很快地失去了族群自信，全族因此承受了巨大的傷害。

二十世紀前半葉，在進化論推波助瀾之下，強調人種有優劣之分的種族主義發展到了最高峰。德國的納粹黨，為了「純淨化」自己的日耳曼族，不惜屠殺數以百萬的非我族類，其中景況最為悲慘者，就是歐洲的猶太人和吉普賽人，短短幾年內，他們幾乎被屠戮殆盡。不同人種間（最典型的如黑種、白種），雖有其特定基因上的差異，而各地域族群亦因身處相異的生態環境，以及極為複雜的歷史偶然性，而分別發展出如農、牧、漁獵或工業等的不同生活適應模式，但基本上各種體質或文化上的歧異，都是人類生物性適應和文化創造的結果。總之，各個人種和文化或有自我的獨特性，但彼此間卻無優劣高低位階之分的客觀事實。因此，不同人種與文化的存在，應當就是大大地豐富了人類令人驚嘆的多樣性，而無任一壞處。今天強調多元文化的價值，也就是期望大眾盡情欣賞豐富的人類發展，以及當下世界人種族群文化的繽紛色彩。

四、多元宗教與社會和諧

考古學與民族學的研究資料顯示，所有古今人類群體均有宗教生活。換句話說，人群選定安居之處後，就會對身處的自然世界（山川、地形、動植物）、社會世界（周遭人群）、及超自然世界（未知的時空）進行瞭解或建構。因此，每一群體會發展出一套對各種世界範疇的界定分類與說法。相較於社會世界與自然世界，超自然世界愈形抽象，畢竟前兩者有具象的人地物等為實證根據，而後者則單憑人們充沛的想像力。人類之此一令人讚嘆的充沛想像力，建構出了許許多多內容屬性不同的宗教。主要的形式包括如祭祀「大樹公」和「石頭公」等認定山川草木均具有靈力的泛靈信仰、如漢人傳統的祖先崇拜、如印度教和中國道教的多神教、以及如伊斯蘭教和基督教等的一神教。

各種宗教隨著人群移動，彼此交互影響。近現代中國和臺灣漢人社會就出現了不少結合儒、釋、道，甚至源自西方之基督信仰等要素的綜攝性宗教。其中較有名者有明清時期的白蓮教，以及流行於臺灣和亞洲各地華人聚落的一貫道。像漢人以統合性的方式來接納各門各派宗教，不失為一種和諧的文化整合方式。但，在人類史上，並不是每一次的宗教接觸，都以和平收場。源自西方的基督宗教與建立於阿拉伯地區的伊斯蘭教，均強調唯一真神的信仰，既是唯一，就不易容下他人。因此，從中古時期以迄當代，該二龐大宗教世界內的國家族群衝突始終不斷，犧牲了許多無辜生命，一直到今天，問題仍是難解。

在臺灣，我們享有百分百的宗教信仰自由，這是全體人民的驕傲，畢竟，從人類宗教衝突史血跡斑斑的一頁來看，能身處在一人人尊重彼此信仰的土地國家，不可謂不是一種福氣。臺灣漢人占人口多數，大部分家庭個人崇拜祖先，同時奉行多神靈的民間信仰。而人口總數不到百分之四的原住民族，有其各族傳統的宗教信仰，唯自戰後以降，改信基督宗教者，日益多數。漢人家庭或個人，也有不等數量，信奉基督教、天主教、回教（或稱伊斯蘭教）、一貫道、齋教、佛教及其他宗教。甚至，有些人更試著創建新的宗教。凡此種種，一方面表現出多元宗教珍貴的和平共處情景，另一方面也傳達了臺灣人對超自然世界不曾歇止的文化創意。當下世界伊斯蘭對猶太和基督教（如巴勒斯坦與以色列的對立，或激進伊斯蘭組織的反西方泛基督教世界恐怖活動）、印度教對伊斯蘭（如印度與巴基斯坦的對立）、或社會主義中國政府對法輪功信眾的取締等，均造成了相當嚴重的衝突和傷害。臺灣沒有制度或組織性的宗教對立，當可成全球的典範，國人實應積極將我們長久維繫宗教和平的經驗轉知全世界。

＊本文係二〇〇六年為某一出版社所寫之高中公民與社會課本內容

多元的問題與解題

——臺灣的國家治理分水嶺

「多元文化尊重」或「多元文化教育」等的用詞，大家琅琅上口，其中訴求主軸，幾已成臺灣共識。然而，以一個國家治理角度觀之，在領土範圍內，欲使多種文化、族裔、語言、階級、職業等等背景的住民同處一起，樂觀進取，當是一執政上的巨大挑戰。如何行之較好？一般而言，大體可有兩類相對性的作法。其一，國境內存有多種異類人群，那是一種多元狀態（pluralism），有的是文化多元狀態，也就是英文所稱的cultural pluralism，有的為族群多元狀態，亦即ethnic pluralism，當然也可能是宗教多元狀態（religious pluralism）。此等多元情況，常常讓執政者感到不安，因為難以確認他們分別的向心所在。所以，在此一景況下，擁有高位權力的人或集團，就必須製造出一更高層次之罩子，並賦予神聖意涵，然後要求大家絕對認同大罩名分，同時稀釋掉各項多元的價值。中國的「中華民族」概念，就是典型的大罩子，只要擡出它，其他多元族裔、文化、宗教等，全數均將自動或被動地隱逸消退。臺灣過去也曾標榜過「中華民族」，今天則已少人宣揚，因為國家的治理意識，已在二十多年的民主化轉型中，自強力壓抑多元的狀態，換成了鼓勵多元的文化多元主義（multi-culturalism）。它即是相對於上述大罩子至高作法的另種國家與人民關係之建置。

臺灣國家不再揭舉任何大罩子壓人，從而只強調臺灣土地本身。絕大多數國民同意以實際狀況的視角，真切地認識並接受土地上每一個人及每一以任一理由構成的文化、族裔、宗教、職業、性別等等自主性群體。這就是我們常說的文化多元主義。經由它的普及傳頌運用，才使得諸如「多元文化尊重」或「多元文化教育」等的用詞，被大家朗朗上口。

當然，從壓制多元狀態的大罩子意識實踐，轉至多元文化主義，在對人權、文化權和社會權等的重視方面，無疑是進了一大步。在美國，凡是有意無意沾上丁點兒宣揚種族主義的邊，必會立即遭來法律與道德的雙重制裁批判，臺灣雖未達如此境地，但若誰人敢任意以區辨他族我群，以求換取政治經濟利益，也會受到各方指責。畢竟，文化多元主義已是當下的主流社會思想。欣賞尊重多元，正是現今每位臺灣住民的日常任務。

不過，欣賞尊重多元或多元文化教育等美麗辭藻，也極易淪落僅剩口號。若口惠而不實，一切只是說說罷了，當最引人憤慨喪氣。例如，在一片多元尊重聲浪之中，臺灣竟也出現多個社會經濟位階高低明顯的族裔群體，其中較高比率部落原住民和鄉間東南亞配偶家庭成員，不論在資源獲取方面，抑或享有的質量層次，均普遍偏低。又如，學校的多元教學也常顯現某「一元」特別強大主導，其他「幾元」卻邊陲落寞，可有可無，更糟的是，在此一高度落差情境下，即常引來師生對該等邊緣範疇（如母語教學）的輕忽。所以，多元尊重在口號宣傳之後，勢必要有具體的搭配措施，而且一定要系統地規劃，常續運作，同時不斷地評估改善，方能快速提升它的實際效能。

依國際觀察的經驗，多元文化主義除了可能出現前述問題之外，尚有部分菁英主義學者憂心，在此唯一正確性指導原則氣氛下，聰明人極易反受壓抑，因為隨時隨地都必須尊重每人每族每群，讓他們充分發言，而等到大家的主體性都獲得滿足了，時間已不知拖到何日何月。此時，聰明人或才有機會緩緩登場，然卻又被要求應虛懷若谷。在此一前提背景下，人類的創造發明極可能大大受阻。憂心忡忡的專家認為，這將是人類難以估量的損失。然而，情勢發展果真如此？以人類學的立場來看，今日人類社會文化的演進方向，才是令人著急。我們相信，數十萬年前活躍於西歐地區的尼安德塔人（The Neanderthal），約在三萬年前突然消失，其原因就是長期適應冰河期環境，而到了冰河間期，氣候改變，過去熟悉的生態動植物相，幾乎在一夕之間起了巨大變化，人們謀生技藝全然失效，造成大量死亡。而此種太過適應的情況，目前正在西化、現代化、全球化等連串引導下，出現於人類世界。

我們似乎享有了千百年來聰明人們賜與的物質與非物質發明成果，然而，它們也是帶來人類快速趨同之單一危險適應的根源。那麼，我們難道還要繼續冒險下去？多元文化主義的適時出現，給與大家一個嶄新生機，聰明人菁英社群似乎反而須向包括原住民部落、多數沉默的女性、可愛而無私的小國家、濃密人情味的鄉里、以及不想追求全球化價值等在內的人們學習。多元文化主義是理論，是理想，也是應該積極實踐的策略，讓它繼續主導一千年，人類必定愉悅輕鬆，因為人本人文精神大整合，大家才得以誠心彼此愛護相互鼓勵。

據此，臺灣國家的治理原則，終於自一向壓抑多元價值的「中華民族」大罩子超越而出，大家應感到慶幸。現在，我們以歡迎妳（你）我同住臺灣的態度，鼓勵多元人類要素一起並出，然後快樂學習對方的生活藝術與文化哲學，豈不美好？臺灣是標準地理規模小而美的國家，具備南島語族原鄉的條件，也有最為人稱道的溫馨鄉鎮，更見一批批來自外國的女性朋友加入各地家庭。現行文化多元主義，正是聰明人應來觀摩見習的理想園地。臺灣從客觀多元狀態，惟卻難以窺得多元自主風貌的過去，蛻變成多元文化美不勝收的今天，那是國家治理過程的躍升。我們已然一起跨過分水嶺，消除了多元壓抑的問題難題，繼而以多元文化主義有效地解題答題，未來，還待大家繼續堅持前進。

＊本文原刊於數位島嶼電子網，二〇一二年九月二十五日

輯二

文學的原住民族

躍過文化圈的文化英雄

——代序《臺灣原住民族文學史綱》

舊曆年前，乍以「這下沒得職章可蓋了！」與其相互解嘲的浦忠成教授（他卸離國立臺灣史前文化博物館館長，而我則國立臺灣大學人類學系系主任屆滿），託學生轉來大本《臺灣原住民族文學史綱》六百頁影印稿，囑我寫序。兄台要求，不敢不從，惟忙著出國返回又出國，巨冊大書只好擱著等開學。

上課後三週，浦謝喝酒會。浦說，「出版就緒了，就等你的序，這樣子好了，再十天交卷」。謝回，「這……這……那……那，十一天可嗎？」作者爽快答應。於是，寫序人連夜趕工，後來的一星期，閱畢全書，也擠出了字元數百破千。未料，同面孔學生又來，「謝老師，不好意思，浦老師的書未完，這邊還有第二本。」回省過來，才驚見這本也有三百頁。距離交稿的第十一天只剩下兩天，卻多跑出另一大書。立即電話正在考試院會中的委員作者。「委員大人，確定沒有第三本了吧！三兩天送來幾百頁，我哪吃的消。」對方笑出，「鐵定就這上下卷寥寥一千頁而已」。然後，就爭取到了多一個禮拜的寫作天。

忠成兄與我百次醉歸，兩人差異之處在於他酒後疾書，大作連峰，而我則始終好眠到不知寫作事。前兩年才為他寫一次書序，現在又來了個大部頭。我於是吩咐兩次奉稿來嚇人的書僮高足，「回去告訴你們浦老師，要他留些給人寫，他一個人寫光光，我們豈不只得轉行職業寫序人？」

我的原住民兄弟淘多人，個個能寫擅歌，其中巴蘇亞・博伊哲努拿手外省非標準官話腔卑南謠一曲，聞名婚禮尾端。由於就只這單首連環唱，大家聽百次，耳朵早已如爆，好在以同名或另名「浦忠成」發表的文字論著龐然多樣，經典宏觀，眾人齊讚，我們也就看在他另類貢獻份上，繼續忍著原住民晚會裡的山東腔「我阿姨也癢……。」

忠成／巴蘇亞兄係文學博士，二十年來鑽研原住民神話傳說與原住民現代文學，已成慧言一家。讀他的作品，歷史文學社會文化政治兼容吸引，增添吾人智識，啟聰狹隘史觀，獲益良多。

本書二卷，一為「口傳文學時期」，另一為「使用文字後的原住民文學」。前者九講，後者五講。浦教授表示，這些大致是授課的大綱，而其中所透露者，正是他原住民文學包括「口傳文學」與「作家文學」二元類分論點的表述。事實上，二十年來的原住民，傳統現代乃至越過文化之種種懷舊與創意，正寫滿著族群現代史的哲學主題。祖先時代的「文學」與「藝術」，無有作者署名，它是「口傳」，也是集體作品。人類學留意口語傳統／口傳文學，而現代正統文學卻較少予以同等關注。人類學界定「原始藝術」（primitive arts）、「第四世界藝術」（the Fourth World arts）、「部落藝術」（tribal arts）、或「族群藝術」（ethnic arts），但典型現代美術藝術廊廳，卻難以收列該等藝術的品項。換句話說，生活性的口語述說和工藝用品，是為原住民歷史文化根基，然卻不易比擬於今日專業特化的文學藝術範疇。於是族人菁英起而掙脫桎梏。一部份人習得文藝技法，試圖揮別傳統，擠入殿堂。另一部份人擴大領域，努力建置口傳文學與「原始」藝術的文藝地位。忠成兄正是致力於後者的佼佼者。而我身為人類學工作者，自然也願與其同效力。

九講口傳文學，五講（當代）作家文學，後者少了近半，足見作者重視傳統的程度。甚至依他之見，唯有維繫祖先智慧於不墜，方能永遠免於被同化，而只有按傳統之理衍生而出的作家文學，才是真正的原住民文學。其實，多數被巴蘇亞納為作家文學群列而逐一介紹者，均是習得文藝技法的專家，只是她（他）們均堅持絕不「揮別傳統」。每篇大作處處見著傳統人、事、時、地、物，因此，在忠成兄眼中，原住民文學史上自然應有它們的地位。

浦教授不願直接將「臺灣原住民文學」歸為「臺灣文學」的所屬。「臺灣文學」約定俗成，有其專有的範圍，而「臺灣原住民文學」係大體依循「無文字口傳（祖先們）→文字習作（如日治至七〇年代的有限作者）→口傳文字化（文化復興工作者）→口傳文學化（如浦忠成教授的努力成果）→作家文學（八〇年代以降數百創作者）→具口傳根基的作家文學（今日及未來的理想）」演進脈絡發展。它是「文學臺灣」的一環（因此，浦老師願將論著投登《文學臺灣》期刊），而卻與「臺灣文學」有所不同。

一位原住民藝術工作者曾請我助其英譯「臺灣原住民」，稍後提供了「Indigenous Taiwanese」與「Indigenous People of Taiwan」二稱，她毫不考慮，擇選了第二。問其因，回以「實在不太想用「Taiwanese」一字」。「Taiwanese／臺灣人」顯然有其如前述「臺灣文學」之約定俗成的臺灣漢人中心本位界定意涵，它與「臺灣原住民」（以及「臺灣原住民文學」）所代表的內在質素不同。「臺灣原住民」與「臺灣原住民文學」均是認同的核心象徵，亦即浦教授所謂的「民族靈魂」所在。既是「民族靈魂」，就須獨一無二，方能有代表性。原住民在臺灣，只此一家。因此，即使不歸屬典型的「臺灣人」或「臺灣文學」，「臺灣原住民」與「臺灣原住民文學」亦始終炯炯有神地代表著臺灣本土國家。

「文化圈」、「文化英雄」、及「文化樹／故事樹／神話樹」等，是本書理論建構的關鍵概念。原住民祖先們所建置之超自然、自然、及社會世界的大小容量文化圈，塑造出了不同表現範圍的文化英雄。而他們所輝映的文化樹幹主體，應在今天的作家文學中，繼續發揚光大。

文化英雄存於歷史，也活躍在當下。本書所有具名佚名外加浦老師在內，各個是英雄，他們講了千百年故事，復於近世先以日文，繼而中文持續說話。增添了的普化性文字效能，帶來更豐沛的文化回響。今天，所有寫字英雄匯集，構築臺灣原住民廣大文化圈，彼此融通交往，關照民族前途，文化樹主幹亦循而茁壯。我常以為，口傳全數文字化，當不見得利多，因為它可能自此「套書式地」束之高閣，或淪為學術文人風雅之樂。口傳應全民常續感受於生活中，不需「研究」，它也顯耀，沒有成文，亦是挺拔。浦老師呼籲建置的口傳文學地位，正是上述精神的展現。口傳文學不必文謅謅，文謅謅就成了文人風雅的「文學」，從而失去原住民山林水際之逐風、「抗日」、及洪荒造人與追尋獵狩的「黃金歲月」價值。浦教授整理於眼前的宇宙生命情事，傳說神話敘事歌詠遍在，著實活出了臺灣南島系族群之當代靈魂。

原住民多元族群運動的成就，政治一方顯著，文學另一方更是根深蔓延，寫手人才輩出。此時見到巴蘇亞本書，結實飽滿，跨越環環文化大小圈圈，好個文化英雄現身。於是學生興奮翻閱，學人細心參覽，作為好友弟兄，先鋒拜讀，寫個小序，推薦開卷男女，很是高興。

二〇〇九年三月二十二日，下午四點五十分，於臺北芝山岩

＊本文係浦忠成著《臺灣原住民族文學史綱》序言（二〇〇九年，臺北：里仁）

古典臺灣的西人書寫

對一名單純想習得近四百年來臺灣島上人文知識的學人而言，除了考古學人類學的遺址出土或民族學田野資料之外，文獻方面的憑藉，自然甚為重要。文獻又分中國漢文所撰著，以及西文書冊，再加上稍後期的大量日文出版。臺灣學者處理相關歷史課題，往往以中文日文為主，於是漢人觀點與日人理解架構占了主體。西文材料隱沒長時，直至最近二十年，才稍見較多關注。關注了之後，瞬間它們的關鍵角色躍出，有效協助了不少問題的解決。此時此刻接手翻譯該類歷史文獻，當有必要，也盼持續喚起學子不間斷投入興趣。筆者欣然接受委託，與陳彥亘小姐一起擔綱沈愛娣教授（Prof. Henrietta Harrison）編錄的《福爾摩沙的在地人——1650-1950年間英人對臺灣原住民的報導》（*Natives of Formosa: British Reports of the Taiwan Indigenous People, 1650-1950*）一書英譯中工作，歷時漫漫，終至完畢，甚感愉悅。

個人自認文字尚稱精煉，但，長時間以來，就是不願在翻譯文稿上嶄露頭角。過去的思維，常以應訓練能夠閱讀原文者為要，至於譯書，僅是將既有知識重述一遍，花了時間，卻沒有創見貢獻。早在二十幾年前，筆者發起為人類學老老師九十大壽論文集祝賀計畫，即有學長建議以翻譯經典取代。當時全然不解其意，也就不可能從之。現在回顧，才慢慢品味出其中深刻。至少一項事實不能否認，那就是，祝壽文集出版了，無奈文章質素參差交並，以至影響全局，不僅售出有限，一般研究引用也不多，一本書宣告黯然收場。九十年代初期若果有一刊登十來篇精緻譯文的華誕大冊，對正在躍進世界學術對話平臺的臺灣人類學，或許幫助更大。誠然，沈愛娣集書多是百年以上歷史報導，屬性有異，不過，尊重並重視翻譯的價值，應是一致。

吸引筆者進行本書翻譯的要因之一，當然就是原住民。二三百年前的原住民族是如何？大家都很想知道，於是當時留下的記載，立即成了參考經書。不過，書中前半部所記原住民，絕大多數卻是今天國家尚未以承認的平埔範疇，主要地區或群體計有蘇澳、噶瑪蘭、琅橋、新港、埔社等，而觸及山區者，卻只有寥寥南臺灣排灣和淡水廳或新竹州的今桃園復興鄉淺山一帶。後半書講及日人治臺時期西方駐地人員的焦慮。以英德商行為主的西方利益，是否因政權由中國轉為日本而有所損失，尤其是樟腦提煉運輸賣出一事，最受關切。樟腦林場多在接近「生番」之處，腦丁有漢裔有平埔，他們冒著出草危險，替外商拼命。日本殖民政府亟想控有此一資源，於是，文獻內容充滿列強政商角力、第一線工作者艱難、以及山區原住民守持家園精神的敘述。

基本上，欲藉由本書認識今天十四族原住民的歷史，除了噶瑪蘭之外，其餘仍是籠統間接，讀者或有失望。但是，關於平地區域原住民亦即平埔各群的了解，書中記載卻是豐富詳盡，看到細說，不由感佩記錄人的用心。西方傳教士、官員、探險家、旅人、商家成員、軍事專業、以及觀光目的等等，多喜寫字留下所見心得，所以，哥倫布之後的五百年文獻，方可成今北美民族史（ethnohistory）學科研究領域的主要材料範圍。西方人在東方，同樣展現文字不離手的傳統，蒞臨福爾摩沙者縱然有限，卻多能盡情寫寫寫，據此，我們才有今天細讀轉譯，甘甜個中歷史滋味之機會。所以，鄭重推薦本書，當然也就是譯者的任務之一了。

任何學術計畫，總是苦樂交半，本書翻譯亦然。彥亘小姐係筆者臺大人類學系高足，獲有英國倫敦大學院博物館學碩士學位。姑娘來自馬祖，一等聰明，分分秒秒盡是幽默，合於筆者頑皮天性，兩人共事極為愉快。她年輕，於是苦差事讓之，先作初譯是也。筆者以老師之姿，負責複譯，好像也是合理。幾年之中，彼此交換意見，討論大小問題無數，遂成最後定稿。謝世忠教授研究團隊長期或特定時程成員劉瑞超君、王鵬惠君、楊鈴慧君、郭欣諭君、張嘉倩君、張惠琴君、張育綺君、李慧慧君、石丸雅邦君、中村平君，以及內子李莎莉女士等，常常陪在旁邊協助打氣或罵人，甚至直接上陣幫忙，筆者會心，就是感激。順益臺灣原住民博物館與南天書局等候完稿，等到氣結，卻還是包涵，而譯者所能回饋者，大概也只是謝謝一句，相信他們仍是大量包容。

好書閱讀，心愛臺灣；譯文或誤，虛心受教。

寫於安坑文筆山下「別野」小屋，二〇一〇年六月十九日，下午十二點五十六分

＊本文原係《福爾摩沙的在地人》之英譯中專書譯者序言，惟因事耽擱，迄今尚未見著是書出版

因果的悲劇與再生的時代

——評孫大川著《夾縫中的族群建構：臺灣原住民的語言、文化與政治》

基本上，凡是回看歷史，必生悲觀之感。這份悲的感覺，往往來自對過去美好時光不再的嘆息、對子孫不識祖先的歉疚、對自我沒落過程的無奈、以及對年代學上出現過之種種惡質事物的憤怒。中國人較比「大漢」、「大唐」與今日挫敗景象是如此，臺灣人想像「二二八」慘狀時是如此，原住民只要稍具被殖民意識，則更復如此。孫大川老師大作的主題，即不斷地湧現臺灣原住民之歷史驕傲與悲劇的流變，以及當今益深之悲劇與可能重現驕傲的環鎖關係。

人在歷史中生活。今日原住民生活的「果」如何，必有其「因」的生成與作用。大川在書中收列的十三篇文章，全部都在講歷史，取向上大致可歸納出三個範疇。其一，漢人或外來國家政權殖民者如何在數百年（尤其是最近一個世紀）間種「因」使術，其天羅地網的力量攻勢，造成原住民毫無招架之機。其二，原住民生活於前述大的客觀環境下，漸漸（或應稱快速地更為正確）形成自己相對上較小的特定客觀環境（即指部落社區、山地社會－生態區域、或都市原住民族裔圍區〔ghetto或ethnic enclaves〕）。其三，長期以來，族人在大、小客觀環境中有氣無力的生活，今天，原本絕對被動的原住民，應主動地尋求掙脫梏桎的主體所在，以期重現生機。

從漢人移民臺灣開始，歷經西班牙人、荷蘭人、清朝政府的有限管轄，以迄日本殖民者和一九四五乃至一九四九年之後的國民政府，大川認為日本人來臺之後一直到今天，是戕害原住民最烈的時期。統治者厲行同化政策，以種族中心主義奠基自己立國的哲學，其中日語運動之害，幾將原住民母語連根拔起。原住民的身份亦一直處於無名、污名、去名、命名、或賜名的戲則中。學術界以「第三人稱」看待原住民，從未對被研究對象活生生的苦難事實，心生所感。原住民最終是被「知識化」、「宰制化」及「劣等化」。而「錢幣邏輯」引進之後，族人的依賴心更強；政策上將原住民分成「平地」、「山地」兩項，也破壞了原住民整體的族群意識。大社會或政權的種種肇因既如此，原住民的生活世界自然極不樂觀。

大川觀察到在百年的摧殘之後，原住民已是不折不扣的黃昏民族。族人的自我邊界模糊，內在法律破壞，經濟凋敝，多數人只知對國家委順。另外，加入黨派、宗教、選舉、貨幣的要素之後，原有之生命共同體即形煙消雲散。處處可見同胞們以酗酒、集體宴樂來麻醉逃避，大家均難以自我統合，有的甚至在當前情況下以自我膨脹方式來表達非理性的自我。大川對此有極深的憂慮，他認為原住民最大的敵人就是時間。時間雖已近黃昏，但由於有初露希望之象的出現，吾人亦不應放棄主體地位的掙得。

大川表示，我們應時時作最壞打算，以此出發，才能爆發出最大的能量。他認為個體生命非常堅定有力，因此吾人應多探訪族人的個人生命史。大家要有生命的承諾，將文化歷史落實至部落中，而萬不得以理論代替活生生的部落。原住民在與漢族相對的「二分」島嶼上（按，大川反對習用「四大族群」之說，而主張臺灣只有漢人和原住民兩類群體），必須建立有血有肉以原住民為主體的歷史。在部落中，全力找出它的發動機（可能是祭典，也可能是媽媽合唱團），讓該活力泉源有效地發揮作用。不過，大川也提醒參與文字創作的族人同胞，應避免「唯母語主義」所帶來的族群中心主義或本質主義。文字的使用可以漢文和各族拼音文體併出。他相信，絕對有辦法在漢文的寫用中，看到原住民，或深刻感受原住民的活力生機。大川肯定早期原住民運動的貢獻，支持族人對文字的創作掌握，也歡迎愈來愈多藝術家們參與工藝創作。他除了希望藝術能成為文化的象徵之外，在他行政院原住民族委員會副主委任內，也積極規劃能使之同時獲得營生的商機。大川所主導創辦的《山海文化》雙月刊似乎正如他所言，一直在夾縫中求生存，但它也撐足了七年，刊物的上百篇論述，正是原住民主體出發重現江湖的證據。

大川是一文哲專業學者，對於老莊、儒道、基督哲學、及西歐存在主義甚至語言形上學的瞭解，使其能輕鬆自在地將之與日常生活觀察進行對話式的比照。我們在書中充分感受到了一份哲學家的美感與另一份文化評論家的犀利棒槌。尤其是以漢族或中國為唯一出發點的中心主義，更難堪受他意理精神上的火力控訴。各種假借國家之名的原住民人文、人性、神話或哲學摧毀運動（如國語運動、山地平地化政策、錢幣行軍入山、及胡亂給名的戶政娛樂等），亦都逃不過孫老師點名而俯首現身。

不過，由於自己身為原住民知識份子，為了瞭解他人如何認識或界定原住民，大川又必須跨越文哲領域，試圖進入書寫原住民最多最繁的人類學世界，看看那些在印象中極力呼應反對族群中心主義，鼓吹文化相對論，以及主張絕對尊重少數族群文化的人類學家們，到底說了我們（原住民）什麼。結果是，書中多篇文章均顯現出大川的失望、不滿、難過。失望的是，研究者感興趣的是概念文字，並非部落老媽媽或多數族人的生命經驗。不滿的是，學者們看不到原住民的苦難。而難過的則是這種現象還持續存在。

大川曾試圖用人類學或社會科學的方法論來理解學術世界中的原住民，也不只一次以田野方法培訓調查工作者。他似乎欲以齊人之道來重建齊人已立之國。不過，畢竟大川所學另屬，又孤獨一人，再加上學院的人口力量、知識資源、及經費管道龐大無限，人類學的專業書寫仍如排山倒海似地牢佔詮釋市場（按，九〇年代前半期，曾有一段與原住民共同呼吸的人類學創作風潮，然到了今天，枯燥、朽舊、加上不通順文藻的論文寫作，似乎又重上主道了）。孫老師所委以重望的原住民文學舞臺，就在《山海文化》酒歌滿公寓的夾縫世界中，續燃明燈。

大川其實大可不必一定得以人類學看人類學。他的哲學語言已足使乾枯的學院堅持，獲得一份有效的潤滑。有緣者好好讀這本書就能上青天。在無染的青天裡，妳（你）方能看出大川在歷史縱橫中，發掘世界或臺灣大客觀環境，清理原住民社會小客觀環境，以及重整族人（包括文字工作者、都市獵人、及部落老小）自我絕對性主體出發的深度脈絡思考。這是人類學所能及的嗎？答案恐怕是否定的。不過，這或也正是人類學者需要努力之處。我們不知道所謂百分百的原住民是什麼，但卻應充份瞭解他們於軟軟硬硬的生活波動中存在，而這就是生命。我期許自己，也要求學生當一個有生命感的人類學者。我相信，大家都能達此目標，而那一刻即是妳（你）我，大川和他的族人同胞們當然也在內，共同貢獻於原住民未來的一份「生命的承諾」。自此，因果的黃昏悲劇已然，而再生的時代正揭幕旭出。

＊本文原見於二〇〇〇年〈因果的悲劇與再生的時代——評孫大川著《夾縫中的族群建構：臺灣原住民的語言、文化與政治》〉，《山海文化雙月刊》（25／26：頁一九三－一九五）

看重「死亡」，積極「活出」

——評孫大川著《山海世界：臺灣原住民心靈世界的摹寫》

大川又出書了，這次一下子兩本，《山海世界》列序第二，屬於言文呢喃的類型。對文學原本外行的我，讀後竟突增數倍氣力，意念中自己如具傳說中的文人氣節，亟欲與大哥（我們幾名「酒屋」品湯專家、習於如此稱呼孫老師）共赴修院，以啟人類學靈性，或齊步森林，以思吃喝嚮錢與清新臺灣間的同景不同調。當然，修思之後勢仍難有答案，但是，從理念中回歸現實，並非表示閱讀無所收獲，因為大川的書至少成了帶著我神遊魔想的動力，也讓自己作為一個被他又捶又擰卻又愛如兄弟的人類學者，在孫老師文字的哄訓下，真是「叫人怎能不深戀著他！」。

《山海世界》分成四輯，作者在書中並未交代類分的原則，讀者因此可充分地自我想像或逕行分析。基本上，就像多數文學作品一樣，作者往往在作品中建構或傳輸自己特定的人生思維方向。大川的這本書，基本上是一「我的感覺」的論集。以他自己的立場來看，首輯是「我」對自己和家人（尤其是父親和過世的姊姊）的感覺。第二輯為「我」對西方古今哲學與當代生活，以及中國人用「命」吃食物和臺灣學界用「力」吞知識的對比感覺。至於第三、四輯則分別描寫「我」對原住民歷史文化再現洪潮，以及對原住民確認雄糾糾主體位置的感覺。

我們可以看到，大川對生命的體驗，一方面在娓娓道來之時，顯得那麼樸質實在，另一方面卻又常在收尾之前造成驚聲尖叫的效果。他的心房藏著世界史的宏大遠流，隨時可與人論談宗聖哲理，而同時也能在感受到任一來者溫柔的雙眸之際、告訴對方「我好想我的小姊姊」。常常謝世忠就扮演著這位來者。過去聽聞大川談起爸爸、媽媽、哥哥、嫂嫂、姊姊種種，總當成一則則朋友家人，頗有興趣卻不易有動心的感覺，這回讀了書，才踏入下賓朗這一家卑南人膩黏甜苦的愛的世界。

對大川而言，介於家族和主流歷史哲學關懷之間者，就是原住民的世界，這其中包括卑南族、全體臺灣原住民、以及美洲的印第安人。他詳細地剖析自己意識和原住民認同出現的時機，並坦言它們與嚮往中國之內聖外王、中華文化之流遠、和魏晉傳統之灑脫間的難以併置汲悅。不過，在步步揭示自己即使踏近黃昏，卻仍是堂堂原住民的身份之時，大川即多次批判臺灣知識份子和學界實踐自我文化時的扭曲。營名求利加上堆棧知識的研究者，相對於古典歐洲冷竣銳眼監判人文逆潮的象牙塔學術，前者的粗略性不言而明。

原住民的當下，雖如「音容宛在」，但他們即使勞苦於臺北都會，卻仍「依然爽朗，依然包容」，而這份樸質加上打不死的研究與創作英雄（如Lifok、瓦歷斯・諾幹、夏曼・藍波安、莫那能、巴蘇亞、博依哲努、夏本・奇伯愛雅、曾建次、田雅各、阿道・巴辣夫、高正儀、撒古流、林志興和林豪勳等）現身又獻聲，一起煉解出了本土的滌洗力量。有幸與之結緣者，得以銳變成更能自由翔遊的族類，因為他們雖常有醉足朋友「腹部」的行動，卻也牢牢醺我「頭部」二十餘載，激發出謝教授源源不斷的靈感，以及造成他一顆永遠幽默、哈笑的「類原住民」之花花的心。

大川一直呼籲大家要重識臺灣歷史。原住民歷史即使已死，也要死得有尊嚴，就像有酒有骨的爸爸、親愛的小姊姊、或日本武士道殉者一樣，永遠讓人追念。而若欲使人正視自己，就必須要寫的多，寫的準，寫的百分之百主位在我。不用刻意「美化」原住民，切莫放進太多淚伴文字的人道主義，大川要的是「第一人稱」。「第一人稱」才能「活出」自己，就如老母親自己說出卑南歷史一樣。人類學的串串術語和引參百卷，似永難觸及活的人物、活的文化，而這種學術固頑化的情形，愈來愈重。部分學者或對是項問題感應不多，因為這些人所築的學術世界，始終只是一與人性沸升之象牙塔距離非常遙遠的酷冷大冰桶了。

原住民是不是走在黃昏路上？其實考證它的答案是或否並不那麼重要，要緊的反而是，必須深切看重這份瀕臨「死亡」的感覺，才有可能積極的「活出」。原住民和所有人一樣，會活也會死，然而，好像他們要生死自若，或自豪於歷史，或愉悅於今天，往往就困難重重。為什麼？大家不妨問問自己。

一九九三年大川辦《山海文化》雙月刊之初，曾多次發出雜誌鐵定要撐過七年的豪語，如今目標已達。惟我看他雖在本書中一一述說自己曾積極與陌生自己、悲歡家人、近遠親族、部落、同胞原住民、現實臺灣、夢幻中國、哲學西方、變臉印第安人、歡樂受刑人、宗教先知、及不才人類學家等許多人事或物的交往或神往，大川應仍是寂寞的。他愛唱「思慕的人」，既是「思」，對方必不在身邊，那當然是孤單的。但，大川不必害怕總是一個人，除了書序上提及的幾位關鍵女人同胞之外，我也能瞭解他，因為我們「家族相似」。這項事實從孫老師五月十一日贈我本書時的題字上，可以獲得證據——「世忠兄萬歲，十年如夢，都有血有肉，有歌有酒」！

*本文原見於二〇〇〇年，〈看重「死亡」，積極「活出」——評孫大川著《山海世界：臺灣原住民心靈世界的摹寫》〉，《山海文化雙月刊》（25／26：頁一九一－一九二）

「民族生態人」知識體系的建構

——評亞榮隆・撒可努著《走風的人：我的獵人父親》

一、楔子：走進生命場域

初識撒可努的確切時間，已不太記得，但印象一直深刻。以年齡和「輩份」相較，他是「年輕人」，而我是他敬稱的「老師」。每次的杯酒快樂場合，總不缺撒可努的高歌和充滿詼諧排灣氣質的自信臉龐－圓潤俊秀外加擴胸演出，因此，要找到一個不喜歡他的朋友同事，大概難如登天。

今天，讀撒可努的書，想及他的模樣，想像金峰山林，跟隨著也想念起童年時臺北盆地的澤水片片與草木生機。該洋（撒可努神奇的老爸）父子雖謙卑然氣卻十足地擁有山水及其蘊養的生命，他們是排灣獵人。而我的少年臺北，蜻蜓蚱蜢大肚小魚火金姑，也曾是愛之不釋手的「獵物」。獵物在生活週遭，是你的一部分，自然就會敬牠寵牠，這是太麻里排灣人的修養，也是所有獵人理應天生即為「生態人」、「生態體系人」、或「民族生態人」（people of ecosystem）（即深切明瞭部落加上山脈水系特定生態體系資源的有限性，因此絕不當一名幻想著地球動植物資源取用不竭的「生物圈人」[people of biosphere]）的理由。

《走風的人：我的獵人父親》一書點燃了瞭解部落生態文化和獵人文化之機，也促使閱者在會神靜讀之際，直奔炙熱與酷冷交織的高山獵場。生命的場域正由獵人、獵具、獵物、獵寮、山河星月、文化理論（即排灣人的狩獵規則，它是一份思考嚴謹的民族文化點單）、說故事者、寫作者、讀者（如你如我）、及書評人（如我）等，共同參與織成。唸這本書，時而笑聲自如（如讀到山豬跑跳至獵陷前，立即聰明地緊急煞車），卻一拉可轉至嚴肅的排灣「生態人」或「民族生態人」平衡生態觀，較比於「生物圈人」反省之餘的膚淺保育觀（如單是規定某種動物禁獵，卻不知生物鏈早已破壞；或只知求得量多的東南西北處處都有國家公園）論述之辯。書本的可貴在此，它讓我們百分百體驗到生命點滴。

二、排灣人之一：族群與世界的匯融

書中的兩位要角：該洋與撒可努，以及兩個關鍵超自然範疇：上帝與祖先，攜手搭配組合，確定了獵人的宏遠志向，也安置了人與自然的互敬關係。該洋的生命歷程可歌可誦，從獵人之身褪為醉人，再加入基督之國忘懷酒精，然卻因聖經而冷漠孩子、阻隔文化，最後復拾傳統，重回獵場，在上帝和祖先雙重祝福下，成為「跟風的人」（撒可努自忖）崇拜的「走風的人」（全部落最了不起的獵人）。他在狩獵的日子裡，讓優秀的兒子更形傑出，其間不僅行獵技術獲得傳承，更使排灣或甚至全體原住民的「民族生態人」打獵哲學，得以具體化的公式〔形體生命與象徵生命＝（出獵體力 ± 天候地貌）×追纏耗損×背運時間〕，指導著後代族人生命價值的建立。

兩人在人煙靜寂的密林中，晨曦拂曉、日落山紅，暮降漆黑、更暗更孤。不論獵有獵無，鼠羊猴豬，一律謝恩；又，全程平安，務必再謝。獵人謙遜，服膺上天、遵守祖訓，不僅恪循族群文化規章，不貪不怨，更以世界性宗教的博愛精神，護守山林生命。我們看到的是傳統、歷史、族群，與基督、世界、信仰的溫馨融合。該洋過去一段時日曾只願進出教堂，形體如聖，但換來的卻是孩子暗夜失去排灣人父親精神的啜泣。如今，他仍信上帝，但同時亦讓祖先、獵人、和族群在自己身上再現。新換來者，正是撒可努得以變得更傑出的超級動力，文化的生機巧然又起。

撒可努未與上帝結緣，但因獵人父親的寬闊引領，使年輕人在圖振祖靈傳統之際，對長輩的宗教選擇完全尊重。他可以充分體會禱告時的父親。那時的父愛，穿透教義藩籬，句句喃喃均是孩子，無怪乎禱語不停中，被祝福的俊美青年，早就滿足入夢，而那顆顆淚珠，卻已早先一步滾入了晨霧行列之中。

三、排灣人之二：民族動植物學

《走風的人》是另類的動植物百科大全。閱讀它，讓我們心生喜悅，因為自己藉此直接與大自然相近。學校裡的博物或生物課程，教授學生科學分類的生命現象，而兩位老少獵人則以排灣人的角度出發，為讀者傳授一套精練有趣的民族動植物學。它有分類，也有各類屬相互關係的民俗理論。人類學分科中原有民族動物學（ethnozoology）和民族植物學（ethnobotany）分支，主要為探究部落或類部落社群對動植物的認識方式。不過，在臺灣，相關的研究一直未能形成氣候。因此，排灣作者自己陳述獵場上的傳統動植物觀，無疑彌足珍貴。

書中論及的非植物生物，計有山豬、山羊、黑熊、水鹿、飛鼠、雲豹、山羌、石虎、小牛、獵狗、毒蛇、穿山甲、青蛙、大螞蟻、蜈蚣、蜘蛛、喜咬人屁股的蟲、土蜂、虎頭蜂、野蜜蜂、草蜂、蚊子、蒼蠅、跳蚤、咕嚕鳥、魔鬼的鳥、老鷹、夜鷹、寄生蟲、毛蟹等本土類種，以及大象、羚羊、牛羚、獅子、老虎、斑馬、及豹等電視告知的非洲種屬。以科學生物學觀之，它們涵蓋了哺乳類、爬蟲類、兩棲類、昆蟲、鳥類、甲殼類、及軟體動物等。在非動物方面則有竹筍、桂竹林、芒草、大茄冬樹、月桃、闊葉樹、藤、蔓、老藤心、山蘇、密林、青苔、蕨類叢、楓樹、枯葉、細枝、橘子、釋迦、飛鼠樹、及矮灌木叢等。這些生物粗細類種，均有排灣的名譜，也都被獵人自然地述說於自然界行走之中。

該洋細細地與大大小小生命體對話，也熟知牠（它）們出現、消隱、活動、休養、生育、成長、戰鬥、搬家、及生離死別的種種。反之，對方也對偉大獵人的駕臨，分別表現出問安、迎戰、鬥智、或協商的姿態。「民族的（或排灣的）民族動植物學」（ethno-ethnozoology & ethnobotany）精髓，在於生命之間的優質對話。獵人絕不時時刻刻殺戮，因為欣賞動植物世界的運行，往往才是最大享受。對牠（它）們的充分瞭解，成了排灣的文化知識，也注定南臺灣山地四處的生命體（包括動植物和人類），長長久久永遠在生態平衡的目標下（包括人類在內的各個物種，大家世世代代君子言定，絕不過度擴張總量口數或侵占對方地盤），戀愛終老。獵人會設陷槍落獵物，但他們是充滿感恩的。「夠了就好，抓不到也快樂！」正是獵人哲學的最通俗，也是最高尚情操。民族動植物學因此絕不是冰冷的科學分類知識，也不會在部落中進行如考場上訓練都市小子的背誦劇碼。它千百年來一直是溫馨的排灣人生命體驗故事。

四、排灣人之三：「去哪裡？」與酒歌笑語

常到原住民部落走動的人，只要心稍細膩，就會發現人與人相遇時，最常聽到的就是：「去哪裡？」。人類學名下的我，不算短的時刻裡，會出現在社區，一旦被族人問及，就只知尷尬傻笑，因為一個部落方圓三、五條主街，不論誰人，均住於此，即或有些怪客天天自外進來聊天（如人類學者的田野造訪），又能走去哪裡呢？還不是就在村內。那為何大家都在問

「去哪裡」？過去數年，古板如我，一直思索此一詢問方式的因由，如今，《走風的人》給予了答案。

撒可努指出，獵人們在獵徑上相遇，回程者會問上山者「要到哪裡去，能不能讓他們知道？」因為下山的獵人回到部落，有義務對剛出獵者轉知路途安危，另一方面也備萬一需入山支援出事狀況時，不會走偏位置。據此，「去哪裡」可能原是獵人間的問候，後來轉成通行的打招呼用語。特定語詞的普化轉用現象，語言學有理論可循。包括排灣在內之各族男子，都是原住民傳統的一流狩獵者，而既然人人必成獵者，因此，就有許多機會問人或被問「去哪裡？」。獵人的問說，水到渠成，很快地成了全村全族的話語。

「去哪裡？」背後的文化意義，至少包含了人與人的合作、家族與家族的關照、山林知識的強化、狩獵經驗的交流、資源的共享、以及大*vuvu*與小*vuvu*（即祖與孫）的體靈傳續。獵物到家，各方英雄長輩齊聚，恭賀嘉許之後，好酒佐菜不在話下。酒的夥伴，還有唸歌與誇張玩笑（為何笑震天？笑自己，解嘲自己，明明抓到小山雞卻宣稱為大老鷹。獵人在外謙服大自然，恩謝地帶回獵物，玩笑現出，反向地傳達客氣心情，連上帝和祖先也不禁莞爾）。撒可努認為，酒歌與講笑，實質上共同組合成了一帖心靈再治療藥劑。的確，部落處處乍見的「去哪裡？」，到頭來多半集中於幾個「這裡」，數人小聚一起喝唱講笑，共享食物與氣氛。

獵人的共享哲學，成了部落人際關係維繫的基礎，即使在行獵文化漸失，山上林務局慓悍接管，山地小孩不再熟悉山風語言的今日，依是如此。部落的永續精神就是，經濟早已凋疲，收入始終闕如，但「均窮」見真情，即使不需工作或不想工作，依可在「共享」傳統的庇蔭下，今天這裡、明天那裡，吃喝無虞。歌聲笑聲如昔，其中或許帶著幾分時代的蒼涼，但父祖獵人的勇武傳說，一直支撐著大家的同心，也繼續於巷弄中兩部小型50cc機車擦身的「去哪裡？」問語中，與遠處高山舊獵場的生物世界相互想像。

五、相對論：動物人類學序言

前節提到人類學有「民族動植物學」分科，排灣人也有自己的「民族動植物學」。它們是從人的角度觀看人以外之生物群相的學術或族群自我知識系統。現在，我們應試著相對地從生物立場反看人類，瞧瞧這些獵者百態，沒事也玩耍他們一下。

《走風的人》敘述了金峰山林中聰明的動物情事。山豬有頭目、有長老，也會派出觀察兵探路，沒事找女朋友準備下蛋，尤重優生學考量。牠們有叢草林中的「中山北路」主道，而道旁的專長展現，就是修建芒草屋。握有博士學位的高段豬隻，更常會在秒差剎間，自獵陷踏板順利抽腿。崖壁上的山羊市集中，羊聲鼎沸，幸運買到金屬探測器的羊男羊女，有如受過掃雷訓練，陷夾永遠只淪在路邊生鏽。飛鼠是夜間部學生，獲高級學位的個體，可輕鬆接著獵槍射出的彈丸。牠們博士論文的題目正是「獵人的習性和行為研究」。另外，咕嚕鳥永遠知道你在何處，而自信深藏於芒草中的獵人，則逃不過雲豹的雙眼。

獵陷鐵具時而被猴子當成玩具把玩，牠們甚至會利用人們留下的寶特瓶，串成腰圍，漂浮過河。就連蜜蜂也熟悉老獵人的氣味，知道來者為敵為友。總之，獵徑是由動物所掌控的，牠們在週邊消遣笨獵人，偷笑人類的頑愚。動物不僅自我社會建構完整，更全程監錄人類在山野的進出。兩位排灣獵人以「民族生態人」和「民族的民族動物學」雙重修養，建置了動物界的擬人面貌，再以動物原生智慧的角度，直觀人類的慾念心層。「動物人類學」自此譜出序言。反省中的獵人，細心呵護序言文本，謙讓自己，位尊牠者，終使「民族動植物學」與「動物人類學」共鑲金律，撐起大自然精采的生命故事。

六、批判論：騙子與惡靈

原住民與山林共舞千百年，動物們認識人類，人類也惜知動物，而植物和土地扮演舞台橋樑，大家相安歡樂。中國政府來了，林務局入侵，實驗林佔駐，國家公園亦跟著春筍林立。自此，原住民成了天生的非法族群。政府的代理人逐區進行土地編目，山上無屬有權紀錄者，全入國家管有。入山的打獵族人，車被毀，人被追，寮被拆，水被扔，物被搜，錢被罰，直到很久很久以後，很多人遭過殃了，才勉強通過原住民可申請打獵證書的法令。

拿了行獵執照，仍需步步為營。林務局對原住民原有敵意甚深，過去的摧殘行動仍在持續，獵人們照樣要躲躲藏藏。排灣的山林知識這下多了一項，那就是得以精確判斷林務局人員何時來過何時離去。動物和獵人彼此笑玩捉對，牠們的「人類學」和他們的「動物學」併置互映，友情但見；然而，林務局和獵人的關係，卻是恨癢癢的變態人際構造。眼尖的動物，此時更形訕笑，人類的荒謬難以遮掩。

國家領有山地，在原住民的經驗中，全是一個「騙」字。獵人價值不再，「去哪裡？」的關懷感情，也成空響。大批漢人的獵人入山濫捕屠殺，排灣獵人縱然淚乾，也換不回絲毫。該洋在行獵過程中，不只一次提及惡靈、撒旦、魔鬼、魔神那（山鬼）、惡魔、或魔鬼的鳥。它們顯然是上帝與祖先護身力量之外的反面破壞之源。撒可努始終摸不清壞傢伙何在，自己只能在父親的警示下，四顧張望，緊張神經。最後的最後，謎底終於揭曉，惡靈就是「林務局」！惡靈的最大成就是讓獵人回不了家，而林務局人員專以拆除獵寮為樂，歸程中的獵人，原均準備於寮中補給休息，今一切毀矣，累極了的獵者眼見失所，生命立即受到威脅。《走風的人》道盡批判，畢竟不懂得和山林大地談情說愛，卻只會以教條法規摧殘文化、斷裂族群的林務局及其他國家相關機構，才是臺灣母親真正的傷害者。

七、結束語：向部落學習！

第四世界（即國際原住民世界）普遍存有「民族生態人」的文化傳統。因為始終全心珍惜固有生態體系的草木蟲獸資源，所以，族人總是喜悅地以「民族的民族動植物學」知識與生物界夥伴們共護土地。高智商的動物體驗了人的用心，也相對以「動物人類學」支持人們維繫生態平衡的用心。部落世界以此建成，並曾在相當時間內，遠離以剝削佔有全數資源為志之「生物圈人」的侵擾。無奈近現代之際，「生物圈人」挾政經軍教征服之勢，大量覆蓋於「民族生態人」的土地上，扭轉了大部分部落人的生活。獵人失業了！他們在迷惘失措中，抓了宗教，虔誠異常，祖訓文化隨之渺茫，酒歌笑談的樂趣更形萎縮。有志青年只有終夜長淚。

獵人再起！撒可努等到了這一天。重現江湖的「走風的人」，掃盡陰霾，世界性的基督與排灣祖靈攜手合作，引領第一等獵手出發獵場，動物世界引頸長望，開會商議，決定歡迎對方加入彼此的鬥智遊戲。於是老獵人帶著小獵人，進入現場，逐項逐樣引介教導，動物植物搭景配合，大小豬羊市集、飛鼠博士班、及猴群院校等紛紛現身，豐富多彩，排灣及金峰大山希望盎然。

騙子與惡靈不再是威脅，學成了的撒可努新創獵人學校，青年準勇士爭相報到，村中老獵人個個成了學校博士班教授，硬是不讓山豬、飛鼠博士專美於前。大家拚聰明，也學習互敬互重的道理。「生物圈人」不是不會反省，他們反省之後，成立了林務局和國家公園，也寫下保育法條。但平面的約制，乾枯乏味，不僅不及我少年臺北的蜻蜓蚱蜢螢火情誼，更遠遠不是部落＋獵人＋獵場＋動植物意願＋「民族生態人」文化的共同原型。於是，隱逸多時的排灣「生態人」或「生態體系人」獵人知識體系，被該洋和撒可努共同建置，它是原住民和所有臺灣人的參考哲學（此時，被敬稱為「老師」者，果然十分欽羨充滿排灣氣質的「年輕人」），也提

供給平日大剌剌的「生物圈人」另類反省機會——「向部落學習！」

——評亞榮隆・撒可努著《走風的人：我的獵人父親》

＊本文原見於二〇〇三年，〈「民族生態人」之勢體系的建構〉，《原住民教育季刊》（三十：頁一三六—一四一）

古老故事的再生與新時代原住民文化

——《臺灣原住民的神話與傳說》套書評論

一、楔子

出版原本就是一件奇妙的事，尤其格調設計若能突出，更是引人入勝，而見者亦可能爭相讀之，惟恐落人於後。去年年底臺北新自然主義股份有限公司出版了《臺灣原住民的神話與傳說》套書十冊，其獨特編寫風格，在原住民圖書知識世界中可謂前所未見。用「美侖美奐」形容書本，也許不甚恰當，但新自然主義的這套新書確是如此。或許不少家庭年前年後的藏書，已然多了原住民的這十本，而吾人的期望則是，隨著是書潛默的移化功能，人人終能打從心底愛上臺灣大地母親所滋養的文化生命。

二、成書結構

套書各冊的章節編排，顯然經過仔細的規劃。除了正文的三、五則神話傳說之外，文前放有二十四位名家的〈推薦語〉、編輯單位的〈出版序〉、及孫大川教授的〈故事導讀〉，文後則有考問內容的〈挑戰Q＆A〉、族群簡介的〈部落百寶盒〉、語言教學的〈（某某語）開口說〉、導引活動參與的〈造訪部落〉、相關連結網址的〈e網情報站〉、原漢詞語對照的〈學習加油站〉、出書功勞者介紹的〈製作群亮相〉及最後的大地圖乙張。

進入一個族群或部落的文化世界談何容易，不過，編輯團隊必是努力不懈，一方面引導讀者自神話傳說文本踏進漫道的國度，從中體驗族人宇宙觀的建置過程，另一方面又於〈部落百寶盒〉章節中，告知大家更多一般性的族群知識訊息。有心的閱眾，細細地從則則故事品味到項項文化，再加上學幾句用語，接而尋覓一下網上和地圖上的資料，包準樂趣無窮。

總之，在結構的形式組成上，十冊套書是成功的。咸信握有全書的朋友，翻翻對對，略加比較，就可看出編輯的整體用心。大凡叢書類的編撰，那怕是，像較小規模如本套書者，對各單冊橫向整合得否有效掌握，無疑是工作參與者的一大艱鉅桃戰。供大眾閱讀的原住民書籍，在過去二十年內，出版一直不甚穩定，時而一整批，時而數年漂渺無影。而如本書之工，求出版品質者，更是罕見。單是基於此一前提，就值得推薦。

三、敘事文圖

十冊書計收入三十七則十族（傳統九族加上二〇〇一年官方正式承認的邵族）的神話傳說。對不少口語文本豐富程度何止故事百則的族群來說，一族才配得三至五則，實在太少。不過，精緻選輯顯然是編書的重點。換句話說，三、五則多是述說本族來源分佈、社會建構、及文化價值主題者，它們的代表性意義較為彰顯。

孫大川教授對每一族故事內容的千字導讀，一方面點出了原住民文化的活潑淒美，同時也提示了先祖在生存難境中的堅毅傳統。而色美彩群的配圖，如實如幻，更引領了吾人對原生臺灣地景和人文歷史的全貌想像。

文字撰寫者除了邵族乙書外（不知編輯團隊當初為何不下定決心找到乙名邵人本族作者?!），全是各該族的青年才俊，十數年前或還找不出他們，而原住民主體性建構運動的成功，終於讓吾人得以在今天有幸以讀者身分沾光。繪圖者不是多才多藝的原住民畫手，就是專業出身的美術家，本本精采，張張動人，儘管有的寫實（如賽夏）；有的童性（如魯凱）；有的美豔（如布農）；有的沉穩（如邵族）；有的筆鋒「日式」（如阿美），而有的線條「西式」（如達悟）。

夢幻的故事輔以美麗的圖畫，再加上孫教授的文字，原本一切已妥，無料各文時而見之的破折號重點畫線，反而成了缺點。筆者不知編者折線之處原意為何，但仔細瞧之，不難發現多數「重點」均與理性思維（如起源考證、各族分支、及制度性名詞〔社會結構、會所、祭典〕）或道德主義（如要求人們「孝敬父母」或「尊敬老人」、不可盲信「人定勝天」、要知「永續生息的重要性」及要大家「規規矩矩的生活」等）有關。不是教科書，不必劃重點，即使要劃重點，也應是讀者的完全權利。神話傳說的價值就在它無限寬廣的想像空間，如今以理性和道德強力固化之，恐怕全是漢人思維的產物。

四、部族點滴

雖然書冊標題為「神話與傳說」，各族編作者仍以不小的篇幅，在〈百寶盒〉章節中，描述族群部落的社會文化景況。從各冊主題和選項的多樣性來看，顯然並未事先統一格式。不過，可以確定的是，不少作者均在戮力表達各族的當下顯性議題。其中較典型者有邵族的「正名」，卑南族的「卑南的遺址」，及達悟族的「核廢料是惡靈」等。另外，有更多書冊運用了熟稔的人類學詞彙如年齡階級、生命禮俗、祭典、社會組織、族群分類體系、成年禮、母系社會、紋面文化、會所制度、家族、世系群、氏族、階級制度、喪葬習俗、及刀耕火種等等，試圖更學理性地說明本族文化傳統。效果如何，讀者讀之自有心得。不過，套書以普及版問世，出版序中亦言明同時給家長、師長、和孩子，如今師長們或許須更充分掌握術語的意涵，方能有效解答小孩的提問。尤其在圖書分類上，新自然主義方面建議將之劃屬「臺灣、青少年、童書」，依筆者理解，整體的理念應是「大人們要隨時準備協助少年學童認識臺灣」。如此一來，部落點滴之內容，是輕鬆是嚴肅，或如何以正式非正式文字巧思的搭配，就成了一大學問。而上列諸多概念對非學科專業人士來說，就常易出現錯誤使用的問題。

邵族乙書的問題最為嚴重。畢竟其他各族均為本族作者寫自己的文化，它代表了某種意義的「土著觀點」，而邵族作者卻是以外來者「研究」之勢，傳達他的結論性語言。作者將原住民各族以「種族」之分論之，當為套書中最難容的錯誤。另外，邵族過去的孿生禁忌，被作者直接以「合乎優生觀念」為小節標題，不僅全無文化意義的解釋，即使在「科學」的角度上，也過於武斷。再者，全篇文字一方面反覆贅述，語意不明之處甚多，而最要不得的是，幾乎各段落末了，都有作者一段泛道德性的結束文字。耑此，建議讀者閱至本冊時，在「知識吸收」的期望上，或應多多自我保留。其它如魯凱族乙書所傳達之「族（魯凱族）、族群（東魯凱族群、西魯凱族群、下三社族群）、部落」等大小含括的架構，恐怕也要再作思考。人類學的族群界定相當複雜，此處不多論，不過，為避免爭議，以「群」（而非族群）稱東、西、及下三社三群，可能較為妥當。另外，本冊作者似相信同族即有同一文化原型（所以，下三社語言特殊，係因「分佈區域分散」所致，惟今天「他們還是保有魯凱族的社會制度、道德觀念及文化習俗」），又直指魯凱族係「從臺灣東部遷移到西部」。這些說法，不是理論有誤，就是證據不足，因此非常值得進一步商榷。最後，鄒族乙書在「世系群」、「氏系群族」、「世系群族」、「氏系群」、「氏族」等詞彙上混淆併現，讀者想必難以瞭解其意。筆者以為，描述該族親屬團體和傳統大、小社之時，不使用上述老舊民族學用詞，或許反而更能講的清楚。

五、剛式提問

套書的〈桃戰Q&A〉設計立意頗佳，期望讀者能有效掌握各族神話與傳說的內容。只是各冊均備妥的十個問題，到底問些什麼呢？答案是：「記憶性的題目！」

換句話說，此一特定的問題形式，所反映的正是典型中國／臺灣華夏文化中的考試傳統，也就是：「記起來↓背出來↓得分數↓然後，忘光光」的進程。套書中的各個提問，只稍往前翻兩頁就有百分之百答案在那兒，為何還要強記苦背呢？筆者上文不只一次的強調，神話傳說貴在無限想像空間的提供。如今強要人記憶諸如祭典名稱、誰說了什麼、誰教族人打獵、某某族語為何意、特定圖案的意義、領袖如何產生、及某族有什麼傳統食物等等文本已說過的訊息，一方面徒增好不容易可好好欣賞原住民文化之際，卻又莫名跑出的「考試負擔」，另一方面，題目「缺乏啟發、不具創意、斷絕思考」的性質，對少年兒童讀者而言，可能難以形成閱後的加分效果。

「剛式（而非具無限彈性的柔性）提問」（即一個問題，一個標準答案）是中國／臺灣主流文化的傳統，但卻又是最不值欣賞的祖先遺產。現在出版乙套編寫精良的原住民叢書，一時未察，竟落入華夏醬缸陷阱，殊甚可惜。好書是好書，但不可能完美，推薦之際，嚴肅指正，咸信是為大家共同省思的進步動力。

六、結束語：新意、新文化、與新時代

趁寫就評論之便，筆者已然仔細讀完《臺灣原住民的神話與傳說》十冊套書，喜悅與求之更好的「衝動」由生，遂有上述「不甚客氣的」的心情文字。無論如何，在原住民力求確立主體性的大時代中，本書的出版的確值得肯定。從出版社、總策劃、編寫者、繪圖人、乃至英文譯員，無一不全力以赴，期望在述及「傳統」的過程中，能以亮眼編輯方式，多樣而活力地貼近大小讀者。創舉的理念與策略的確難能可貴，也盼閱讀人能深刻感覺到眾家文圖編寫大材們的用心。在新時代中，「舊」的故事拿出來，再以「新」的構思加以裝扮，這就是期待中的新文化展現，也就是古老故事的再生。

當然，文化是活的，因此「新意、新文化、與新時代」的另層次解讀，就是以全新角度看新原住民文化。換句話說，神話與傳統不會全然或永遠是舊的，事實上，各族群社會均會不斷地創造新的神話傳說。道理很簡單，過去的人能運用想像、猜測、比喻、理性、邏輯、美學、及情愫，建構出小世界與大宇宙，或編織永不磨滅的祖孫靈通美夢，當代人當然也能。崇古抑今容易造成老是那些可能被批為不具新意的古時代成品不斷再現，而新的文化創造卻不知所

終。新時代中的新原住民有屬於自己的新文化，而它就在你我身邊，所以一直使之自動地被忽略，那是臺灣的大損失。已出版的套書成就已然，喜歡它，就應進一步從古典原住民知識，躍至推敲原住民「現代性」的層次。換句話說，不數年後，應可見到述說新時代新原住民新文化新神話傳說故事的大書問世。等待出版家、策劃大師、第一流寫手、及讀者女士先生同學小朋友們的共同催生！

＊本文原見於二〇〇三年，〈古老故事的再生與新時代原住民文化〉，《原住民教育季刊》（二十九：頁一二九－一三六）

如古香如今痛　疼疼原生命

——《臺灣原住民族漢語文學選集》論評之一：〈詩歌卷〉

文評原本不易，詩作講論更是上難。孫大川教授主編的《臺灣原住民族漢語文學選集詩歌卷》，收錄了十六位作者五十七篇大作（按，其中胡德夫的〈飛魚・雲豹・臺北盆地〉實為不同時期發表之小篇的彙集）。原住民詩人和作品數量當然不只這些，認定代表性，確需全透的眼光和果斷的勇氣，本書大致已然反映了選挑者文氣的獨到。

將近六十篇詩作，筆者大分之為七類，內容廣泛深掘，吾人或可稱之為「當代原住民七類詩」。

類詩一：「大史詩」編撰

以詩著史，乃世界跨文化常見的文類。原住民的顯題故事如賽夏與矮人千百年傳說史，被田哲益與根阿盛兩人整理長述，一目了然。阿盛從內觀己，充分明白祭典的「期待」屬性，哲益自外剝析，是以道德主義求得「夙怨就此了斷」為終，意境大不相同。只是，道德化解往往就是文化多情幽遠內涵的殺手，因此，或許前者傾向的寫手，應再多費心。

「大史詩」不一定文字多長。瓦歷斯・諾幹的〈關於泰雅（*Atayal*）〉，就是一族群成員生命史的詠歎。文述個人自出生為泰雅人的一刻起，及長更至英雄好男兒。該詩只完成一半，後半的泰雅又如何不得而知，作者若願加作，完全的幼青成老才見體面。旮日羿・吉宏寫太魯閣事件前後，部落文化凋落與外來統治者的勝與敗，再跳至今日觀光入侵的憎惡，百年歷史為景，族群坎坷如實，卻也力撐不斷。伍聖馨的〈戰在霧社〉，題目磅礴，文卻宛約，看不到戰況，卻體會了等也等不回親人的哀痛。歷史在那，文字不必清楚，我們卻已深深感受。

卜袞・伊斯瑪哈單・伊斯立端以〈粉墨的臉〉和〈迷惑〉兩詩，吶喊已然失去精髓的文化、族人、祖先、及神靈。從紮實的傳統到墮變的虛形傳統，歷史演變見證了詩人生命的哭恨起伏。

類詩二：「變變變」惑寫

臺灣島還是臺灣島，但數百年劇變，原住民站在變後的土地，深深質疑了隔世般的今日。溫奇的〈如果〉與〈部落的日子〉，一論政治歷史的虛構脆弱，一論原住民生活極度邊緣的困境，道出變遷，也直陳問題的心窩。林志興的〈瀕滅的傳統〉也談了生活質變的殘酷。他的

「生在希望長在無望」，直接呼應了溫奇「沒有臉頰也失去了雙手」的「無力」語言。

瓦歷斯・諾幹寫了家庭支離，幼苗失學生活無繼的故事，又構出一酒與牧師的苦笑式對話，它們自是變局的一環。伐楚古中長篇的〈戲袍〉，字刻的更細更苦，有他自己寫照的意思。族群圖形象徵原本美麗神氣，伴陪著的是勇武獵人，而今卻以老鏽的敗軍身軀，尷尬地繼續罩著傳統大袍，因此，天天終是黑夜，主角也就不得不早已哭，晚也見泣。

類詩三：「愛自然」心怡

嚴格來說，長在「自然界」的原住民，其詠歎自然者反而不多，因為自己原是自然的一部份，雙方對比性不強，不必特意突顯。因此，唯有非常靠近都市的知識份子，才較會產生思及自然的意識（就如都市人會在上山後，大頌自然之美，而山地人卻多無所感）。胡德夫的三首是此類詩作的典型。他提及的字詞有朝陽、草原、山、山谷、浮雲、風、北風、山坡、蒼鷹、田園、田、海岸、海洋、海風、飛魚、沙灘、太平洋、海床、山林、山脈、山園、雲豹、太陽、密林、溪流、及獸足等，如同稚氣小子初識自然時的心情，簡化地說，就是讚嘆美麗大地母親。只是，詩人似乎均在陳述「心嚮往著」的景象，或漫想於「古老的傳說裡」。換句話說，它們全是遠離自然後的念自然之作。

類詩四：「念老老」筆記

原住民常掛在嘴上的一句「老人家說的」，顯示長者的智慧足受重視。甚至有的已是七、八十歲了，也會告訴詢問人「這個老人家才知道！」「老人家」代表歷史、文化、知識、技藝、及生命尊嚴。在世生物性生命的最後段者是老人家，生命消失後的「祖靈」，也是另類的「老人家」。原住民詩人述及老人家者，就不在少數。

阿道・巴辣夫長似散文的〈彌依禮信的頭一天〉，如文化史詩，真情澎湃。工作殉命的伊娜，是族中了不起的長者，幼幼小小思辣兒（年齡級成員）心目中的慈悲智者。如今人已殞滅，回顧老人家生前的種種，果見她的重要位置。年祭裡又跳又淚，哭中力躍，靜下復泣，因為伊娜不在了。然而，心傷即使延續，卻都能重新揚頭，勇敢向前，大家繼續共舞，伊娜在世去世均是「老人家」，永遠會指導族人走出希望。

類似的情景，亦見於懷想父親的伐楚古〈永遠的碼頭〉與沙力浪的〈走風的人〉。對前者而言，父親琴音美麗卻也孤寂，老人身形疲憊，終是自己的燈塔。後者則敘述榮耀的父親正與祖靈接面，谷風拂吹，蒼桑的生命直接化成後代的文化信念。溫奇的〈*VuVu*來的時候〉和達卡鬧・魯魯安的〈啊咦！*VuVu Bersang*，哪裡去了妳？〉講得是祖母的故事。身處世代劇轉的尷尬，如何與老人家對話？還沒開始嘗試，阿嬤就離去了。異鄉的孩子想起老祖母，特別感念，因她是「大地臍帶」、「月光之塔」、及「智慧滴語」。只是，煙管吞吐變遷無奈，老人家帶著小孫子隔空浩嘆。〈笛娜的話〉一作中，沙力浪說出對母親語言的懼與親。懼什麼？是認同的污名？最後終於證明不是！母親的話是灌溉源泉，一定要擁抱它，永遠永遠親近它。

類詩五：「我的家」難忘

對許多原住民來說，過去百年的記憶就是遷移，有的是政府命令，有的為經濟所迫，有的則部落常習。變遷與覺醒的今日，最常見者有二，其一，遊子懷鄉念舊，其二，重返最古老家，不一定重建，但心已屬之。奧威尼・卡露斯〈故園情〉所寫的，即為第二類的典型。回到古茶布安，好景好動植物好夢均在，只是「荒城」畢竟「瘖啞」，家是我的，卻剩單隻身影。

瓦歷斯・諾幹的〈迷魚〉與〈在八尺門〉兩作充塞苦痛，掙扎於都市邊緣，故鄉如幻，用心用力卻不知命運。聽到歌曲，心有所感，夜晚淚流，怎麼離家那麼遠？相較下，達卡鬧是幸運的，他的大武山健在高聳，親愛的峰頭永遠準備撫慰〈好想回家〉的作者。而溫奇的佳作〈夜過花東縱谷〉精鍊細膩，俗氣人物逃不出他的轉譯，而我們會注意到的，就是詩中凸顯的「塔卡汗部落」和「太巴塱阿眉語」，車上有人思及親人老家，有人則快到家了。

類詩六：「急論世」縣判

批判是二十年來的臺灣主流。原住民詩作出現該項主題者甚早，它配合大動脈，直接導引人們的目光，繼而催促了原漢史新的大反省時代來臨。

詩選中，莫那能和瓦歷斯・諾幹是論世之無理無義，繼而急切重批類型的代表創作者。阿能的四首是八〇年代原運正起時的強力針。所有對原住民社會、女性、工作、生活、文化、人格的摧殘，均在文字中直接呈現。當時，的確需要不經裝飾的揭露與指控。「悲慘」大抵是最接近的形容詞，反映出的正是臺灣族群關係史最不光彩的一頁。「如果你是山地人，當命運失去了退路，我只剩下一線生機背水而戰」，預示了全族起而奮戰的緊急動員令。十年有成，今天，原住民日月星辰為伴，大人小孩同上陣，生機早已奪回，新部落時代正在降臨。

瓦歷斯亦從離鄉賣命談起，鷹架、大洋、華西街、賭博醉酒、荒廢田園、及死亡等，見於詩中，也和阿能的主題相呼應。這就是證據，證實了大社會對原住民的踐踏揚棄。不過，相較下，阿能有呼籲再起的積極動作，而瓦歷斯則淒暗以終，到最後一個字，仍看不到來日。無論如何，它們都起了作用，至少感動了相當的讀者人心。

類詩七：「純文學」精造

原住民籍作者要離開原住民「束縛」，從而創作出一不受族群文化影響的現代詩，不過，二十年來族內族外變動太烈，令人難以想像其可能出現的比率。選集詩歌卷中有兩位作者，一溫奇一董恕明，量產最豐，多數超越血源傳統背景，正是純文學典型。溫奇的短詩，最短只十二字，長也不過四、五十，寫工作，談打盹，論島嶼，述身體，講心境，熬長夜，觀蟬鳴，更入神，再釋明「山地人」山上山下上下山進退。詩采揚異，不僅自我瞭解深刻，更見作者隱士柔情，智慧葫蘆內容難測。

讀恕明，感覺又二。詩如其人，高直堅毅，魚、鳥、蟬、雲、風、山、冬林，以及蝴蝶、小草、微塵、太陽、歌聲、童年、外衣、掃帚等，相繼出現，款款道出時間帶走年華，歲月消化記憶，和變動環境敲擊心田的傷痛。意境非凡，翻閱前後，愛不釋手，苦在字間，卻甜在讀者眼睛。

甫逾六十首的詩選，囊括著七類大詩作。原住民作家一步一腳印，從八〇年代露頭角，大鳴大放，繼而沈澱細數，最後達到作品源不絕，江山才人代出的今日。恭喜十數族四十萬人中，四處爭得自由揮灑的同胞夥伴。

「純文學」類文之外的各詩，大都在寫史。每一位大家對過去到今天均觀察有到，因此短潔文字亦成故事，從古撰起。其中「大史詩」尤為具象，細述一個儀典，一場戰役，發展潛力雄厚。「變變變」與「愛自然」是為對比的兩類。「變」代表家園有異，而「自然」原是部落的契合背景，巨變之下，自然即臨危機。惑於變者，重思自然，真是愛意百倍。「念老老」是一種倫理，也是文化史重建潮流下的驚懼。因為，長老智者稀釋而去，年輕望之焦慮，苦悲下，反刺激自我的獨立成長。「我的家」與自然和老老都是一脈，回不了家的人，詩人以文字撫慰之，也告訴大社會殘酷正在上演。「急論世」群俠此時出了面，大聲控訴，原住民的傳統美滿整合，必須索回，女兒是我們的，全部返家疼惜愛護。家似遠又近，批判後的臺灣，正傳輸反省精神，公義人間會再來。「純文學」別於前六，反而與主流趨近，這是好消息。六類或可再總歸一大類「原住民新社會史詩」，而「純文學」則接續非原住民籍詩作的方向，另建基地，同樣指引族人青年。自此，兩路大進，詩人較量，光鮮哲意，照亮思想。香香古味吻親動淚，今痛不怕不避，人人起來寫字，七類或兩大類相互疼愛，終點全是生命，更是原生命。

期待不斷的作品，不褪的創造力道！

＊本文原見於二〇〇三年，〈如古香如今痛　疼疼原生命——《臺灣原住民漢語文學選集》評論之一：〈詩歌卷〉〉，《原住民教育季刊》（32：頁一三七－一四〇）

原味民族誌甘甘濃濃

——《臺灣原住民族漢語文學選集》論評之二：〈散文卷〉

開始話

孫大川教授主編《臺灣原住民族漢語文學選集》〈散文卷〉，列序於〈詩歌卷〉之後，計收得十七人五十一篇作品，與詩歌十六位五十七文比例相當，足證編者對出書整體結構思考週密，各卷多類文字平衡現身，穩穩實實，如人之康健正體，讀者感受自是品正和諧。

十七作家，六名女性，男女抒情，或同或不同，文後可再論，惟個個筆手敏矯，寫字如呼吸之自然，小篇潔淨巧妙，中篇但是氣勢，大篇則吞食了半桶咖啡，還在餘音迴繞。文學文類中，散文是最具「科學」味道者。換句話說，它總有一隱顯程度不一的客觀人、地、時、物、事、或因果事實在背後坐鎮，一切只因其「激情性」衝擊了某人，某人赫然心泉大湧，苦思功夫中，可能極速，也可能慢慢地將自己銳化成感情字話，一文一文「文藝化的科學」佳作，就這樣出來了。

人類學最重要的方法論是民族誌（ethnography）。人類學者的工作就是透過民族誌方法，解決人類學範疇中對「人」和「文化」的種種問題。作民族誌的關鍵策略，即是進入田野，參與觀察。過去人類學者單進單出聚落，先是寫出乙份「客觀」的民族誌，再進而據此提出對人和文化屬性的解釋。科學報告一份份出爐，建立了學術權威，也形成知識傳統。

出乎科學家意料之外地，聚落主人，尤其是第四世界國際原住民，不知自何時起，開始起身講話，先是疑問來去村寨的外來記錄者，後則積極地仿其作法，自我田野，發表「科學」觀察。只是，未入權威傳統養成教育系統的在地文化人，寫不出完整的術語堆棧，也就無緣佔有一席民族誌或人類學位置。轉個彎，聰明的當事人不氣餒，換成散文，脫離模抄，文類獨立自主，這就是筆者所稱的「原味民族誌」。換句話說，認識原住民，瞭解族群部落人與文化，看原住民散文就對了！它絕對可用來修導校勘人類學科學濫詞。

選集的五十一文，均是一種「世界」論述，它包括有山世界、海世界、父世界、母世界、族世界、生世界、老世界、史世界、傷世界、女世界、以及我世界等。世界是一種場域，也是一處心境，各個世界又交參穿透，因此，從相對的多世界觀點接觸人，自是豐富亮彩。

山世界

亞榮隆・撒可努是描述山的作者。山因人的參與而公開於世，好的獵人如撒可努父親該洋，用山而知山，進山而入動物生態。「山地人」對書中主人物排灣父子來說，是一引以為傲的身份，畢竟唯有山地人才可大地徜徉，密林棘草為上等眠床，泉汁澗處，更成飲淋甘水。〈山與父親〉乙文是作者「父親」作文系列的早篇，雖感覺到它的生澀而力不足，卻也預見了日後轟響天雷的文字貢獻。撒可努成了知山入生態的傳承人，走一趟山，寫一段書，睡過一次林風之晚，次日筆力就滿滿，好一個幸運男兒！

寫山的人還有夏曼・藍波安。感到怪吧？夏曼不是海的孩子嗎？是的，但蘭嶼的人，不僅下海，更是上山。船隻板源在山頭，在此地，家家造船，樹木砍伐尤需熟悉取之與護之的雙併道理。〈樹靈與耆老〉就是一篇與自然深處植物靈魂相知的敘述。靈跟著人，人敬重靈，雙方隨著船行而共護族人，完成了山海合一的達悟精神。

海世界

夏曼・藍波安有前段山林乙文，不過，如眾所悉，其主戰力幾乎全在海底。〈浪人鰺與兩條鯊魚〉、〈大魟魚〉、〈海浪的記憶〉、及〈波濤人生〉，均是典範作品。讀這些文章，水中生物精靈活現，鰺、鯊、魟、六棘鼻、鬼頭刀、飛魚、鸚哥魚、黃尾冬、紅尾冬、白毛、海鱔、鰻、大尾魚、浮游魚、美魚、醜魚、及男人魚、女人魚等等，構成了主軸，直接鋪陳作者話題，也道出科學、文化及個人三重分類基礎的所在。個人可能喜歡或討厭某一（如魟、鯊），文化亦常趨動群體追逐另一（如鬼頭刀、飛魚），至於自然，則將千百類排出場，在水裡進展生命終結與延續的劇幕。

魚的靈動和浪捲悸心，在夏曼筆下，應和著船隻美麗，槳力雄偉，以及族人家人的溫情故事，構出了海洋文化史。他跑來臺灣又潛回蘭嶼，從「臺灣化」到「去臺灣化」，二十年勞碌，找到立足，也獲得認同。長輩親族全是導師，有了雅美／達悟再次禮洗洗透身，我們方才有幸讀到精緻大格局的人魚愛恨交加事。

父世界

多數作家的父親均經歷家園大變動時代。家園改狀，是族人求生不得不之計，而個人求生，事實上又關乎全族命脈續絕。父親可能非醉泥不可，因為不醉無夢，夢中才有真實：一份歷史和家園的真實。讀孫大川〈紀念是另一種方式的重逢〉和〈碾米廠的門檻〉兩文，最能握得文化衝擊與外力大舉入侵時的痛苦核心。作者令尊喝得俐落，老小二人的往返部落城市，去時踮踮，回時茫茫。其景如偷偷看那外世界一眼，再灌爛給它絕望。一片美好，似乎就此蝕盡，所幸灰光仍潛底，直到小長成大了，加入社會運動，爐餘即刻瞬發成希望戰火。

夏曼・藍波安的海與山文字，總有父親在前在後在邊角的認真投入。〈黑潮の親子舟〉是一篇「文化教育學」散文。父親召回兒子，開始指導這位體力差矣的孫子的父親。達悟（雅美）之子終必須知水擁浪看雲砍樹造舟划船抓魚以及敬靈遠鬼大智慧！夏曼寫自己，更話父親，活跳神悅地完成了文化誌介紹文，讀之可謂入門蘭嶼。

達悟人仍大方擁有海洋，無疑是幸運的。而那居山的泰雅，山，往往早已是追憶空響。瓦歷斯・諾幹的短篇〈*Mumu Magar*「陪你一段」之一〉，寫著由兒子帶往林高之處，思往過去的老人。過去有何美好？過去就是山，是家，是父親的父親足跡處，亦是獵之源地。而今，大脈嶺陵全因他人的約束綁困而失澤。岩坐上，子正陪著父，瞧盡時間的無奈。

亞榮隆・撒可努學獵就如同夏曼・藍波安學漁一般，有一位了不起的父親長期帶領。〈走風的人〉是著名作品，五個要角：雲豹、山羌、老獵人、走風的人、及跟風的人，齊會於山林。作者筆陳靜動破天驚的故事，也細膩書寫了父子的行獵情深。「文字電影」比螢幕電影還動畫，這篇文章正有此效果。閱後就眠，豹眼和獵物，人與動物世界，一起活出夢場子。好父親啟動了兒子的好筆觸，部落傳統重現力量，族群的希望，讀者感受得到。

但是，乜寇・索克魯曼簡單的乙文〈父親與土地〉，可能立即打斷樂觀。它談的是兒子迷途，為父者賣地助之的家族遭遇。賣地前後，老人戀懷祖傳的一切，更還多次安慰自己日後可再買回，作者亦不嫌重複，照講登錄，當也是潛意識渴望有一日能再親吻土地吧！境遇或有不同，但都是寫父親，寫得出來，表示年輕人全心瞭解老人的誠心，這當然是一份完整的感動。

母世界

母體聖安，光普大地。作家們誦詠母親者亦眾。孫大川的〈母親的歷史，歷史的母親〉是一宏觀卑南族史加上微觀家庭史的傑作。長壽的令堂，映出部落變遷，語言的孤零對老夫人是一折難，但或許也是一項福氣。後代的後代多半文化斷折，北京話呱呱，祖母無緣懂得，她一生一世以母語忠於民族，伴隨作者常論的「黃昏」，贏得絕對尊崇。

念起媽媽，兒子心刀割，回顧泰半世紀，族運殞落，然偉大的人物終是偉大，我們不需認識那些俗套名氣人士，卻一定要知道孫嬤嬤就是文化英雄。大川貼近家人，幾篇父親，長文母親，看出他的真心，文中雖淚，但也足使我這個自小失去娘親的人，大大羨慕的了。

利格拉樂·阿鳺，很棒的女性寫手，也談母親。母親年輕輕即婚，幾十歲落差，老兵丈夫先逝，她還是年輕輕的。此時，毅然選擇回到部落再生。再生容易麼？當然不。堅忍不拔頂撐著異樣目光的掃描壓力。作者敘述，讀者肺腑激盪，這位年輕女性文學創作人，真是可愛，一篇短文就抵過婚姻關係萬字調查報告書了。

阿鳺夫婿瓦歷斯·諾幹也有〈沒入群山的背影〉乙文寫著母親。夫妻戮力，將慈母真情告訴妳（你）我，高可讀性的散文，盡見於此。其實，多半媽媽的身影，都是引人汪汪腺水的。尤其原住民家園僅存一半，或者一半再一半之時，老人家仍在拼命，但兒女幸福卻依舊無任何把握，文章中，人生艱難無語形容。

族世界

部落族群或稱部族，是為原住民的根本。不過，原住民是寬厚的，文章中，有人寫自己出生聚落，有的全心瞭解另一族裔，也有拉你拉他，大家是同胞，更有把有情有義的漢人兄長也視為家人者。霍斯陸曼・伐伐的〈*Hu! Bunun*〉是生至死的布農生命歷程速寫。小布農牙牙語，浸染文化，成為獵人，再銳變大獵人、大家長。終了時，赤子坦身，回歸自然，父母天邊迎接，位界祖靈，開始庇佑小小布農。文章味如文化史詩，瓦歷斯・諾幹亦曾發表過泰雅一生的詩作，足見原住民作者對自我族群深入心的瞭解，三、五筆劃比劃，就寫得十分全滿。

記族群成員百歲全程是一寫法、瓦歷斯。諾幹另有〈*Mihu*部落〉乙文，乾淨有力介紹了自己家鄉。部落在文學勇士眼中真是寶，它的優雅質樸往往要當事人異地喧鬧塵囂幾回後，才會被重新認識。然而，重識畢竟與初識不同，後者茫茫稚意，前者成熟意氣，界定之後，終身為愛。看到文章，不會興起觀光客意識，從而想去瞧瞧攝影，反之，自己立即感受了一股歷史迴盪氣氛、澎湃復現寧靜，外加長長的敬意。

阿道・巴辣夫〈走吧，到曠野吃大餐〉乙文，記到兩群來自不同部落的阿美族人，分別至都市勞動，繼而不期而遇。大家同胞歡愉，吃的喝的，吹牛唱歌，跳來舞去，古老的，即興的，一起愛現。地方不是阿美的，但文化歷史隨人轉檯，當場必定精彩生動。阿道的作品母語使用尤多，詞賦筆法亦顯，這是引人入勝處，也是他的實力所在。

田雅各以布農醫師身份，在蘭嶼島上濟世兼寫作，不僅照顧達悟朋友身體，也悄悄地敲進了族群的文化世界。〈他的感覺已在新船身上〉、〈魚〉、及〈解開心中謎〉，一口氣三文，是為民族記錄，幫助自己也指引讀者認識魚、鬼、船、病、及生與死的達悟意義。田醫師不只是制式地病理下藥，他看出了堅持文化傳承遠比苟延殘命來得重要之理，也知曉何時族人近我，何時族人又遠去的因由。一個科學家擁有生命人文史思維，嗯，可敬！

孫大川〈我們是一家人〉表達出的「我族」意涵，是另一特殊例子。孫家知遇感恩，待人至誠，一位外省黃大哥成了家庭摯友，過世後甚至被大家接納進家族靈骨塔。黃先生的友善熱心，孫嬤嬤和作者手足們慷慨回應，織成人間好故事，也在文字筆下造成感動。原住民的族，可小如瓦歷斯強調的部落「五尺高」，也可大到阿道的阿美同歡或雅各的布農達悟治病作夥相疼惜，更能如孫家敬愛一名外省單身落難人。族世界無疑是教育你我的良材。

生世界

喜愛讀傑克・倫敦作品的人，對動物文學必不陌生。但西方的動物賦靈敘述，與臺灣原住民以詼諧手法架構人間事物於動物世界，形質均有不同。後者是一種新奇，因此特鼓勵讀者多所賞閱。從中，妳（你）將知悉山豬如何在校用功或不用功或逃學，不上進者就會掉入陷阱（見亞榮隆・撒可努〈山豬學校〉）。妳（你）也可知讀過大學或摩登墨鏡的飛鼠，如何調弄勇敢獵人（見撒可努〈飛鼠大學〉與瓦歷斯・諾幹〈戴墨鏡的飛鼠〉），以及讀過大學的獵人的兒子，如何拐到差點氣死人的高ＩＱ猴子（見瓦歷斯〈愛照*vaguniya*的猴子〉）。另外，兩位作者也分別寫到山羌求愛玩樂場以及飛鼠運動會，熱鬧中，別有一番趣味。

若再加上前面提及的夏曼・藍波安諸水怪配以美極魚類，原住民動物論述數量可觀，只見族人與自然之近之親。山海本為生物共有，甚至主宰權都非人類。人只是進去小秀一下身段，獲了丁點戰利，就應虛心退回，否則一定動物場域靈魔齊攻，下場悲慘。作者們都歌頌大天地，也都謹慎記下祖先、族人及自己。原住民面對各種大小生命態度穩健，不多拿不硬取，不亂打天下，只願和平共處。

老世界

原住民社會的一句「老人家」，可是不得了的事。傳統上，她（他）位接祖靈，子孫寒悚，在當代，文化復振潮湧，小年輕回歸部落，想知過去種種也唯有長輩是問。每走掉一名長者，多少慨嘆齊來，族內族外記錄歷史的人，更立即慌了手腳。

劉武香梅的〈親愛的*Aki*，請您不要生氣〉，緩緩向祖父報告尋找他未記有文字墓地的故事。找著了！超過五十年，祖孫倆墓前越空而會，晚輩請求阿公諒解。時間走得急，十年十年跳躍，多少族人前輩進入地下天上，以全身之力護佑兒孫。後代在急遽變遷時代裡，離鄉又回鄉，繞了一大圈，跑回找長親長眠地，行動不凡，寫出來自有超級價值。

另一老人不在了之例為乜寇・索克魯曼的〈孩子，我很高興你可以來看我〉。文章啟迪寫者讀者身心之處在於，作者發現了口傳語說加上肢體動作的驚人力道。換句話說，沒文字好像空虛，但記憶往往如文而更強，問出來一大長串，講不完的部族經典，數不盡的男女主配角話題。時而歌舞齊出，年輕人看得目瞪，崇拜至極。如今，走了喜歡與孩子交心的老先生，何能不心傷難過？文化承繼未了啊！讀者體會那份赤心，必是戚然。

利格拉樂・阿𡠄的〈誰來穿我織的美麗衣裳？〉寫一群阿美族資深女性織著母親教的傳統，渴望女兒也穿傳統，但女兒如鳥飛離，身陷異城，猶不知是否有幸披上祖先和媽媽的溫暖。織呀織，笑謔彼此，人已老大，茫視家族未來，不小年紀的母系領導，也只能仰望山水的祝福。

女世界

女性作為主角議題，委實不多，一般文藝如此，原住民文學亦然。阿鳩女人寫女人，獨為特類，〈想離婚的耳朵〉和〈樓上樓下〉均是好文。作者寫母親的專篇，「母世界」中談過。她為母親的母親寫的一篇，現歸類「女世界」首篇，而下一篇則基本上是從寫她自己說起的。一家三代女性全納至筆鋒，一定是對性別別有深感。由於寫的太好，原住民女性生活史已可串成。祖輩堅毅，婚，非離不可，母親焦急她母親，但自己巧也為剛忍型，結果老老的母女倆都為強中手，一個離，一個寡，只是，逆境來，人不倒，小女兒欽佩，轉寫自己。文章直擣中產婦女運動的文化中心主義，主張樓下主人原住民，位為基石，頂著樓上平地女性的自覺。兩者同屋分層的比喻極妙，雙方可互不往來，認識非常有限；當然，也能上下通達，支援響應。一切端看智慧機運，只是無論如何，樓下的地盤是獨立的，她（原住民婦女）面對的問題是特定的，必須吾人以虔心專門瞭解。為文是一種呼籲，都會進步女人突破固定思維是時候了！

史世界

自覺運動後的原住民老中青，幾乎個個都生成強烈的歷史意識，有的是村中老人隨興講故事，有的無時在挑戰制式教科文本，有的問又問，然後寫下來，成詩成文。比較寬廣的來看，很多原住民文學作品都有歷史味道，前面幾個「世界」的範疇均是史，今為行文方便，就只歸類幾則於此。

里慕伊・阿紀〈八個男人陪我睡〉，外婆道出文化中男女非常守規矩同眠的一段，驚了後代。作者比觀前後，檢討了為何現在亂糟糟，身體價值不再，而過去人心平靜，大家順從可為摯友，但必須尊重肌膚完整的道理。奧威尼・卡露斯有魯凱史官尊號，年代學非年代學樣樣拿手。他考證猜測好茶最長前輩與矮人族後裔的關係，短短幾段字，啟開了民族史探索之機。它和里慕伊的文化史敘述，併為兩大原住民學問的發展架構，值得多人再下工夫，寫出我族觀點的學術道理。

曾麗芬的〈回向塔馬荷〉與孫大川的〈面對人類學家的心情「鳥居龍藏特展」罪言〉，直接與鹿野忠雄、森丑之助、及鳥居龍藏等幾位人類學日籍前輩宗師對話，校正有力，不卑不亢，尤其溫柔性情挾帶批判，更是膾炙人口。原住民沒文字，日本人寫了下來觀察報告，隻字片斷成了經言。但原住民真就只如他們的幾段結論般？當然不是！群起的再省思再詮釋，連老母親也現身直接解構膚淺，一切真心話，出現在散文，它們實為當代學人的金石參考書。

傷世界

談起原住民，總有傷感的一面，歷史殘酷如此，無法避開。我們必須進入它，公開它，感受它。傷感不是只有原住民，它是臺灣之傷之殤，人類的缺憾角落。

族人身體的傷害，在文字中刻骨銘心。伐楚古〈紅點〉有一段遠洋漁船載回死屍，親人瘋狂找活人，成功者笑淚，落空者驚恐，繼續找繼續找，不敢再想下去認屍的一刻。數年前第一次讀這篇文章，曾久久心絞，餐飲難過不知幾日。乜寇・索克魯曼〈一九九九年五月七日生命拐了個彎〉記著兄弟情深。哥哥殘已被殘雙重打擊，悲以廢物自怨，弟弟無言，兩人回首，族群所在的自然已變魔咒，因為入侵者物質精神俱在切割。讀之，同樣拉人入深淵。

劉武香梅曾寫尋祖父墳事，今則以〈木屐〉記山林消褪，父親肩擔家庭生存，不得不讓出好樹好林。童年天堂永不再回，為伴的小動物小植物逝去無？望著長輩辛勤無奈，鄒族如此，前述之布農乜寇的「父世界」文章，也寫同等事。生態與生活同時飛快沒了，文學家能不飲恨?!里慕伊・阿紀的〈山野笛聲〉，以及馬紹・阿紀的〈新遊戲時代〉、〈陷阱〉、和〈沈重的兩百元〉，也分別記到眾稚年英才，未及長即心體失落；或婚姻驚變，人受折騰；或環境繼續毀滅，希望不再等等的難題。平等公義進不了山地，幸運兒更全不屬這裡。兩位延續阿紀祖名的作者，告訴了妳（你）我真實部落愁滿面的劇目。

老人家又來了。這回利格拉樂・阿𡠄寫〈一個手抱小狗的男人〉，而瓦歷斯・諾幹寫〈飄搖的竹林〉。前者白色恐怖犧牲自由的人，呆滯回首，只盼找尋擁抱妻兒的感覺。後者老先生看一下先父的種山成績，就因盜筍而入監牢。故事中長輩辛苦的生活之狀，連歷史都不忍記錄。有幸兩位夫妻好子弟，拼命記下難以理序的一段。藉此，我們又多認識了一點淒風下的老原住民。

孫大川突然寫到了楊傳廣，一位了不起的臺灣鐵人。他的一生，映照了社會的假恭維真黑暗。鐵人之衰，鐵人之家之破，反諷了原住民再起的希望。路過臺東，閱讀一下文章，瞄視曾經耀眼的阿美巨人，竟看不出一絲光彩，臺灣果真還有溫暖？

我世界

我世界是寫自己，即使篇名不記「我」，內容也是談自身心思伏定變化。達德拉凡・伊苞的〈田野心情〉與〈小米月〉，好像民族誌工作手法，但意境抽象，文學性高。寫自己和一位或許是摯情友人的隔空傳電，中間穿插參與觀察，要文化內容的人，看了有收穫，想認識作者的人，也不會落空。幸運兒阿撒正如史詩電影大時代背景中的主角，祭儀傳統映流於後，人物走在前，導演作者則深情地細述雙邊，久久讀者難停眼。

馬紹・阿紀〈莫名三態〉，家人、工作、旅行，以極短篇湊齊，直接表露感覺，蔚成一種特殊文字典例。〈憂鬱的界線〉文同類而故事更完整，其中漁港、夕陽、咖啡店年輕女老闆、空軍、憂鬱與自由、回憶與落難，一起構成全景。原本失望的對象，還是會想起她，不去看天天屬己的黃昏天、好像也過得去，執著和鎖住的心岬，不靠什麼終也可自己開啟。憂鬱不是客觀道理，它可能因她因它因自己而上升眼前，但，轉個時間，或即自然退隱。

論評詩作時，最後一個寫董恕明，現在整理散文，最末還是董恕明上場。老是以她為終了，不是沒理，那就是作品太不與人同樣了。

她認為她曾「瘋掉」過，進出療養所養病。〈樹的話〉寫那一段。只是，最瘋最清醒者同一人，瘋人找的是「我是誰」。哲學家不也常掙不出同樣困境？恕明的世界果真「我」太強，太在意我。問題是，別人也是一個個的「我」，這個地球時間過去現在，千千萬萬宏觀人，簡單地接受「群我」互動。而另類人如作者，偏偏細胞不這樣組合。末了，經歷了一長串，樹的啟迪，他人位置之相對意義的發現，以及仍是親人親的覺悟，恕明笑容終於又現，在文後，以及那天火鍋店裡，我都看到了！〈今天，丟了一雙鞋〉也是「我」在找「自由」之途。小小的物，淡淡的日常點滴，無預警地，可能都會驚動作者。為何是鞋？也沒理由。是因能藉之而跑，像無拘束的野馬？她的渴望似乎正是此。每次文末，恕明都醒了，但誰能確定是好果？畢竟好文章多出現在瘋狂找我找自由，一旦靜止了，創意是否也燈熄？

結束語

前言提及散文是「文藝化的科學」，因它記人談事，有時有地，物神具在。原住民籍作家寫了不少文章，孫大川教授選的十七人五十一篇，此番代表上市場賺好錢，賣得一定好，因為學術休閒文化教育多重需要它。

文藝化的科學在原住民自覺運動洗禮之後，成了特殊的「原味民族誌」。人類學偏愛探索原住民文化，常常進入部落瞧瞧問問。這個瞧問功夫曾難倒過族人，就因他們不是「社會科學家」。然而，科學難倒人，卻難不了臺灣南島，集體立即轉型，散文家盡出，那就是一種以原住民方法記述原住民世界的努力。果然，數十篇大作就提煉出了山、海、父、母、生、老、女、史、傷、我等十一個世界論述，或刻板學術地說，就是十一類「民族誌的事實範疇」。

山有林木泉水，眾生樹靈，海則魚來浪高，傳統精進。父有身醉心碎，強人儒者，母則代代辛勞，暖我健康。族有情義相隨，同胞共榮，生則大地美麗，動物永續。老有睿智幽默，歷史不斷，女則堅忍唯一，信心圓滿。史有文化記錄，口傳風采，傷則低潮克難，悲懷同胞。最後的我，有自己再現，也有脫困鑽出，一切端在有一顆強心臟。

民族誌要記些什麼，要呈現哪些？人類學課堂上有它的制式教法，我們或不必去革動它，但似應添加味料。散文集出來了，它是佐品，更是認識生命、文化承載者、及時間空間的關鍵文字。甘甘濃濃養分盡在五十一文中，而它正是原味民族誌的範本。學生們的福氣，就是課上課餘閱讀之，然後自己也一樣變得甘濃深情。

*本文原見於二〇〇四年，〈原味民族誌甘甘濃濃《臺灣原住民漢語文學選集》評論之二：〈散文卷〉〉，《原住民教育季刊》三十三：頁一三一－一四〇）

妳（你）我她（他）的故事

——《臺灣原住民族漢語文學選輯》論評之三：〈小說卷〉

按例開場

自去年秋分開始，對孫大川教授所編的《臺灣原住民族漢語文學選輯》套書進行評論寫作，在完作發表的〈詩歌卷〉與〈散文卷〉部分，已建立了先行統計資料的傳統，現在的〈小說卷〉自不例外。上下兩冊共收錄了十三位作者二十二篇長短差距甚大的文章。作者們涵蓋了排灣（一人）、泰雅（三人）、魯凱（一人）、賽夏（二人）、布農（三人）、卑南（一人）、阿美（一人），及太魯閣（一人）等八族。十三、二十二、與八等的數字，是否有特定的意義，筆者並不確定。不過，原住民目前的族群數大致如此（按，少了鄒、達悟、邵、及噶瑪蘭，其中，鄒與達悟在詩歌散文均見鋒頭，此處短缺，可不追究，而噶瑪蘭為最新成立的一族，或可暫先不論。最特殊是，邵族在各文類中，未見任何作品。該族為何遠在原住民文學運動風潮之外，實值得眾寫作人深思），在有限的收錄空間中，實已達最高代表性結果。

原住民小說有一些很明顯的特點，那就是：其一，作家多只寫自己族人部落事；其二，小說酷似散文，以第一人稱出發談天繪地者比例甚高；其三，寫作者感情豐沛之餘，常見順便介紹我族文化傳統（如祭典、儀禮、出草、禁忌、巫法等等）；其四，比起詩歌和散文，祖靈、歷史、戰爭、傳說、部落、變遷、老人、勇士、及女性等的敘事焦點更為明顯。本文依照上述體認，分解成以下的六論「故事」。二十二則均見文學趣味，也是生命闡述，現通歸為六，當然是一種分析企圖。只是，讀者仍宜繼續享受小說的柔體人味，大不必被謝世忠學者文筆絆跤。

脫蛹遨飛：長大的故事

陳英雄的〈雛鳥淚〉短篇作為首章，簡單地寫就排灣男孩夜半穿梭黑森林，在驚懼兼忍耐的心境下，通過階級訓練考核。其實，劇中不像有「雛鳥」，也無加上「淚」之後的悲情想像，它只是一族群成員濡化過程段落的速寫。相對而言，霍斯陸曼・伐伐也是濡化敘述的〈生之祭〉，就溫馨詳實而光明有力。將近二萬言，以一男孩觀察弟弟出世過程以及自己隨齡成長，有效地告訴讀者布農人懷孕、禁忌、生產、祝禱、母子、祈福、祖孫、行獵、山水、生態、資源、世界、宇宙、神人、及儀式等多方文化的觀念與實踐。小孩生於此，充滿著希望，一生更不會軟弱。小說末了的命名場合，帶動了過去與今日的串合，天神祖靈齊力相助，一名小小勇士正式現身。精彩的生命花朵，確立了家族命脈，也激勵左鄰右舍，大家多生，民族好前景。

田雅各〈等待貓頭鷹的日子〉寫的也是布農。七、八頁文字，剛好補上霍斯陸曼沒述及的未孕時段。貓頭鷹會送來子女，聽聞牠、夢到牠都是好兆。祖父勉勵青年孫子，具象的傳說加深了生出好孩兒信念。美麗的夜，溫存的肌親，以及注入體內的靈力，開啟了呼吸與蛹飛之門。族群生息由此出發，難怪作者寫得入神，彷彿貓頭鷹在布農山中，永不缺席。

落花不忍：女孩的故事

寫原住民女性大致有兩個主軸模式，一是自小小年紀描述起，二是均身體不幸，感情成諷。田敏忠的〈赤裸山脈〉敘述三個人：我、女孩、女孩的父親。我帶著女孩的父親下山看望女孩。從我的角度，寫盡了見到一個父親與「電影明星」女兒裸身劇照逢遇的尷尬，以及安慰一文化挫敗的老人家，只能以米酒和山脈為伍之族群抱擁樂與歸宿悲的無力感。

田雅各的〈情人與妓女〉，也是第一人稱直接解構愛情對原住民而言的永遠殘缺。一個好好的、秀眉靈氣的姑娘，一個年輕有為醫生，兩人有過純純火花，幾年後，前者天災家破，不得已以女體賣身養母，後者有意相救，卻是女孩已自棄，悲劇以終。蔡全智〈花痕〉中的女角亦為妓，只是她不自棄，父親行獵重傷，女兒身體賺錢協助，再遇同胞好男人窯館救之，成了好姻緣。

里慕伊・阿紀女性寫女性，〈小公主〉和〈懷湘〉二文均記述婚姻艱難。一個是全家近遠親均為離異夫妻，自己形貌家世出眾，卻也走上相同道路，想要一個安定的家，果真不易。另一為早早嫁了情郎，卻是高山頂上的頂上，偏遠窮舍，夫君又是躁怒之人，辛酸才正開始。不過，總是遇到貴人，作者阿紀後來還是強力地讓一對原為有情人，極度波折後，又回有情人的結束。〈懷湘〉與〈花痕〉破涕展顏的末了，讀者終於大鬆口氣，不過〈赤裸山脈〉和〈情人與妓女〉則只能一嘆再嘆，加上〈小公主〉的焦急憐息，原住民女生的小說位置，似乎只有在光明道途之外的花落地上尋得。

旦夕難關：男兒的故事

田敏忠寫了長篇〈赤裸山脈〉女人情事，也完成〈最後一桿槍〉男人萬言小說。泰雅族兩兄弟對付國民黨戒嚴官僚，查槍、繳槍、藏槍、放槍、緊張忍刑之餘，也留下族人山頭鳴槍壯威的最後一把力氣。女人常受肉體無間止的性折難，男人則挨打受鞭，也是皮肉，都在考驗少數族群耐活能力。小說文體似乎長篇較佳，特務如何壞，山地嫌犯怎麼熬，一天二十四小時記得仔細，也講得清楚，誰應被唾棄，誰又是好男好漢，一下便知一短篇之未盡話語的缺憾，果見於敏忠的〈墓仔埔別墅〉。該文寫真正山地人遇上不是山地人的平埔山地人。後者東岸來，今勞力於都會，大家齊住簡陋住屋七分不像家。夜夢中，歷史上兩族的冤仇往事突現，正當激盪，日光照來，作事去罷！記憶終究不敵鷹架灌泥討生活。

田雅各是個量產作家，〈安魂之夜〉記一軍中自殺的布農青年，由父母領回，全族村人守夜聊天，沖淡生者傷悲心情的經過。談話中，為何自殺、死的好與死的壞，連上大串禁忌，小矮人傳說、及爭辯討論樣樣來。青年害羞又情愛執著，先而後已。〈情人與妓女〉的玉女素娥變到後來的妓女小莉，也是生如行屍，難道雅各筆下的女男均弱，弱到不知應猛力給它活得好、活得甘甜？

林二郎的〈薑路〉，回顧部落生計路線，也是一家夫妻小孩的生活記錄。年年照顧薑田，扛著走，拿出賣。危徑如絲路，兩方需求，近途連線，又快又賺。只是，十數年過了，高速馬龍車水路新建，而老薑路也沒於天災外力中。辛苦原住民男人帶女人攜小童走在歷史至歷史再至新歷史（即古代絲路至近代薑路至現代公路）之路上，告訴讀者一段過往。

〈霧夜〉由年輕的乜寇・索克魯曼寫就，道出青年原住民不顧一切，當下立斷，勇往直前（即從城區勇奔大山上看雪），以及總與祖輩靈通（即迷了路，祖父現身指引出口）的特殊屬性。昨夜醉，今仍上路；大霧迷茫，心憂憂如陳英雄筆下磨練成長中的排灣雛鳥小壯丁之在林夜中。驚懼生信心，突圍至人煙處，難關已然。文章寫明了社會變遷的事實：老人在山，青少轉居城，山與城是為各自的安身處，當然，彼此是顧念對方的。

長者灰燼：巫師的故事

不管女巫男覡，傳統上巫師不只是長者，也為智慧、能力、信仰、歷史、及部落科技觀念的代表或代言人。過去人人依仰她（他）們，轉眼數十年，結果新神靈系統狠狠地將之打入煙塵。

田雅各的〈巫師的末日〉與林俊明的〈輓歌〉，文題直接了當，都指涉文化的完全埋葬。前者淒厲無聲，火焚靈屋，女巫瘋陷密林；後者吟著吟著，卻見一個個巫者走入教堂。最後一位進來時，族群目光滯著，祖先想必淚乾，而上頭正講道個起勁。作家們心底狀態如何，我們不易想像，只是，巫儀看得透徹，年輕寫作者雖然不僅會用文字，更是敏銳觀察員。至少，有一陣子他們細細地看過傳統。超自然技藝的玄妙與效能，是否得以獲有部落市場行情，待解！不過，外來的強大衝力，的確很快地左右了一切。人們不是不再相信靈力，而是供電者從巫師轉成了牧師。巫師何去？一則了斷生命或終結法力，另外就是歸順天主。靜靜地坐在群眾中，老巫者望回天地，怕是孤寂一人，或者全堂皆是黯然，良方想必也治不妥這文化驟滅，老人成燼灰的大病。

英雄悲帖：獵人的故事

若真要算計，以「獵人」為名的原住民小說作品當是量產第一。二十二文中就有三文：田雅各〈最後的獵人〉、根健與霍斯陸曼・伐伐各一〈獵人〉。若加上內容主角為行獵者的奧威尼・卡露斯〈永恆的歸宿〉，一共四篇。至於如一定要納入多多少少有提及與行獵相關人事者，則逕可以「不計其數」形容之。

雅各擅寫終結篇，巫師之終是「末日」，而獵人了結則為「最後」。獵人與獵狗林內山間縱走，大地如我，仿若祖先樂遊動物世界的時代。然而，一出茂盛樹叢，首遇的就是文明國度的警察，他們在此等山產，一方面訓斥獵人違法，另一方面沒收獵物，稍後自己燉了補身。獵人在森林成了實景虛相，勇武屈於律法，戰利不再有分享樂趣，哨所大人物居山幾年，食盡了部落文化生態體面，再帶著噸位回臺北。總之，各個獵人都是「最後」，因為從此攜不回得以用來炫耀的大鹿山羌飛鼠雄豬。

另三文慘烈悲泣。根健的故事人物在山中不獵物，卻為受難親人找公道，「獵」到禍首而戮之，無奈被刑法判死。他曾是工人，也是英勇蛙人戰士，卻敵不過誣陷與腐敗。豪壯原住民心性為自家榮辱出草剿奸，英雄空留，一夕間重囚待斃成了宿命。霍斯陸曼以母猴小猴生死別於倒樹之下，對應獵人與妻子孩子訣於洪流捲滾的不幸命運，鐵漢也只有放聲大哭於深山。行獵孤單，返家不見人，仍是寂涼、哪邊都不是，仿如今日原住民維谷難進難退的族群徬徨。

奧威尼寫出獵人行腳都是山，幸是山，不幸也山。從山來，獵獲贏尊敬，翻山去，有天終於不再見回，全身就給了不知處的天地。家人等、妻子哭，終是他的永恆在雲掩深綠不定點，直到某天又有獵人添入永不歸人名譜，或許他們在那有伴成仙，換帖英雄不會孤。

敵友之間：日本的故事

有三篇文章都與日本人有關，可見不少創作題材不離歷史經驗。李永松的〈雪山子民〉講中部泰雅各部落和日軍部隊戰得昏天暗地，愛情迸躍與文化規範相雜，後來英雄死盡，姑娘極痛，惟真愛存於天澗林地，直到半世紀又過二十年，甚至成了迷途於山之城內青年的救難對偶。親人老婦思物憶往，鏡頭又古又今，佳緣靈力透過定情信物，連結了時間異點，串起好故事，雪山可歌可泣，大史詩真情小說的確靈撼有力。

田敏忠的〈出草〉，有趣！同死的日人與泰雅獵首英雄，老骷髏對話，辯來辯去，為何砍人頭，為何拖人下崖共死，為何敵人成了同岩洞內室骨頭人夥伴。文字解說了出草道理，更有一段精彩雙人對決取首級動態畫面。歷史過往，好像仇消雲散，彼此只是曾鬧了一場勇士誰我的人類殺罰記事罷了！文化穿梭對話的細膩工法，與〈雪山子民〉大部頭義與不義絕然相對的界說，不甚相同。而根阿盛的〈朝山〉則又是另一模式。祖先與臺灣關係密切的現代日本生態經濟專家到原住民山區，一番經驗，最後成了反林務局的一線發言人。他尊敬山，知道原住民甚至臺灣無山不行，沒有了山的原貌，這個民族、這個國家不見希望。告誡林務局切勿擁林自重，還給大地呼吸才是正途。日本可為殺戮人，也能死後摯情，更在當下協同族人爭權，故事整合起來，是為多變可觀，誰敵誰友，留下大問號。

總要收尾

寫小說到底要怎麼寫，文學寫作班有它的制式方法理論。謝世忠的三補帖則是，千人萬角串古下今關係奧秘，然終得釐其清是其一；形容詞加來加去，添得色彩繽紛是其二；主人翁千萬頭到尾是一人，又得方位平衡各節齊出是其三。原住民小說盡得其中否？答案當然各文各人見智不同。不過，有一點很明顯，那就是，去掉形容山水天景葉飄風來砂飛等之美詞華藻（即補帖二）之後，還未及擔心補帖一、三有否來到，卻早已瞧見原住民原始生命體站於前。什麼是原始生命體？當然是即使以山水天景葉飄風來砂飛來說明，都不足見其全的原住民要「有文化地」、「母體健在地」、「女男老小平和地」、及「獵人武士握手言好地」活下去！

長大辛苦，但蛹脫飛翔，雛鳥、生祭濡化、貓頭鷹都是吉事。女孩對等落花人，殘忍吧?!

但文章如此，情人少妓女多，婚姻蜜甜少而離怨艱苦多，公主命好不過山頂窮新娘，佳偶縱有出現，也都來過一長段危險萬狀。男兒為家庭生存走長路，為情摧殘生命，但也有不知天地高低尺寸，往山玩雪迷了途，後由祖父慈祥幽魂拎了送到家的後生可畏。他們還是很令人擔心哩！老巫師兩篇都精彩，不知如何說評，只能想見宗教可敬也可怖，當然，時空戲謔，也可使之消失無蹤，讓人對不上歷史。祖先的「真實」是什麼，今天似乎永遠弄不清。獵人多章，呼應男人故事，也連上與日本關係的敘事；勇士們要抗日也需忍受舊國民黨，有的捐命給法律刑獄，也有如猴類失親哀鳴悲劇紀錄者，更多蒸發於所愛所敬的山脈行腳人。過去與日人交火，堆屍不畏，死後大家再繼續爭論，一直到有識之日本學者幫著護衛臺灣山林。

原住民小說妳（你）我她（他）。第一人稱「我」直接引出人物，介紹時空，「妳」和「你」為「我」的對話人，期望或想像對方如何如何，卻往往不是此樣這般理想。「她」和「他」可為主要角，也或為次配角，但人物位置總是強烈。「我」在長大中，也在戀愛中，卻「情人的她」短暫，煙花巷總留「妳」多。「她」美麗、動人、可愛，但不幸福，「她」還反過來羨慕「妳」呢！「我」出草、戰鬥、或猛力出遊，但「他」有時也百般毀掉自己。巫師「她」們，「我」嚮往又同情，但卻不為榮歸上帝門的「妳」們喜，有天終要放棄歷史的。獵人「他」們還是真性情，一直堅持和日本人的「他」們肌肉或言語對抗，即使有的失親甚至生命留不住，「我」還是要寫不完「你」們獵人的故事。

開場科學算數字，收場賣弄妳（你）我她（你），文學或如此，小說尤甚之。原住民有味有情有愛有生有死散文式小說，延續著山海川流脈動的故事，更開步未來的文學嶄新生命。我們喜歡閱讀它，亦常在敘事呢喃中，唸著美麗女孩和獵人的名字。

＊本文原刊於二〇〇四年，《原住民教育季刊》三十五：頁一三一—一三六

眷愛與忽略
——《臺灣原住民族漢語文學選集》論評之四：《評論卷》

文學創作何其多，只是，若未被學院或與學院接近的文學批評（literature criticism）專家專門論及，它們即使已發表於某處多時，其下場和學校作文練習寫寫字，老師給了個好分數，然後攜回家裡自娛，並無二致。當然，講這樣的話，一定會有人以「太武斷了！」或「太絕對了！」批之。畢竟，文評多半只負責寫學術比較，論時代文風，或講個別大家；至於其餘散見的各佳作，不必有人論評，依可膾炙人口。我當然也同意此理，然而，對於像「原住民文學」這類亟欲在今日臺灣爭得書寫位置的「文派」而言，勢要有文評學者的介入論說，才能有成功的機會。因為，原住民文學是一項集體性的社會運動，而她若為文學評論者所注意到，即表示運動本身之品質與實力受到肯定。如此，原住民文學方可建立，在當代原住民史上，族人的文學也才具有深度文化創造上的意涵。《臺灣原住民族漢語文學選集》主編孫大川先生必知道理，因此才會精心地在《詩歌》、《散文》、及《小說》各卷之後，以《評論》上下兩卷壓軸。《評論》的文章若有強力，就直接宣示了原住民文學作者作品果真是當下重要文學學術議題。

《評論》卷收得十五位作者二十一篇文章，其中原住民籍者有三位九文，而非原住民籍者則十二位一人一篇。相較於《詩歌》十六人五十七首、《散文》十七人五十一文、《小說》十三人二十二篇等各卷合起來共計四十六人一百三十種創作，並且全是「原住民血統」的人與作品，《評論》之三比十二或九比十二的原住民弱勢比例，直接顯現者，就是文學評論學界原住民籍專業學者的闕如。

獲有七本精美的文學選集，按詩歌、散文、小說及至評論的順序閱讀，享受精彩，自不在話下。然而，讀者擁有書本之初的一份邏輯想像，卻會被繼續讀下去的經驗所瓦解。發生了什麼事呢？原來是，我們好不容易從前三卷一百三十項創作中認識了四十六位作家，正期待參考學術界與文化知識界專家對他們的看法，不想，閱畢《評論卷》，就發現了前面貢獻者大名大幅落空於後書的情形，讀者們就此立即陷入困惑。

「貢獻者大名大幅落空於後書」是指，前三卷四十六人一百三十份創作、在後乙卷十五人二十一文中，出現或被論及的比率太有限了，吾人有如於頁數在四卷中佔第二高位的《評論卷》中（按《評論卷》二一六頁，《詩歌卷》三百九十頁，《小說卷》六二二頁，《評論卷》六一二頁），踏了個尋覓前三卷人物作品的空。

《評論卷》文章以原住民文學整體為對象者有十一篇，另十篇則專論某一或有限幾個作家作品。想像中，專論多係針對一人或一文，那麼泛論原住民文學者總該是各家各文面面俱論吧！且看如下專論的十篇所選評之人物作品的統計。

《評論卷》中的專論性文評

作者	篇名	選評人物	選評作品
楊渡	〈讓原住民用母語寫詩——莫那能詩作的隨想〉	莫那能	《美麗的稻穗》
許俊雅	〈山林的悲歌——布農族田雅各的小說《最後的獵人》〉	田雅各（拓拔斯．塔瑪匹瑪）	《最後的獵人》
林正三	〈孫大川與臺灣原住民族文藝復興運動〉	孫大川	《久久酒一次》、《山海世界：臺灣原住民心靈世界的摹寫》、《夾縫中的族群建構：臺灣原住民的語言、文化與政治》
魏貽君	〈找尋認同的戰鬥位置——以瓦歷斯．諾幹的故事為例〉	瓦歷斯．諾幹	《永遠的部落：泰雅筆記》、《番刀出鞘》、《荒野的呼喚》、《想念族人》、《戴墨鏡的飛鼠》
王應棠	〈語言、生命經驗與文學創作——試論奧威尼從《雲豹的傳人》到《野百合之歌》的心路歷程〉	奧威尼．卡露斯（邱金士）	《雲豹的傳人》、《野百合之歌》

董恕明	〈浪漫的返鄉人——夏曼・藍波安〉	夏曼・藍波安	《冷海情深》
董恕明	〈微風的力量・大地的芳華——試論八、九〇年代臺灣原住民詩歌中重構主體的樣態〉	莫那能	《美麗的稻穗》
		阿道・巴辣夫	〈彌伊禮信的頭一天〉
		瓦歷斯・諾幹	《想念族人》
		溫奇	〈退出〉
		伍聖馨	〈戰在霧社〉
陳敬介	〈冷海中燃燒的生命——試讀《冷海情深》〉	夏曼・藍波安	《冷海情深》
楊翠	〈認同與記憶—以阿𡠄的創作試探原住民女性書寫〉	利格拉樂・阿𡠄	《誰來穿我織的美麗衣裳》、《紅嘴巴的VuVu》
瓦歷斯・諾幹	〈Bunun的詩歌——伊斯瑪哈單・卜袞《山棕月影》的魅力〉	伊斯瑪哈單・卜袞	《山棕月影》

以上計有十一人十九種著作被選評討論。

接著再以下表看看泛論原住民文藝的十一篇內容中，到底提到哪些作家作者。

作者	篇名	提及作家	提及作品
孫大川	〈原住民文化歷史與心靈世界的摹寫——試論原住民文學的可能〉	娃利斯・羅干	《泰雅腳蹤》
		孫大川	《久久酒一次》
		瓦歷斯・諾幹	《永遠的部落》
		莫那能	《美麗的稻穗》
		高正儀（溫奇）	《練習曲》、《梅雨仍舊不來的六月》
孫大川	〈山海世界——《山海文化》雙月刊創刊號・序文〉	無有提及	
孫大川	〈原住民文學的困境——黃昏或黎明〉	孫大川	《久久酒一次》
		莫那能	《美麗的稻穗》
		瓦歷斯・諾幹	《番刀出鞘》
		夏曼・藍波安	《八代灣的神話》
		夏本・奇伯愛雅	《釣到雨鞋的雅美人》
		拓拔斯・塔瑪匹瑪（田雅各）	《最後的族人》、《情人與妓女》
		溫奇	《梅雨仍舊不來的六月》

孫大川	〈文學的山海，山海的文學〉	夏本・奇伯愛雅	《釣到雨鞋的雅美人》
		夏曼・藍波安	《八代灣的神話》
		霍斯陸曼・伐伐	《玉山的生命精靈》
		巴蘇亞・博伊哲努（浦忠成）	《庫巴之火》、《臺灣鄒族的風土神話》
		曾建次	《祖靈的腳步》
		娃利斯・羅干	《泰雅腳蹤》
		莫那能	《美麗的稻穗》
		孫大川	《久久酒一次》、《山海世界》、《夾縫中的族群建構》
		夏曼・藍波安	《冷海情深》、《黑色的翅膀》
		撒可努	《山豬、飛鼠、撒可努》
		田雅各	《最後的獵人》
浦忠成	〈原住民文學發展的幾回轉折——由日據時期以迄現在的觀察〉	莫那能	《美麗的稻穗》
		拓拔斯・塔瑪匹瑪	《最後的獵人》、《情人與妓女》
		瓦歷斯・諾幹	《番刀出鞘》、《永遠的部落》、《荒野的呼喚》、《戴墨鏡的飛鼠》

浦忠成	〈原住民文學發展的幾回轉折——由日據時期以迄現在的觀察〉
麗依京・尤瑪	《傳承——走出控訴》
娃利斯・羅干	《泰雅腳蹤》
夏曼・藍波安	《冷海情深》
利格拉樂・阿𡠄	《紅嘴巴的VuVu》
霍斯陸曼・伐伐	《那年我們祭拜祖靈》
依優樹・博伊哲努	《鄒族的生活智慧》
夏曼・藍波安	《八代灣的神話》
曾建次	《祖靈的腳步》
夏本・奇伯愛雅	《釣到雨鞋的雅美人》
霍斯陸曼・伐伐	《玉山的生命精靈》
奧威尼・卡露斯（邱金士）	《雲豹的傳人》
巴蘇亞・博伊哲努	《臺灣鄒族的風土神話》、《庫巴之火》、《敘事性口傳文學的表述：臺灣原住民特富野部落歷史文化的追溯》
孫大川	《久久酒一次》、《山海世界》、《夾縫中的族群建構》

浦忠成	〈原住民文學發展的幾回轉折——由日據時期以迄現在的觀察〉	撒可努	《山豬、飛鼠、撒可努》
		尤霸士・撓給赫（田敏忠）	《天狗部落之歌》、《赤裸的山脈》
瓦歷斯・諾幹	〈臺灣原住民文學的去殖民——臺灣原住民文學與社會的初步觀察〉	莫那能	《美麗的稻穗》
		霍斯陸曼・伐伐	《獵人》
		陳英雄	《域外夢痕》
		瓦歷斯・諾幹	《關於泰雅》
瓦歷斯・諾幹	〈從臺灣原住民文學反思生態文化〉	霍斯陸曼・伐伐	《玉山的生命精靈》、《那年我們祭拜祖靈》
		田雅各	《最後的獵人》
		莫那能	《美麗的稻穗》
		夏曼・藍波安	《冷海情深》、《黑色的翅膀》
		瓦歷斯・諾幹	《番人之眼》、《戴墨鏡的飛鼠》
		卜袞・伊斯瑪哈單・伊斯立端	《山棕月影》

陳昭瑛	〈文學的原住民與原住民的文學——從「異己」到「主體」〉	瓦歷斯・諾幹	《永遠的部落》、《番刀出鞘》
		田雅各	《最後的獵人》
		莫那能	《美麗的稻穗》
		孫大川	《夾縫中的族群建構》、《久久酒一次》
傅大為	〈百朗森林裡的文字獵人〉	柳翱（瓦歷斯・諾幹）	《永遠的部落》
		莫那能	《美麗的稻穗》
		田雅各	《最後的獵人》
		娃利斯・羅干	《泰雅腳蹤》
廖咸浩	〈「漢」夜未可懼，何不持炬遊？——原住民的新文化論述〉	莫那能	《美麗的稻穗》
		夏曼・藍波安	《冷海情深》
		孫大川	《久久酒一次》、〈原住民文化歷史與心靈摹寫〉、〈原住民文學的困境：黃昏或黎明〉
		田雅各	《最後的獵人》
		瓦歷斯・諾幹	《番刀出鞘》

彭小妍	〈族群書寫與民族／國家——論原住民文學〉
孫大川	《久久酒一次》
瓦歷斯・諾幹	《荒野的呼喚》
莫那能	《美麗的稻穗》
田雅各	《最後的獵人》
娃利斯・羅干	《泰雅腳蹤》
夏本・奇伯愛雅	《釣到雨鞋的雅美人》
夏曼・藍波安	《八代灣的神話》

泛論文評計提及了十九位作家的三十四種作品（按，其中有將文章集成專冊者，即以該集冊名稱計之）。作家中被論及三次以上者有莫那能（十次）、瓦歷斯・諾幹（九次）、田雅各（八次）、孫大川與夏曼・藍波安（各七次）、娃利斯・羅干與霍斯陸曼・伐伐（各五次）、及夏本・奇伯愛雅（四次）等。而三十四種作品被討論超過三次者包括《美麗的稻穗》（莫那能）（十次）、《最後的獵人》（田雅各）（八次）、《久久酒一次》（孫大川）（七次）、《泰雅腳蹤》（娃利斯・羅干）（五次）、《番刀出鞘》（瓦歷斯・諾幹）（五次）、《永遠的部落》（瓦歷斯・諾幹）（四次）、《八代灣的神話》（夏曼・藍波安）（四次）、《釣到雨鞋的雅美人》（夏本・奇伯愛雅）（四次）、《山海世界：臺灣原住民心靈世界的摹寫》（孫大川）（四次）、《玉山的生命精靈》（霍斯陸曼・伐伐）（三次）、及《夾縫中的族群

建構：臺灣原住民的語言、文化與政治》（孫大川）（三次）等。
綜合上述所列被集中閱讀的作家及作品，大致可分成兩大類。其一是可歸屬於母語文學和口傳文學範疇的《泰雅腳蹤》、《八代灣的神話》、《釣到雨鞋的雅美人》、及《玉山的生命精靈》；其二則是其它分屬詩歌、散文、和小說等文類的典型文學創作。在這兩類「原住民文學」中，前者被提及的次數有二十四次，後者則被論及六十九次，相差將近三倍。更重要的一點是，提到第一類母語口傳文學作品的，多為原住民籍（如孫大川、浦忠成、及瓦歷斯・諾幹）文論家，一般漢人學者（彭小妍除外）則明顯地只注意到第二類典型文學作品。
再回頭看看專論型評論的景況，以茲比較。結果答案是，九位作者十篇文章中所提及之十一位作家十九份著作，竟無一與母語或口傳文學相關。總之，包括泛論和專論在內的所有文論專家，顯然均焦點於創作性文學。初步的結論因此可歸納如後：
一，泛論型文論專家明顯地比較注意創作文學。
二，泛論型文論專家凡有注意到母語口傳文學者，多半自己就是原住民。
三，專論型文論專家從未以母語口傳文學進行評論。
四，簡而言之，創作文學是主流，母語口傳文學則不僅次要，而且幾等於可有可無。
「可有」係指原住民籍文論專家以自主文化體驗出發，積極強調母語口傳，因為它們是「傳統」，是「認同」，是文化特色。「可無」，則代表文學評論市場上母語口傳的失落。「原住民文學」若要爭得位置，在前述基礎下，勢必只能繼續精緻化創作作品，以求得到文評青睞。今日續有志氣之人仍在全力呼籲母語口傳價值，無奈終是緣木求不得魚，或只能族群小眾場域寧靜自賞的了。

多數文論專家大作即使辭藻美麗，學理豐盛，卻見材料簡單。「材料簡單」係指，作者們不是常只看到有限的作品，就急忙概化整體原住民文學，就是一直目光於特定幾位作家作品。「概化」和「特定」的問題，前節整理各表內容應已可說明，有請讀者女士先生自行往上頁盤點。此處可再補充一證，那就是《詩歌》、《散文》、及《小說》三大卷的四十六位作家，在《評論》二十一篇文中，有二十一位從未被提到，另有兩位只被非常輕淡的舉名。這個現象可能有如下四個理由：

一，評論文章完成於這些作家創作之前，故來不及提到。

二，創作作品水準不足，未能超越總是被眷愛提論的特定幾人幾文，故不值一寫。

三，文評專家不夠用功，看不完全數，就直接下筆，因此一手資料總是不足。

四，文學選集主編因特定理由，割愛了曾有討論大批作品的評論文章。

總之，美麗辭藻加上豐盛學理的文章面貌，自然成功地掩蓋了只見單人或單篇稀疏點綴之作品材料的缺點。被眷愛的文章，當然可能是經典，慧眼獨到者，都會注意到它們。但單單以之作為原住民文學的代表，卻似有過度代表之嫌；而被忽略的作品，實質上精彩大作亦不少，它們原本可豐富原住民文學被識而得之的內涵，如今卻只能落寞一旁。評論人若果不看到縱時限動態發展的全部，就等於視歷史而不見。換句話說，只有廣閱博論所有作品，從較早期到今天，整系全脈地觀察分析，方是成功的文學評論，從中建構而出的原住民文學才能明白公道。原住民文學讀起來不一定就要「精神唯美」、「苦痛生命」、「悲情昇華」，然後再站出來戰鬥一場。只是目前文評專家華麗藻彙下的原住民作家個人、原住民族群、及原住民歷史文化似乎就是如此。他們言說文字作品，建構了「苦難」與「悲淒」，也道盡生命的唯美昇華。最後，我們都看到文論學者肯定「作家英雄」勇於文學講話的武態語言。這些種種即使閱讀暢快，卻是建立於有限作家作品的結語。我和大家一樣，會眷愛被眷愛久久的老牌作家作品，但更願大聲提醒學人們看到被忽略也夠久了的新生代作家作品（原住民籍的文評家人數明顯不足，換句話說，就是原住民在文學學術界人口寥寥。這是大弱點，應戮力改善。依經驗，原住民籍文評家〔如浦忠成〕較能廣面地關照舊新作家，此類文評若得以量多，即能正面刺激提醒學院，那麼，忽略的現象當可大大減少）。「眷愛」與「忽略」雖仍是今況，但未來應全數都是眷愛。眷愛的更高層次還包括對母語口傳文學的興趣。今後創作文學每一冒頭作家作品都是寶，她（他）（它）是原住民文學運動洪潮的健將，應該給與位置。至於母語口傳方面，原住民籍文論學者既積極為其文學定位，任何人文學者尤其是文評教授和口傳歷史文學田野常客的人類學家，更應同理心地予以全力支持。

＊本文原見於二〇〇四年，〈眷愛與忽略——《臺灣原住民漢語文學選集》評論之四：〈評論卷〉〉，《原住民教育季刊》36：頁一〇七－一一六）

復興鄉迷妳歷史文化說帖・序

那是至少四十年前的一個週日，父親引領全家連同他的友人一行，浩蕩前往桃園復興遊玩。筆者的首見紅紅吊橋以及潺潺大嵙崁水流，就是這天。印象極為深刻，心情也非常愉快，但，記憶中，該處美到不行，卻也遙遠得可以，桃花源模擬，大抵如此。後來，因喜愛釣魚緣故，常常往阿姆坪跑，竿頭揚起一刻，總可看清楚對岸，屋舍散點，那是泰雅復興家園，連結到童年經驗，又是自我溫馨好一陣子。

不過，對於多數人而言，復興鄉相較於鄰邊的石門水庫，其聲勢名氣都遠遠不如，大家觀光水庫大壩，卻常吝於往內多走一段，看看山中生活，也體會一點地靈人氣。基本上，大名鼎鼎的水庫，滋潤你我半世紀的水源，正是復興鄉民尤其是泰雅原住民同胞「樂捐」出來的。水庫庫底本來部落生息，雞犬奔跳，族人祖先百多年前南投遷來的優選地點，卻也不得不被迫搬離，因為國家準備將這片河流沖積沃土灌入大水，以期嘉惠平地千萬里。水底部落人散了，洪水漲了數十層樓高，然後換來大量外來遊客的賞景拍照，他們的回程，想必也滿心喜悅。如此復始，千萬人往來，匆匆五十年。

筆者有幸教到泰雅才女復興鄉立中正圖書館館長李慧慧小姐，於是更續與該鄉的前緣，但，這已是二十一世紀過了十年之後的事了。此回不是烤肉戲水的童稚興趣，而是以大學教授的身份背景來為山地鄉寫簡史。二〇一一年初春，慧慧館長有全面整理更新復興鄉歷史文化館展示內容的計畫，詢問筆者參與協助撰寫展場文案意願，當下馬上肯定回覆，而且直接上路。那年暑假二個月，先是日日左思右念，試圖想出一個比較特別的寫法，幾天後，頓然思及或可擬定各個簡史的標題，然後再一一寫個幾百字，於是，就真的這麼做下去。最後，總共想出了二十七則，所完成的專題歷史內容，即構成了小冊書的主體。

撰寫的那幾十天，幾乎是二天一則，寫完就交，整整忙完假期。忽地一年又過，除了展覽區域已依筆者二十七史設計施工之外，在館長推薦之下，鄉長同意以簡史之名，將小小則條文字，合起來出版。將來外來訪客，即得以藉著閱讀兩萬多字的小冊，迅速認識復興鄉。當然，欲知一個地方的人事時地物等等故事，都必須自歷史談起，所以，我們就稱這本小書為「簡史」，但，歷史僅是「談起」，起了頭之後，一切都要拉至當下，才有現代性意義。筆者一方面幾百字內往往上下百數十年迄今，另一方面則騰出空間，容納幾則絕對當前課題如全球在地化、非政府組織、多元文化、都市化以及觀光休閒等。除此之外，縱使是以某某史出現，各個專史主標，也盡可能以當代的理解概念如工業、商業、交通、科技、教育、政治、環境、醫療、學術等為題。我們敘述包括史前、民族、農業、畜產、家族、聚落、宗教、美術、工藝、樂舞等涵蓋較多泰雅或在地傳統的史蹟範疇，卻也全數得以連結至今日的狀況。換句話說，歷史與現代，過往與當今，或者祖先與子孫等等的悲喜和苦歌對話，均得以見諸於本冊論說之中。

寫就是書，原並不在我的筆作出版規劃之內，完全是因緣際會，上天眷愛，使得筆者有機會接觸角板／*Mstunux*前山與拉拉／*Gogan*後山，親近泰雅，體會復興。跑出這一本，在筆者著作列目上，絕對是一份奇事。我不是奇人，卻能擁有奇事，很感高興。這期間，最感謝全鄉族人居民的熱切歡迎，以及慧慧館長／*Aho Batu*同學的信任與耐心，更對林信義鄉長的尊重學術文化態度，深感佩服。當然，被我力邀上山參與本書主題如何落實展示之規劃審查會的莎莉館長（北投文物館）、彥亘助理研究員（故宮博物院）、英文高手維屏同學（美國印第安那大學民俗與民族音樂學系博士班）、以及鈴慧、瑞超和*Yupas Watan*同學（臺大人類學系博士班）等，亦都貢獻良多，同款感恩。

大家閱讀愉快，一起來愛護復興鄉！

＊本文完成於二〇一二年十二月十三日，為《復興鄉迷妳歷史文化說帖》作者序（二〇一三年，桃園縣復興鄉公所出版）

石門水庫的泰雅論斷

一、零水庫期——泰雅*Msbtunux*全景錄

復興鄉約有三分之二人口為泰雅族人，依據豐富口傳歷史記憶，相信祖先出自南投瑞岩村附近之*Pinsbkan*。一般認為，被日治時期民族學家類歸為該族的*Squliq*亞系（賽考列克群），可再粗分為兩亞群，一是當時活動於大漢溪中、上游*Gogan*地區的*Malepa*（即後來通稱的卡奧灣群）；二是中游*Msbtunx*一帶的*Mknazi*（即典型的大嵙崁群）。族人遷來路程中，大山峻嶺，崎嶇難行，親族彼此照料，自然聚成許多獨立性的*qalang*（部落），彼此對各自所屬系統領袖或家族認同極強，小範圍的親族聚落形制迄今仍屹立不搖。日治時期的「大溪郡番地」已大致涵蓋今天十個行政村的規模，每村都包含有數個傳統*qalang*部落。

*Msbtunux*地區主體住民泰雅*Mknazi*系統，相傳約九至十二世代以前，首領*k'Buta Klaho*帶領族眾，自中央山脈遷來，經過近二百年以上的發展，形成了*Kkizay*（角板山）、*Siron*（詩

朗）、*Sikki*（志繼）、*Gihin*（宜亨）、*Qara*（卡拉）、*Rahaw*（拉號）、*Habun*（哈吻）、*Uray*（烏來）、*Qehuy*（奎輝）、*Kozao*（高遶）等較大*qalang*部落，以及其他多個小規模的分散聚落。部份*Malepa*族人，因各種緣由，也陸續成了*Msbtunux*居民。這些*qalang*部落，分別屬於今天的羅浮、奎輝、長興、義盛、霞雲、澤仁、三民等行政村轄區。其中前三個村子是石門水庫主要蓄水區，後二者也有部份地點屬之。它們的地理位置最接近大漢溪，注定未來水庫計畫確定後，這些社區內的幾個*qalang*部落居民和土地，即將面臨不可預知的巨大難關。

大漢溪原本就以多重高低落差之河階地聞名，*Msbtunux*地區的河流中游地段尤其明顯。在該等範圍建立聚落的泰雅族人，分佈於上上下下不等高度的階地上，因此，部落又分上中下三處者，頗為多見。由日本人教種成功的水稻沿階梯田，在一九五〇年代結束之前，廣泛見於此地，部落和田地的呈現風貌一致，均具高階地往低階地一路深探的特殊視野，非常壯觀。整個*Msbtunux*的區域範圍，就屬今奎輝與長興兩村以西的大漢溪河谷地區最為廣闊，上述聚落田地階落而下的景致亦最具代表性，日治時期成了本地最重要的穀倉。

自國家力量進入之後，*Msbtunux*地區的角板山部落，因地理位置和交通因素，先是充任與外來者最早接觸的要務，後來就慢慢成了行政商業中心。前山*Msbtunux*與後山*Gogan*往大溪鎮上的通路，就僅能由此出發。至於比較接近新竹關西方向的大漢溪中游廣闊河谷區居民，則可從該地渡河直接走往龍潭一帶交易買賣。自古以來，大漢溪中游就一直是泰雅族人眼中的大河川，它的豐沛水流與魚蝦特產，給了人們飽足的營養維生物質需求，再加上梯田收成，整體生活景象完好，當年*k'Buta Klaho*首領眼光獨到，選了個特佳地點，長久以來，族人身心愉快，直到國家來到，慘烈戰事進入與政治壓迫之餘，政府亦覬覦到這塊肥美之地，終而於不久之後，徹底瓦解了*Msbtunux*泰雅族人兩百年「零水庫期」的夢幻歷史。

二、水庫上路——族人惡水逼身的遷移

石門水庫雖不是臺灣第一座現代化水庫，但，其名氣之高，規劃服務範圍特廣，恐非其他類似建構所能及。水庫集水區在新竹尖石鄉玉峰與復興鄉東南角一帶以馬里濶丸溪、大漢溪上游為主的大小河川，蓄水區（即水滿儲藏大庫區）則跨有關西鎮、龍潭鄉、大溪鎮與復興鄉。其中復興鄉部份就涵蓋泰雅族*Squliq*亞系居於*Msbtunux*領地的大部份區域，它包括了今天的澤仁、三民、羅浮、奎輝、長興等行政村轄區。水庫的前提，就是淹沒。淹哪裡呢？當然就是有自然山水有人有村有地上作物有人工建屋等等的地點。一九六四年水庫峻工之時，建設委員會主任委員蔣夢麟博士曾親記紀念碑文，提到一九五四年政府決定要興建之時，「地方人士，以多年夙願獲償，欣喜相慶」。上舉幾個鄉鎮，即是位屬所謂「地方」，問題是，他們果真欣喜相慶？

石門水庫號稱有五大功能：灌溉、發電、給水、防洪、觀光。半世紀以來，或許一定程度上，總有人對之給予正面評價，但是，那終究僅是事情的一面，其他少為人關注的另外層面，

卻多是權益剝奪甚至血淚斑斑。換言之，水庫的建立，讓政府面子風光，中華民國彷如擠進了進步國家，首都地區更是坐享供水果實。但是，對原居庫底的住民而言，開庫政策定案的剎那，正是往後數十年噩夢的開始。其中*Msbtunux*的泰雅人就是最大受害者。

一九五六年石門水庫建設委員會成立，開始著手調查淹沒區的住戶住家和農作物等資訊。隨後確定必須遷離安置的*Msbtunux*泰雅族人計八十二戶，分屬霞雲坪、溪口臺、合流、下奎輝、石秀坪、二坪、新柑坪、下高遶、石門等部落。開始施工後，族人繼續住在原地，同樣耕種插秧，如此與轟隆隆卡車穿梭和大壩工程飛沙走石相伴的日子一過又近七年，直到一九六三年二月十九日鄉公所公告必須於四月底前遷走為止。新居地點是大溪鎮緊臨大漢溪邊的「中庄山胞第二移民新村」。當時新村附近全是大片巨塊石頭和碎石沙地，根本難以開闢成農田，而復興鄉原居地的稻米正值收割，族人請求緩遷，但，建委會置之不理，並按計畫引水入庫。到了七月仍有居民於搶收糧作之後，準備搬家，但范迪颱風來襲，水滿迅速，向水庫當局求援船隻無效，所有家當收成食物全數沉入湖底。族人只能大逃難，眼睜睜看著二百年前*k'Buta Klaho*首領帶領建立的家園，滾入暴漲的水庫儲水之內。

中庄新村位於河川行水氾濫區，憂心者知道早晚必會出事，但，想不到來得如此之快。就在族人進住新家不到六個月，同年九月十日強颱葛樂禮侵臺，中庄竟撐得住考驗，兩天狂驟風雨，安然度過。無料尚未正式認證啟用的新水庫卻於此時首次無預警洩洪，十一日大清早所有居民都被警察驅離住家，形同二次大逃難。水很快下來，全村盡沒。翌年，政府安排八十二戶中的四十六戶續遷桃園觀音鄉大潭村，其餘則各自另有規劃。

就在族人苦於兩回逃離大水之際，一九六四年六月水庫正式竣工，八月石門水庫管理局成立，顯現於公共視覺畫面者，卻是冠蓋雲集，把酒慶賀的場面。二十年後，大潭泰雅村民深受可怖的鎘汙染之苦，又再次必須搬離，家破人亡的故事不斷傳出。至於水庫，五大功能正在發揮，周末假日人潮遊熾，然巨量泥沙亦正從四周大山滑落而下，塞滿了庫底，重重苦惱了當年驕傲於自己偉大成就的官紳們。

三、水庫雄踞——漢人國家水滿的成就

人類懂得將水資源圈圍起來，慢慢使用，在距今五千年前的新石器時代，就留有紀錄。甚至，有些海狸品種，也知啣來大量乾樹枝，在特定河段堆疊築成小壩牆，為的是抓魚。但是，以不斷更新之土木工程技術鑿建而成的現代科技型水庫，則晚至十九世紀後半葉才出現。二十世紀是全球水庫比賽的年代。一些西方專業公司在資本主義政府的協助之下，四處找生意。臺灣一方面當然不可能落人於後，另方面則因人口不斷增加，各項用水需求大增，水庫興建幾乎無法免除。

上世紀五〇年代之時，臺灣的中華民國是最典型漢人國家。主政領袖與統治階層均以「華夏－漢－儒家」的價值，設計實踐治理策略。原住民在此一背景下，開始承受往後約近二十年

的「山地平地化」政策壓力。所謂山地平地化，就是將山地人在意識上和文化生活上變成平地人或漢人的意思。北部是首都範圍，人口很快在此集中，因此，水庫建置的呼籲，早就存在。石門水庫就於此一背景下設立了。本鄉泰雅族原住民首度以犧牲自我成全大我之姿，讓出了大片原鄉。一九六四年水庫竣工過後二十年，政府又於今新北市屈尺段蓋建翡翠水庫，與本鄉同為*Squliq*亞系的烏來泰雅族，成了另次的犧牲者，水源區域無從發展也不能建設，人們生活苦悶。

目前的說法，五〇年代時的陳誠副總統，正是催生石門水庫的要角。傳說中，早年他自大陸來石門遊玩，喜歡這裡。政府遷臺後，副總統又來，然後決定在此蓋庫，並且擔任首位建設委員會主任委員。很巧，蔣介石總統看上水庫南岸的角板山，於是將泰雅大地方鄉名改成「復興」（復興中國），在地小村落名字從*Kkizay*換成「澤仁」（領袖仁慈澤被），而其副手則心怡北岸，引水進來淹沒一切，說是要造福百姓。南北岸全係泰雅原鄉領域，山地平地化尚未見成效，政治塗鴉與茫茫大水就率先淩駕了原住民。

大工程首推研究規劃，於是一九五四年初設立石門水庫設計委員會，七月改成建設籌備委員會，一年後更具規模的建設委員會成立，一九六四年八月臺灣省政府石門水庫管理委員會之下的石門水庫管理局（按，該局一九九七年改制為臺灣省北區水資源局，一九九八年歸屬經濟部）全面接手。在美國專家指導下，建設速度頗為驚人。正式動工起於一九五五年，前後歷經八年。石門水庫採多功能的設計原則，工程與操作均比如單項民生用水功能的臺中德基水庫複雜，因此預計壽命僅有八十年，遠少於後者的一百一十五年。六〇年代完工啟用之時，對可用八十年的期限，根本就是遙遠之事，因此，政府與大社會無不大肆慶賀，臺灣北部彷如獲有生活救星，自此不愁乾旱淹水的問題了。

從大溪鎮大漢溪邊崁津橋下遙望石門大壩，果然如捍衛巨獸般豎立不搖，它終年頂住超過一億五千萬立方公尺的大水，一晃半世紀，居功厥偉。平時旅人參觀，一方面看到超大人工湖的雄壯兼秀麗，另一方面走過壩頂，對絕世工程更是佩服。洩洪之時，亦見攝影觀賞者的驚呼連連，奇景的確讓人難忘。然而，隨著一年年過去，浮現出來的問題越來越可怖，多少憂心忡忡的專業人士，看著呆滯的境區建物和忙著擺姿弄身的照相者，不知發出了多少慨歎。

四、復興憂鬱——建設發展之路的難覓

本鄉泰雅族以*Mknazi*系統為主的前山*Msbtunux*地區族人，釋出了一大半土地給國家，那一大半很快淹滿成石門水庫人工大湖。大湖土地原住居民自外遷的第一日起，就開始命運悲慘，直至今天仍有不少問題難以解決。留於原鄉的另一半加上後山*Gogan*區域以*Malepa*系統為主的族親，只能慢慢習慣自前山各處往西或北下望，永遠存有一新的超大湖泊。而對於它的山光水色美麗景致，五十年來，族人卻多只能陪著蔣介石總統團隊、一般視察長官、研究學問的專家教授、大專山地服務團體、遊覽車載來大群人、家庭同友旅遊人士、以及部落子弟的平地人同

學等各類已然充分享受水庫便利者，苦笑點頭稱是。水庫山水對一日匆匆的外人而言，當然完美，然而，泰雅人不僅捐送祖先地蓄水，爾後更迫遷受難，至於免於搬徙之苦者，留在山上，無論是上游的*Gogan*，亦或中游的*Msbtunux*，均必須全程無薪護水，美景其實正是夢魘。

復興鄉曾被媒體形容為「乖乖牌」，逆來順受。但是，一九九〇年代中葉，忍無可忍的族人開始有了反抗。一九九四年之時內政部營建署極力主張應將石門水庫風景特定區，改制成石門水庫水源特定區。水特區與風特區的差別在於前者比後者的限建和禁建條件嚴格得多，不過，水特區是可享受稅捐水電的減收優惠。此時，由本鄉原民縣議員和鄉民代表會主席發起組織了「復興鄉鄉民聲討石門水庫賠償回饋團結促進會」，強力反對水特區變更計畫，同時要求多項補償經費。議員甚至曾於議會質詢時，以「大怪獸」一詞形容石門水庫，彰顯了泰雅鄉親對其所造成的地方長期傷痛極表憤怒。

政府的水特區主張，終究還是在當時的新水土保持法基礎下通過了。自此，本鄉即形如被完全廢了武功的英雄，不僅動彈不得，甚至天天都處於有害水源之違法送辦的恐懼氛圍之中。不過，生意人手快膽大，後山上巴陵段，過去十年間，發展快速，蓋了不少餐廳民宿旅店咖啡館，其他還有休閒農場提供採果登山等活動。依團結促進會的認知推斷，上游地區原應更為嚴刑峻法，但，事實似乎卻恰相反，開發過度已是不少人對該區域的形容了。

一方面有人擁有土地卻因禁止建設而苦無辦法，另一方面則有的商業手段高超，抓住觀光熱潮，照樣有辦法賺錢，此種情形成了本鄉當前相對矛盾的社會發展，未來會如何，仍未可知。不過，二〇〇六年之時，政府推出「石門水庫及其集水區整治計畫」，預算兩百五十億，再度強調集水區必須嚴格限制開發興建土木，但，會如何做，做後成果如何，一開始就有許多地方人士不表樂觀，因為經費切割之後，四處亂補洞，根本治不了本。此外，最靠近水庫自來水供應源頭的本鄉*Msbtunux*各村，卻有多戶享受不到自來水，直到二〇一二年才有免徵廢棄物清除處理費的優待。凡此種種，自石門水庫籌劃興建十年以迄正式運作近五十年合起來一甲子漫漫歲月中，本鄉泰雅族居民的各項權益受損之巨，難以估量。就在外界滿足於水庫內（順暢供水）外（美景觀光）的貢獻之際，*Msbtunux*的第一代泰雅首領*k'Buta Klaho*後世子民，卻沉入鬱鬱寡歡的生活日子裡，而大山好水的復興鄉民未來前景，更是一連串的問號。

五、追憶飄逝——娓娓道來與書寫淚徑

老師：

您有沒有聽過寫論文會為研究對象哭很多次的？

打訪談紀錄稿時哭，前幾個月寫移民經濟也哭，

現在寫移民環境適應歷程也哭！有夠愛哭，

在寫歷程時，自然地想到印第安人的「淚徑」，

可憐但又傲骨嶙峋的悲壯遷移，

*Tayal*遷移的歷程也是經歷家園淹沒、新居殘破⋯⋯
一路委屈艱難的處境，仍能保持著不屈的毅力和樂觀的天性，
在這方面我想*gaga*對族人心靈的慰藉、扶持與鼓勵發生了作用。

這是二〇〇七年三月六日復興鄉傑出泰雅女性李慧慧小姐進行碩士論文寫作時，捎給老師的信。李小姐大作原名《石門水庫遷村政策之研究》，後經調整，定稱為《社群經驗與文化變遷─石門水庫淹沒區泰雅人遷移史》。無論如何，這是第一本有關石門水庫學術研究的最另類作品。一般官方對石門水庫的報告出版，多是告訴大家它的豐功偉業，而為觀光目的所寫的文字，則偏向形容風景秀麗和多功能遊樂。很少人會以水庫現址過去和現在的居民為對象，進行系統性的了解。李小姐的論文可貴處在此，更加值得肯定的是，她訪遍了三十、四十年前參與過多次遷徙的族人老者，留下珍貴紀錄。只是多位長輩紛紛凋零，更添水庫移民歷史的悲涼畫面。

二〇〇六年十月二十五日李小姐給老師的另信，如此寫著：

回頭看近半世紀曾遷住過觀音大潭的*Tayal*，
由於是主流社會下弱勢的一小群，
不可避免仍是受到強勢文化及資本主義影響，

把他們帶入另一種經濟生活的困境，
光是想到第二代移民女性當中，
有一半戶數的少女被迫從事賣淫，
現在生活的潦倒，而欲從「良」找不到好「糧」，
對他們而言是終身的傷害，
我也相信對民族發展有其負面的影響
所以在寫作的過程中，我的心也跟著痛，
不是痛在寫作的困難，而是*Tayal*悲慘的境遇！

可以這麼說，除了極少數幸運者之外，絕大多數當年建庫被迫犧牲離鄉的泰雅族人及其家庭，都歷經千辛萬苦，直到今日，仍在生存邊緣掙扎者亦有不少。李小姐的參與觀察，一方面發現了族人困境所在，另方面我族深情，在研究過程中充分表露，令人動容。

族人的訪談回憶，閱來心疼。

在葛樂禮風災之後：我們就像難民一樣一無所有，且身負建屋的貸款！

生活在大潭是看不到明天，……，是隨便找海灘的沙地及沼地，……，經過多年辛勤開墾還是「重稻稻不來，種菜菜不來」……。

石門水庫養育桃園、大臺北的居民，……，我的族人卻整日與風搏鬥，與鎬污染同處一地，別人讀大學是仰賴土地資源供輸完成學業，而我是靠著姐姐做妓女支持完成學業。

移至中庄時，眼前所見的是未經整理的河川荒地，……，到了大潭，又給我們走路會燙腳的沙地耕種，真的是被政府騙了！…，家裡一次一次的搬遷，真的是愈搬愈窮，……。

一九六三年核准搬出的八十二戶四百人之譜，奔波了數十年，積存心中的怨氣，終於在遇上美麗才人泰雅女兒研究之際，衝湧而出。族人不哭，因為堅忍不拔，出身奎輝的年輕民族學者，反而淚水伴隨論文。在耆老道來娓娓的書寫徑途中，憶想飄傷、苦雲遮天，惟大作果然精品，百分百錄下了泰雅*gaga*傳承的山地精神。

六、環境評論——水庫壩權的總體批判

石門水庫還沒完工之時，就已注定了復興鄉的坎坷命運。一九六三年五月水庫開始蓄水，但七月裡，仍有在地泰雅族人忙於整理甫收成的稻米，水滿太快，加上颱風影響，只能全數棄離。到了九月，來了更大颱風，這下除了移至大溪的族人新社區又次全毀之外，水庫管理單位

亦發現了大問題：砂淤。換句話說，一九六四年六月正式完工啟用之前，原本歡樂等著開幕酒會的功勞人士，突然驚覺山上下來的泥石量嚇人，而水庫又根本沒有成效的擋砂排砂設計，於是一邊照樣慶祝竣工儀式，另邊才急急忙忙著手研擬防排砂土策略。於是，未來的二十年內，石門水庫的大消息，通通都是上游不同地點的阻砂新工程完成：一九六六年義興防砂壩、一九七七年巴陵防砂壩、一九八三年榮華大壩。另外，各河川的小型簡易攔砂設備，幾乎三五步一座，總計超過一百，充塞本鄉全境。

就在不停興建大小壩之際，外來遊客正絡繹不絕於水庫四周，並且讚嘆有加。許多人以為石門水庫就是一個水庫，永遠服務山下數百萬人的用水和其他灌溉發電觀光等需求。不過，只消在此多待一日，眼尖的人就會陸續看出怪異。沿著臺七線往宜蘭方向走，為何會陸續看到不只一個庫？那些又是什麼庫？細看，上頭寫有榮華大壩和巴陵壩字樣。但是，為何蓋它們，以及建後的情形等問題，恐怕只有用心查閱資料者，才有機會知曉。知道詳情者，又多極為吃驚。原來石門水庫完全無力阻砂滑進大池形成嚴重淤積，只好在各河川四處另建壩體攔砂，但，荒謬的是，義興、巴陵及榮華早因颱風吹毀崩塌或淤塞滿庫而幾近廢棄。它們分別使用不到三十年。其他小壩命運也多如此，建物遺體四棄，河流因它們而變得醜陋，對生態環境的傷害更難以估量。

山上砂石繼續滑落，攔砂設施，無論大小，均只能擋住粗砂，而細砂卻全數刁鑽地灌入石門水庫底層，然後堆砌迅速，最危急之時，幾達全庫的近四分之一高度。但是，上游地區有人控訴管理單位放任商人開採砂石，另亦有多次報導集水區遭人亂倒廢土。此外，觀光開發似也早已過度，建物房舍超量，人類活動頻繁，垃圾污水的處理成了問題。不過，這是一般人自水庫集水區角度出發，所具備之生態倫理立場的思維，而在地居民需要生存，限建禁建規定原已阻擾了社區發展，目前更有矛頭指向山坡地種植水蜜桃和其他經濟作物，認為它們正是水庫淤砂元凶。本鄉早已不產稻米，陸續依政府的輔導，換種了包括香菇、紅柿、水蜜桃在內的幾種作物，如今，攔砂壩沒了功能，氣急的人，隨意指控，連泰雅族人的最基本生活維繫都不放過。

石門水庫能說不是復興鄉泰雅族人的夢魘嗎？建庫前後迫遷了數百名，水庫上路之後的第一秒鐘開始，留於山上者也沒太多好日子，單是泥砂一事，就困擾了全族半世紀，不是美麗河川變色，就是不時遭到破壞生態造成泥土滑石的指控。政府甚至編預算，並組織復育團，雇用族人來監看其他族人是否破壞環境，一度引起部落緊張關係。泰雅族人留在本鄉，走不是，不走也不是，轉東換西，總是壩權當道。將來壽命預計八十年的石門水庫廢庫，族人們還得陪著那如夜半幽靈般的泥石屍體不知多少時日呢！

＊本文係桃園縣復興鄉歷史文化館，二〇一三年石門水庫特展之展區說明文字

回望與動心

與這本書結緣，還真是故事多多。至少可以自二〇〇六年講起，一直綿延至今。

將近十五年前，我應邀至國立政治大學民族學系兼課，星期二晚間上課。當時碩士班研究生李慧慧同學是桃園縣復興鄉公所財政課長，公務、學業、家庭必須兼顧，因此，只能集中一天到臺北上課，剛好就是周二。別人跟慧慧說，謝世忠很有名，但是，她根本聽都沒聽過，只是時間巧合，姑且選課瞧一瞧。我的課名是「田野方法與民族誌寫作」，每位同學均須選一親入現場調查的題目，全程實習完成，以作為課堂期間討論以及期末書面報告之材料。李同學以刻正在規劃進行的畢業論文某章主題為對象，順利寫成，修畢該課，二〇〇七年也高分通過論文口試。

這件事應該告一段落。然而。慧慧碩論完成後，陸續引來了不少關注，她到底寫了什麼，如此吸引人？主題就是石門水庫原址之泰雅族諸部落族人被迫遷移的近半個世紀極其艱辛的生活情事。大家知道水庫的豐功偉業，然而，卻少人知曉曾有一群原住民因為大壩興建，不得不離開原是魚蝦物產豐饒的家園。離了家也罷，但，他們往後命運坎坷到筆墨難形，政府照顧始終相當有限，更遑論大社會的關懷行動了。慧慧的論文寫這批泰雅同胞五十年之生活點滴，筆觸到心碎手軟，更是暗夜幾回的哭泣。好文章總有人唸到，於是，紛紛邀她講演述說該則被遺忘的現代歷史。這些學位取得之後的熱絡情景，我看得清楚，有天突然想到，如此作品若僅是堆上圖書館畢業論文區陳列，顯有可惜，為何不設法正式出版：許多人搶閱，讓臺灣之近現代建設發展史有一更圓滿的人文省思紀錄？推薦給稻鄉，經過審查通過，經年修改，今天，總算可以付梓。

這幾年，慧慧除了於國立臺灣大學人類學系博士班深造並業已於二〇一八年取得學位之外，亦轉換幾個工作項目，其中曾擔任復興鄉立中正圖書館館長，需負責舊鄉公所改置的歷史文化館。館長上任不久，即有重新規劃設計該館展示內容的想法，分兩部分，一是該鄉各方面的歷史與發展面向，二是石門水庫。前者是鄉鎮制式的地方館舍必要展覽內涵，很可理解。後者呢，則是慧慧堅持的題目。石門水庫的什麼呢？當然不會是如經濟事業單位總是老八股地吹噓它對國家現代化的巨大貢獻。館長是泰雅才女，又作過深度人類學田野調查，手邊資料豐富，此時，正是透過文字闡述與展示設計，系統地道出鄉內泰雅族人心聲之機。換句話說，因為，石門水庫除了讓遷出的族人受害受傷，也使續住原鄉者受屈難耐。受害受傷故事，論文有寫，受屈難耐的部分，則與遷出過程苦痛遭遇一起搬進展場。全程我都鼎力相助。

七年前（二〇一三）展場開幕，迫遷受害遺族娓娓道來心情，感人肺腑，今年（二〇二〇）本書出版，讀者尋求公理正義，必是動人久久。石門水庫帶來的泰雅傷痕還在延續，本書忠實地描述當事者經驗感受，大水滔天淹沒天地的場景，彷彿在前。但是，希望終究沒有衰敗成絕望，族人的越挫越勇，直接宣告泰雅認同的堅實永續。作者清晰地剖析了族群生存命脈的維繫機制所在，其中最引人入勝的「石秀坪意識」形成，以及喪葬文化變遷之討論，在在說明了一名深具潛力之年輕人類學者的慧眼天賦。想多認識石門水庫者應細讀本書，擬欲了解泰雅精神者亦須專心閱讀，覺得作者果真有才者，當然更要好好眉批圈點。

又讓我回望二〇〇六年乃至一九六四年了。這口大深潭竣工於一九六四年，從此，數百泰雅族家庭個人分崩離析，但，這些種種，萬不可能在政府官方公告裡見著稍許。慧慧寫出了細微，甚且看到了同胞在絕望中的超越毅力。近年臺灣凡有興蓋水庫念頭，必引來撻伐，畢竟，看看石門水庫造成復興鄉／區生態殘破樣子，趕緊回頭是岸。石門這座回不了頭的百年身，留下淤泥堆積萬丈，無數廢棄的攔砂設施切割河川地貌，遷出與在鄉的同胞們，全都望之傷透心。尤其，被迫離家者數度飽受摧殘，不是搬了又搬，越搬越糟，就是承受工業污染的苦果。然而，他們的犧牲，好像也沒換得在鄉親人的福分。本書讀後，內心彷如千軍萬馬，很想吐一口氣。

看到自己學生的成就，二〇〇六當年啟動的育才計畫果真正確，十年努力沒白工，越想越興奮。推薦好書是教授的義務，而這義務前身，當然就是盡到教出一等一學術兼人文寫作者的責任囉！慧慧大作出版，做老師的好像也沾到了光，很高興，好想趕快灌入大杯生啤酒，祝賀她，也祈福泰雅族親！

初稿寫於俄羅斯聯邦，聖彼得堡　二〇一四年九月三十日，十點四十二分
復修稿於安坑綠中海，二〇一六年三月十一日，八點三十七分
再修於臺大人類學系研究室，二〇一九年五月九日，下午一點零六分
定稿於安坑綠中海，二〇二〇年四月十日

＊本文原係李慧慧《深潭家園的回望與超越——石門水庫*Msbtunux*淹沒區泰雅族的半世紀艱毅步履》序言（本書出版延宕多年，預計二〇二〇年由稻鄉出版）

四位主角的故事

屏東到臺東，幾十年來，*Ljigiyan*（高玉枝）和她的夫婿*Agilasay G. Pakawyan*（林志興）往返無數，多是探親返家之需。近幾年兩人的翻山來去，則不只如此目的，他們要為安平部落（*Ludja*）、萬安村、以及排灣族留下溫馨出版。出版品內有四位人物，男女主角各二。*Ljigiyan*和*Agilasay*是其二，另二位則是*Sakuljilji*（高明喜）與*Gingcu*（高寶勤）。系譜上，後者是長輩夫妻，前者則是他們的女兒與女婿。他們曾於二〇一四年的《從安平部落古謠到傳唱排灣》一書充分合作，立下族人寫下部落謠曲文化史的典範。如今，不過二年光景，又來新的大部頭《回首來時路》，這回是小故事集錦，匯集出部落生活史的精華。長輩賢伉儷在二書中，先後擔任要角，先生前書唱吟融天，譜躍仙氣，夫人則於後書裡鮮活記憶，更添人對於超自然、自然與社會世界的理解。而這些種種，均於後輩也是賢伉儷的二人雙東途程中，被感恩感性感動地學到手，之後就妙筆刻字成書。

傳統時光所編織的人類情事，不停地記著人與動植物，人與山川草木，以及人與人，再加上人與未知等的互動紀錄。身在其中，就分秒浸淫氛圍，濡化成長，直到自己可以歡喜述說那些故事，文化導師於焉出現。二位作者的*ina*和*ama*（母親與父親），就是此等人物，他們為訪問者詮釋著傳統世界看待天下的理路，於是*Ludja*幾個世代間的排灣動態，即使未達一目了然，卻也生動地躍升檯面，讓我們又著迷又學習，心嚮往之之餘，對於臺灣土地的歷史美味，更欲全心擁抱。

本書的了不起之處甚多，不能不提的是排灣族語的語法知識及其作為引領族人大家學排灣，唸排灣，寫排灣等的標竿位置。到底是何等毅力，可以讓一名數學教師（*Ljigiyan*）如此深刻地投入自己母語世界，而且樂此不疲，接二連三，本本精彩，往後應是欲罷不能？我自覺沒有能力有效描述那份偉大事業，但，看到一名卑南族人類學者（*Agilasay G. Pakawyan*）心甘情願跟著數學老師太座一起發揚光大排灣文化，答案就很清楚了。因為，兩老的文化知識太扎實，千百年濃縮如同珍鑽，當然一定跟屁到底，猛問勤記，問到人家跟你變臉了，或害老夫妻吹鬍瞪眼堅持己見，仍不罷休。稍後，老人家也為年輕熱情所感動，趕緊收起態度，繼續愉悅笑談過去好玩事。

前書我寫了序，從俄羅斯寄回，這次繼續被押著寫另序，驚覺事情大條，責任重遠。主因是這書太棒，擔心語窮，趕緊逃到美利堅找靈感。總算跨洋有效。但，一篇短序，真的只能表舒丁點心得。個人對四位主角的勇往直前，以及對多位參與本書的畫家、媒體人、文化人和支持者的專業與情操，深感佩服，特致上最高敬意。

構思於美國奧瑞岡州幽靜市（Eugene, Oregon）

完成於臺大King of Anthropology綠色空間，二〇一七年元月十九日

＊本書係高玉枝、林志興《回首來時路 點滴話安平——兼論排灣語法》

序言（二〇一六，臺東：作者出版）

幽靜完書情事

在大學任教已逼近三十年。文科教授的主業之一，就是寫作。寫寫寫，寫個不停。但，都寫些什麼？自己身在其中，很少有機會躍至某種高度，然後眼神往下，繼而全盤檢視千千萬萬的文字。年紀慢慢資深了之後，凡遇上說話對象，不論熟人初識或陌生，老是被問到「已經退休了吧！」、「準備退了喔?!」、或「算一算，時間差不多是要退休了才對啊！」。一次二次很多次，久之，自己竟也開始問自己同一問題。有了類此經驗，下一步即是開始練身，準備跳躍動作，時機到了，就放下筆，沖天而上。當然就是要看看自己幾十年都在玩些什麼文字。一驚！一堆學術格式在那兒，掛著謝世忠名字。原來不覺中，早已被那自我身分所牽引，一起筆，就是引文書目論證比較理論概念等等。而且，只要缺一，就是公認的缺點，不合學術。

但是，過去那麼多年，無數朋友在任一場合，舉凡提及了我，永遠就是那本在還沒取得博士學位，更尚未擔任大學教師時所出版的小書。我公開抱怨說，那之後所寫的數百種專書論文等等，好像白寫了，因為乏人知悉。望著第一本無人不曉的《認同的污名：臺灣原住民的族群變遷》，有點接近暮年的謝教授，還真是忌妒年輕時的謝同學。一本引人入勝或者足以潛移默化的好書，是不是就一定不能被學術格式套牢？我還不知道答案。但是，自己的經驗卻如此告知，因為《認同的污名》當年就是儘量去掉艱澀學術概念詞藻，設法使之得以普及遍讀的寫法（其實還是很學術，格式規範並不闕如，只是比標準模式稍稍放寬些罷了）。幾年前開始出現撰寫《後「認同的污名」》的念頭，前述種種全都跑上心頭，最後考慮結果是，決定本書不加註，不要引用書目，也不需參引資料。我的這本新書什麼文類都可，就是不要以學術書籍形式出版。最好是讀者一氣呵成，輕鬆地把它看完。在此前提下，除了極少特例之外，書裡也不提任一族名、部落名、組織名、著作名、以及個人大名。讀者唸到某一段，或早有戚戚焉感知，自己隨緣想像就是，而筆者則可藉此省去明示的負擔。

其實，我有塞翁失馬，焉知非福的深切體驗。原先這本書是要寫《認同的污名》出版後四分一世紀，也就是截至二〇一二年的景況。於是趁著國史館臺灣文獻館二〇一〇年公開招標原住民研究課題採購案機會，提送撰寫「後《認同的污名》四分一世紀——臺灣原住民多樣族群運動與多元場／區域風貌1987-2012」服務建議書，想不到鎩羽而歸。失敗的當時極其失落，我的學生們都知道，該書的寫作不僅只是執行一個計畫，它更是謝老師前後認同的污名延續論述的理想實現。結果泡湯了。最近有學生跟我說，那時候老師閉關好幾天，完全不理外界的關懷，他們都嚇壞了。我倒是沒如此悽慘的印象，但，沮喪無助是真的。

經過了幾年，現在正以「傅爾布萊特禮訪教授」（Fulbright Courtesy Professor）的身分在奧瑞岡大學（University of Oregon, Eugene）訪問研究（傅爾布萊特基金會給予的正式名稱為

「資深學者」〔senior scholar〕，但接待大學希望我們對外使用禮訪教授一稱）。Eugene是一座十六萬人口小城市，中文有譯尤金或雨津者，而我就直接稱其為幽靜市。城如其名，幽幽靜靜，適合寫作，而且是毫無牽掛，自由自在地下筆起筆舞筆甚至亂筆。

換句話說，這一年（二〇一六年九月二十日至二〇一七年七月十九日）除了在美地區的必要性學術任務之外，其餘時間自己充分安排。當然，前往外州甚至出國到加拿大的幾回研討會與受邀講演，必須準備幾篇文章，但，那都不足以損及自我的無限自由思想空間。和玉山社魏淑貞總編輯有了默契，二〇一七年中完稿，年底出版，而且是一本不僅為科普，更是一以貫之的平易人文閱讀專書，不受學術格式牽絆。當初文獻館案子若標到，現在早有一本《後「認同的污名」》在書架。但，那必定是一格式主導的文字集彙，更是要經過幾次期中期末包括官方代表在內的也是格式審查。章章節節都會有意見，而且全係傳統認知一名教授應該寫出的特定學術書刊樣態意見。那麼，書是有了，但，充其量只見書架上多一本，其影響力絕對比不上謝世忠同學的古典《認同的污名》。

這本新書沒有任一參考書目。作者直接下筆，一寫破了十萬字一些些，其間都不曾翻書。三十年的參與觀察全在裡頭。簡單地說，就是原住民點滴，均深深刻刻印於筆者心底，然後，現在有此機會自然地一一搬出。來美國前，花了一大把時間，整理郵寄了八大箱資料到幽靜市。書到了，就排排整齊於住處書房內，準備不久之後必會很忙碌地翻閱查詢摘錄參引。然而，結果卻是，花錢事小（其實不小，臺幣一萬多多近二萬），竟然這些「珍貴」資料，不僅沒有一頁一行一句派上用場，事實上根本沒去翻動一秒鐘。想起來也是有趣，自己也不太瞭解箇中原因，出國前更是萬萬想不到。如今時間已近返國前幾月，美國寄回更貴數倍，如何是好，還真傷腦筋。幸好有愛書的前臺大指導學生家住附近，決定原封贈送。

到底平日都有在田野？有振筆寫筆記？有不斷錄音？有民族誌方法？好像都沒，但，又好似全數在我腦中的神祕之處存放，現在居然可以十萬字如同洩洪大水般一直奔騰躍出。但，所謂寫書，其實就是和所有原住民聊天的意思，然後，再邀請讀者一起來看看，到底我們都聊些什麼。至於書質好不好，大家可以共同斷言。

在臺時，多年延宕，隻字未動，如今，竟然幾個月的幽靜歲月，可以大大了心願。功臣當然有之。我九十年代指導的碩士班研究生呂宛書小姐（就是前提愛書人）與其夫婿Hans和二位學藝雙全的公子Kevin與Tou-tou，住在距離幽靜一百六十公里處的州內第一大城波特蘭（Portland）。他們賢伉儷美食專家，除了邀我四處大啖之外，更三天兩頭備妥冰凍存放的菜餚，供我幾週不擔心餓昏。奧瑞岡大學人類學系好友Professor Bill Ayres及其夫人Paula和稚齡孩子Miles，也是多次邀約餐敘，還有四處垂釣鱒魚，很是歡樂。幾次學術活動結束，就轉往住在多倫多小妹謝佳容家作客大補特補一番，偷閒中稍有增胖。後顧之憂解決了，體能狀態特佳情況下，一直衝刺，寫個不知手痠。我到處告訴友親，刻正在寫此書，主要就是給自己壓力，寫不出來的話，看來就不必回臺了，因為面子掃光光。也正是如此，家人學生好友即不斷詢問進度。我都答曰，快寫完了。其實，天知道，但，每被一問，就感激心頭，畢竟有人在期待新書快快來。

感謝魏淑貞總編輯和玉山社在出版事業面臨網路壓力的境況下，繼續不斷讓優質本土書冊問世。我的這本有幸沾光掛上玉山社，真是喜悅。魏總編自《認同的污名》到《後「認同的污名」》，一路三十年相挺，學者遇上知心出版家，福祿雙至，特別感謝。內子李莎莉女士工作何止比我忙碌十倍，卻仍幾乎天天從臺灣越洋電話盯著此事，催促真的有功。傅爾布萊特基金會和奧瑞岡大學亞太研究中心與人類學系的慷慨支持，書本方才有望一頁頁增添。三個十年累積下來的弟子群，包括美國和加拿大的幾位在內，在臺北在桃園在大溪在花蓮在臺東在埔里在臺灣各地，都一起引頸望看亮亮額頭的老師，還能玩出哪個深具傳承價值的把戲。她（他）們很關心師父在美生活安康與否，好像也頗具信心不久可以拿到一本師尊簽名大作。我的意思是，年輕的一輩是為最堅實的學術支持夥伴，她（他）們不僅僅必定會於老師一年一度生日時盛大慶祝（今年生日剛過，人在美國，竟也獲致驚喜大禮，有一群貼心學生，真好！）。學界知道我在寫這書者有限，其中知心者，有教育家，有音樂家，有旅行家，更常多方鼓勵，就是溫馨。

我認識的原住民朋友老中少幼不知多少。有彼此相看不厭十數年者，有一年見一次卻高興得半死者，有曾經也對謝世忠蠻懊惱者，有正式非正式場合意見卡卡者，有讀過書而未曾謀面者，有聽過講演而不曾私下玩笑過者，有遠望看見卻害羞沒能進一步寒暄者，有短短幾句卻留下印象者，有驚訝教授看起來不老嘛者，有單單想像對方模樣者，更有其他包括鼓吹彼此喝點正確飲料等等情況者。她（他）們／妳（你）們一級棒！臺灣原住民族群運動三十年發光大彩，現在是世界典範。我堅持如此看法，或許部分原民朋友會有意見，但，就是事實，也理應這樣。感謝族人大家，本書有錄有論，有愛有氣，有喜有怒，有嘆有驚，有真有怨，有心有疑，有槌有揑，有妳（你）有我。再次感佩同胞們超過四分之一世紀的付出！繼續奮鬥！這本書獻給部落內外的諸位。

寫於幽靜家居二〇一七年初春

＊本文原係作者《後「認同的污名」的喜淚時代——臺灣原住民前後臺三十年，1987-2017》序言（二〇一七，臺北：玉山社）

《認同的污名：臺灣原住民的族群變遷》重新出版序

自立報系要結束營業時，曾告知筆者其文化出版部一九八七年出版的《認同的污名：臺灣原住民族群變遷》一書已無庫存。一時間愣住，也不知如何是好。將來需要書的時候，怎辦？後來想要漸忘此事，卻也不得。為何？因為幾乎每一探討原住民當代課題的學術半學術非學術等大小著作，都必提到該書。本人一來發現到這本小小拙著似乎重要，另外則意外察覺自己後來大量新作竟無人聞問。於是開始大聲呼籲提醒重視同一作者的後續出版，惟幾多年下來，不理睬還是不理睬，受青睞終究就是受青睞。《認同的污名》繼續躋列大量專書文章參考引用書目行裡，其他如堆山高之謝世忠教授他著，到頭來不得不摸鼻承認不如小老弟謝世忠同學該本經典的份了。

一本書出版三十年過後，還要重新出版。這是什麼份量的書，有此價位？其實它就薄薄五萬字。本來不足七萬字，根本難以成書。當初自立的魏淑貞總編輯真是慧眼，破例也是魄力接受出版。她老是讚揚係因看到年輕貌美的吾妻李莎莉小姐捧著書稿來詢問，感動之餘，才同意出書，而並非那書有多棒哩！哈！無論如何，縱使學界同窗曾於標榜新潮臺灣研究之社會學刊物上狠批該書，還有資深學者論及當代人類學研究時，也不太認可是書，其他老輩人物不是質疑「只有聽過文化變遷，哪來族群變遷說法啊」，就是直指「認同的污名」一詞語意不通。種種指摘從不停止，然而，原住民讀者卻也連續世代都在讀它，一直到現在。現在是何時？就是作者已經從翩翩少男變成很有型的綠領帶亮頭額資深年紀人了！

一本書在特定領域上接近獨領風騷，是巧合，還是一切在作者掌握之中？關於《認同的污名》這本書的情況，我自己很難說明白。說是巧合，但，記得寫作概念形成之際，總似有一股衝動之氣在心底燃燒，一定要寫個什麼出來，才能點睛醒甦。換句話說，就是自己亟欲求個明白，弱弱塌塌的「山地人」，哪來突然借力高聲呼喚「我是原住民」啊?!那是一份神奇現象，但是，總有個道理。

在書中作了解釋。原運出現有根有據，道理十足。這份道理的提出，應該是打動到許多原住民讀者。會被打動，就是一種自然的體會。也就是說，作者書寫文筆不一定佳，整體章節結構也可能不是最理想，但是，少少的證據卻全被領受，有限幾個觀點也盡數成了族人共識結語。於是乎力量快速匯集，原運領袖們都說，憑藉著閱後心得，大家忽然間取得了自我行動的顯著學理支持基礎。

影響力還不只這些。九〇年代初的清大獨臺案事件中，涉事學生所閱讀的書籍，就有包括《認同的污名》。當時無疑是屬於前衛書冊之一。年輕人讀者增加，表示過去所陌生的山地社會，如今終於有了不是那種風花雪月或政治教條或學術規制類屬的入門書了。在族人寫手尚未較大量現身之上個世紀最後十年，如欲認識原住民世界，到底應建議閱讀一般標準人類學民族誌呢？還是《認同的污名》？還真是拿不了準。理想上應是先前者，再後者，也就是先知傳統，再看看當下情形。但是，事實上，漸露頭角的原民知識領袖在推薦好書時，卻必有《認同的污名》，而學術認定下的優質多本，則多被直接忽略。小書的熱度，可見一斑。

筆者今年完成了《後「認同的污名」的喜淚時代——臺灣原住民前後臺三十年1987-2017》，就在《認同的污名：臺灣原住民族群變遷》出版三十年後。轉到玉山社繼續讓好書出版有聲有色的魏淑貞總編，除了全力支持新的前書出版之外，也建議舊的後書也可老瓶裝鮮酒，寫個新序，換個封面，美編加強，一起與新書套裝上市。多棒的高見，作者全心配合。這回又再度勞駕李莎莉小姐了。仍是由她捧書見人。老友相會，總編必定再提那年美如花姑娘為新婚不久夫婿抱書稿找出版的浪漫，只是魏李二位都已屬資深美女系列，會心對笑，不在言中。

為何需要妻子捧著紙本書稿跑攤出版公司？新舊二書作者剛好人都在國外是理由一，另外就是莎莉總是比顧前瞻後的筆者勇往直前。筆者二〇一六年九月至二〇一七年七月受邀擔任美國奧瑞岡大學（University of Oregon）的傅爾布萊特禮訪教授（Fulbright Courtesy Professor）。大學位於Eugene，是個小型城市，筆者譯之幽靜市。幽幽靜靜之處，重新想及過往生命史，翻閱單薄小本卻也是著名現代古書，有語無語和孤單熱情雙重效應，心底已然記上一筆。

再次感謝魏總編和她過去的自立團隊以及今日的玉山社眾位出版大將。莎莉三十載奔波加上日夜鞭策，同樣再謝。當然，《認同的污名》過去和未來的讀者是最為重要的一群。沒有她（他）／妳（你）們，作者不可能獲得鼓勵，也就不會有後續的發展。由衷感謝！新版趁此修潤幾處誤寫錯字，餘皆原封原樣。

力邀原住民老友新友還有所有人，大家一起重讀此書。雖然此時大教授觀看過時小同學的羞澀鈍拙文筆，多少有點想鴕鳥藏頭，躲起來自己訕笑，但無論如何，那是三十年前的真情境真心境，或許迄今仍持續真有勁。總之，再看更閱，保證回神有味，而心頭依舊會波動。畢竟，縱有時代滾流，我們始終追求良知。

寫於奧瑞岡州幽靜市為了妹河岸（Willamette River, Eugene, Oregon），

二〇一七年五月二十二日

＊本文係《認同的污名：臺灣原住民的族群變遷》重新出版序

（二〇一七，臺北：玉山社）

臺灣原運三十年的前臺與後臺

筆者一九八七年在自立晚報出版《認同的污名——臺灣原住民的族群變遷》一書，內容述及「山地同胞」或「山地人」或「高山族」（按，一九九四年始獲正名為原住民）長久以來普遍存在之有如烙印般永遠無法去除的極負面自我認同形成過程，以及時至八十年代方才出現之泛原住民運動的形質內涵。該書應是華人世界第一本對原住民族群認同與社會運動雙重要項進行交參討論的人類學專著。當時原住民新生代知識菁英領袖，正苦無社會運動推展之合理性理論的依據，是書與筆者同年在《中央研究院民族學研究所集刊》第六十四期，頁一三九至一七七出版的〈原住民運動生成與發展理論的建立－以北美與臺灣為例的初步探討〉一文，據悉，很快地成了不少人，尤其是原住民青年學生爭相閱讀的文獻，引起不小迴響。十八年之後，經行政院原住民族委員會提名，二〇〇五年歲末，筆者因前列該等著述成績及其後續影響力，獲得行政院長頒授「行政院原住民正名運動勇士獎」。

筆者並無邀功之意「只是試圖說明二十世紀後半以降，《認同的污名》一書，的確伴隨著原住民往後的各項發展，在某一程度上，它可算是一歷史見證者。進入了二十一世紀，原初的出版機構已不存在，書本也絕版，於是陸續有許多原住民和學界友人甚至書局，詢及筆者是否有再版計畫，因為大家還是想閱讀。基於此，筆者忽然想到，與其舊書重印，何不撰寫一本《認同的污名》續篇？畢竟，幾十年下來，原住民世界可能已經巨大波動，值得系統地再行探索瞭解。原本二〇〇七年《認同的污名》該書發行屆滿二十年之前二年，曾興寫書想法，但，終究僅是念頭，尚無積極規劃行動，原因是有些原住民新興社會文化景象出現較晚，其將來性仍待觀察，所以，就決定再等幾年。一晃眼，時間來到接近二〇一二年，《認同的污名》出版之後經歷四分之一個世紀的日子將屆，它可能是關鍵時間，此刻應為更佳寫書時機。不料，公私諸事仍然纏身，時間又滯。現在三十年即至，不能再延宕，於是有本書書名的確立，期望能對《認同的污名》出版後的原住民三十年有一整體描述，邀請大家繼續關注本土喜淚交織的原民人文景觀。

筆者決定延續《認同的污名》一書原貌精神，採最大宏觀研究視角，不過，在方法設計上，卻準備另起爐灶，以一全新模式進行安排。全書分成前篇、中篇、及後篇。前篇敘述一九八七至二〇一七的三個十年。三十年如何次分成幾個時間區塊？本書或有其寫書者的主觀基調，但，那多少根據了一些事件事實。至少，大體上鋪陳一個原民三十年輪廓，應不會有大誤。中篇與後篇的最主要理論架構，是以觀光人類學（anthropology of tourism）前臺（front stage）與後臺（back stage）等二個相對的分析概念為基石。前臺指公開展現於外的樣態，那是群策群力的眾人活動。當然，既稱前後臺，就有類似表演的舞臺，也應有可界定為觀眾者。

誰是觀眾？在原住民的眾人展演場域上，觀眾對象一方面就是國家大社會政府和漢裔臺灣人，另一方面則是廣泛的原民同胞。

這些年來，筆者已然觀察出過去二十多年間，原住民世界中，至少有七大社會運動的建置與維繫，它們是：族群政治運動、藝術文化運動、躍進學術運動、文學建構運動，族稱獨立運動、重掌環境運動、以及根生都會運動等。七大運動就是當代原住民的前臺展現內容，整體看來，那是一極大的能量，令人不敢忽視。它們承襲自一九八〇年代的泛原住民運動，再進階拓展衍生，不僅呈現出相當多樣之面貌，更全係原住民社會由下往上之草根力量集聚而成。吾人以為，此等不需由人工式組織作為領導之類全民運動的出現與長久維繫，正是族群是否得以深具優質前景的充分條件。而臺灣原住民在世紀交替前後年份裡，積極展現社會文化活力，因此，當下尤值對其進行脈絡性分析，以使能獲致較具深度的瞭解。

七大運動表面上似乎顯性易懂，但，仔細探究之後，不難發現其中的複雜性。例如，八十年代的「泛群」運動（即泛原住民運動），在進入二十一世紀之時，即見很明顯之「去泛群」思維的出現。換句話說，以族群政治運動為例，建置了泛群國家機構（即行政院原住民族委員會）之後，我們很快就看到了各族領袖，在正式或非正式場合裡，紛紛提出「去泛群」或「我族化」的訴求。此等現象在文學建構、族稱獨立運動及重掌環境運動中，也相當明顯。因此，除了廣泛描述各個運動主體面貌景況外，筆者亦會謹慎地處理每一細膩層面的動態內容。總之，前臺是風光，也是原住民四百年來，或更精確地說，即在全面接納外來統治或被完全征服後的一個世紀當下時空裡，所出現之前所未有的自信主位與前瞻行動。這幾個層面的社會運動，當然有其相互串聯交互作用的機會，那種引爆的動能，會是一大衝力。去年（二〇一六），總統履行向原住民道歉儀式，即有極具代表性之政治權利或藝術文化運動佼佼者，分別於總統府場內（老將在內）外（新將於外），以相對的方式，各自表述認同與不認同，此乃展現了族群政治運動的動態訴求，無論何者，都在證明原運的確更進了一步。那是一例，也反映出前臺的衝鋒陷陣成果，使得相異的堅持，均有朝野扎實的支持後盾，而各項力量或聯合或獨自高聲倡議，正以強度意志姿態匯集人氣。

原本在多樣的社會運動蓬勃展現力道過程中，我們可以「區域」（area）或「場域」（arena）概念，來進行進階討論。一般而言，區域涉及地方、空間、場所、地點等指稱意涵，而場域則範疇抽象，多半係關及人們特定有形無形活動的說明。七大運動均和現今大家非常關心的族群關係和族群認同有關。擁有認同之後，各部落、各地區聯盟、各族、各都市鄰域、以及各跨族團體等等，才能有效存在。而它們的存在，即行證明不等群體間關係正作用活躍。認同可見於區域範圍，也能作用於場域過程之中。舉例來說，在藝術文化運動方面，全國風起雲湧地於密集時間內，成立藝術與工藝坊或表演團體，它代表泛群運動的非政治層面場域。而各個工作室或在地表演社團組成背景，則往往又突顯出以區域為基礎的特色，如排灣族區域的琉璃珠工藝特別發達，泰雅／太魯閣／賽德克族區，則織布花紋一向聞名，阿美卑南等族演唱舞技團社亦獲頗多掌聲。我們在進行多樣認同討論之時，似乎也須注意到場域與區域所呈現的特定意義。

本書終究並未自前述角度進行後續寫作，一方面那樣作法，很可能就是當年假使成功承接文獻館標案的必然採行模式，亦即，規規矩矩的學術比較研究。另一方面，最重要的，筆者所看到者，絕不只是幾個風光在外的社會運動。因為那只是前臺景象罷了。別忘了，還有後臺。我們常聽聞，所謂「後臺很硬」。後臺很硬的話，據說就可以讓人在前臺如魚得水，無往不利。原住民的後臺硬不硬？如果很硬，那前臺七大社會運動，必是勢如破竹，因為後頭補給堅實，全民一心，資源集中，族群希望無窮。然而，要是後臺不穩定甚至孱弱不堪呢？後臺景象一般不易見著，只能等待發掘之後，方有機會道盡真實。弱態窘現的後臺世界，絕對難以提供前臺所需的大量支撐火力資源。本書的後篇，就是敘述當今原住民後臺種種。前後臺加總，或許才能稍解原住民努力了三十年後的今日狀態。我們期盼如此理解架構的安排，可以達到一定的寫作效果。

《認同的污名》薄薄一小本於一九八七年出版後，始料未及地廣受矚目。為何如此？每一位與筆者提及該書的原民朋友，均會說「寫到了我們心聲」之類的評語。但是，「污名」一詞何其嚴重，當初的概念生成係取自飼養家畜在身上烙印（stigma）一般。它是永遠無法磨滅的刻痕。烙記火炙上印的剎那，必然痛不欲生，之後成了終身屬性，又是一場更久的夢魘。任何人當然都不願接受，僅是簡單地感受自我所屬認同，竟然會如此疼痛。也就是說，當認知到自己是「山地人」的一刻，立即充滿羞辱、憤恨、失敗、無望、落後、獵頭、野蠻等等的負面歷史意識與當代不堪地位。於是，在各個生活領域中，天天就忙著閃躲逃避，或者擔心受怕。此一族群標記形影相隨，它日夜跟著深受污名者，不斷提醒他「你的身分如此」。去不掉的烙印，象徵著絕望民族在燃完生命之後，飄遠塵落為灰燼。

但是，人是活的，腦筋細胞隨時奔跳飛躍，硬是有人不願就此服輸。會服輸的話，就不可能原住民大小朋友一下子就使《認同的污名》臺灣紙貴。這表示，不少人早已經內心燃火，一本契合心思的書，足以成為眾志成城力量推手之一。現在新書上市，距離前書已是唸完七個大學畢業以後的今日，大量原民知識青年正在各角落努力不懈，他們或許是自灰燼中重燃火苗之後的烈焰主角，養足了精力，承接著後《認同的污名》時代各類舊新挑戰。

*本文係《後認同的污名的喜淚時代——臺灣原住民前後臺三十年，1987-2017》第一章導言（二〇一七，臺北：玉山社）

一個鄒男兒，端出了鄒歷史

一、是大文化也是大歷史

浦忠成（*Pasu'e Poiconx*／巴蘇亞・博伊哲努）教授近年來專致神話樹理論，陸續完成相關研究論文十數篇，外加感性散文幾則，一起構成本書，並直接組合「神話樹」和「土地文化」二概念成就書名。神話的確傳神，則則超現實內容，莫不令人嘖嘖稱奇，迷戀其中者，無不愛不釋手。忠成教授就是典型。惟對他而言，超現實者的合體，其實就是一座大文化系統的代表。他認為，大文化系統仿如巨型樹幹為核心，再配以不斷往外擴張的軀軀節節和枝枝葉葉，一顆無以倫比的雄偉神話樹嫣然現身。浦老師用了許多優美形容詞來裝飾大樹，一寫就是半頁多，其亟欲報告大家壯麗神話樹在此之誠摯之心，很引人感動。讀者們真的應好好品味那套華美詞藻構成的神話樹論述，汲取了之後，復回頭矚目當事者族群，當又次悸動心坎，久久迴盪不去。

不過，細看書稿，那可不只是一株神話樹而已。神話樹位居首章，而往下十一個主章，全數轉至神話世代之後的歷史時代。換句話說，該等篇幅都是需要相當科學證據予以支撐的討論課題，它們不再是超現實，反而字字血肉，事事在目。筆者作為先鋒讀者，感受到巴蘇亞的寫作企圖，事實上是欲完構一部鄒族大歷史。神話樹是大文化系統的代稱，它是遠古史發凡，而依靠實情紀錄與考古史蹟印證的信史，則是氏族祖輩可追的記憶，那是現代人認知的人類群落生活錄像與文化演化的軌跡。遠古史和後遠古史一同形構出一齣鄒族的故事劇情，也合成了一部大歷史。前史的謎與迷，終會有人承接心情，繼續熱愛著它，而後史的真實性與臨場感，則為原住民族的智識增添豐富，也引發對臺灣歷史的反思。

二、帶出鄒史的信賴母題

*Pasu'e*博士曾暢談神話母題（motif），那在建構神話樹方法論時，是一關鍵概念。母題者，不斷四處現身，這裡那邊以及近處遠方，都聽得到它的主角位置。而事實上，神話之外，後十一章歷史人物事件的陳述，也透露出了不少作者自己掌握的母題。透過此等人事時地物母題，一幕幕鄒族歷史，方得以被揭曉曝光。筆者讀到的該類母題包括古阿里山不等於今阿里山、鄒族始終在「五」的吉祥數字上創立生活哲學、鄒族溫姓與安姓家族住過平地、布農族擴張逼推鄒人東沿界域、漢人逼近鄒族西半部領地、傳染病帶來族群極致弱化、原四大社終究失

去了二大社、布農蘭社群從主要威脅地位轉而消亡並融入達邦大社、婦人美人計騙殺辮子軍等等。

上述這些被予以高度信賴的母題，經過串聯排比，可以整理出一份大致可信的鄒族人口史、社會史、遷移史、族群關係史、以及經濟貿易史。縱使此等史類內容不是很完整，卻也起了頭，給出希望，我們可以繼續追挖尋覓，更多證據出土，就可添補增加，讓鄒族理性歷史愈形堅實。人們多數都在期待看到一份清晰可讀的原住民族史，以解大家的知識渴望心境。浦老師正在努力於途中。他雖將神話樹掛上主標，然完書一本鄒族大歷史，或才是他的用功目的。畢竟，再怎麼精彩絕倫的神話故事，或者說大樹浩大，畢竟多被理解成遠古一史，它距離當代遙遠，也對眾所期盼之原民起源理性智識建構一事，著力不易。因此，前述該等信賴母題就顯得非常重要，浦教授還是須謹慎地依靠它們，來告知大家如何認知鄒族歷史。

三、穿越塘堂版版闊步走

忠成兄果真寫了鄒歷史。但是，這其中眉眉角角，硬是有諸多歷史版本必須妥善面對。其一是火塘版歷史。那是悠哉過往歲月的時代。傳統家屋內，大夥兒聚於堆石而成的火塘邊，然後，一則則遠古史傳神劇目，經由傑出說故事者，娓娓道來於後代子嗣眼耳心底。這部分是神話樹養分的根源，多一則，增一幕，就使得樹更茁壯。其二是課堂版歷史。這是指成仁取義的吳鳳存在小學課本裡。課文說，阿里山山地同胞歷史樣態就是如此。民間力量洶湧之後，幾經奮戰，吳鳳事蹟陸續被挑戰解構，課本不再有，族人高興一下子，卻仍換不回今日藝術家和詩人的繼續神往讚嘆，因為那份歷史說詞已然根深蒂固。

其三是教堂版歷史。那是一個大揚棄與再書寫浪潮的產物。至少浦教授指出了三大西方教會在阿里山的建立勢力，並確定它們已然產生了難以名狀的影響。鄒族的遠古遺留，在短短數十年間，被宗教大力重整，有遺有失，有棄有絕，有忘有藏，當然，也有新教義的灌入，而讓部分族人對自我歷史深感羞恥者。教堂版歷史比課堂版歷史更具威力，後者僅從單一事件來籠統定位一族甚至整體原民，而前者卻能鉅細靡遺，從根翻轉界定我是誰的依據。其四是刑堂版歷史。課堂版一人主角吳鳳，刑堂版亦然，那就是高一生（矢多一生）。他被專制漢人國家剝奪了生命，繼而引發了全族未來的黯然命運。槍決我族領袖一事，被寫在歷史，也永遠烙印了鄒人。從吳鳳到高一生，鄒族似乎始終學不會，以至於使得近現代史，被迫就以他二人故事為標的，讀史感受到的悲憤，莫此為甚！

浦教授面對著火塘、課堂、教堂、以及刑堂等四大版本歷史敘事，不間斷地緬懷先人境界，也擲出無窮的辛酸嘆筆，惟這一切都能於他快手定格歷程中，以一新款穿堂版歷史模式予以再造。換句話說，他的歷史報告穿越各塘／堂，更新了認識鄒族的切入點，這是創舉，也是原住民族運動運轉的深層力道，喝采！

世忠停杯也要問忠成

忠實的讀者如我，當然對大作也要提出評論，或者說有些問題挺傷腦筋，拿出討教：

1. 關於自己鄒內部者，似乎寫得不夠，例如，四大社如何凝成一個緊密的鄒？其動態過程當值得深探；

2. 田野好似只問神話傳說故事等等民間口語文學，卻較少問及四大社內部關係，以致缺乏足以寫出四社史的材料；

3. 從口語遠古史躍至文獻中古史到近現代史的轉折點，未能有豐沛論述；

4. 針對口語遠古史中出現的那些人群以及他們的社會文化，尚沒能有效建置出一個全貌輪廓；

5. 為何圍著爐灶可以聽到源源不絕的故事，這些故事哪來的？為何說也說不完，這是什麼道理？*Pasuya'e*想過了嗎？

6. 神話中的諸多超越人類生活屬性要素如何產生？人們為何繼續傳誦？為何不表達理性異議，卻反而樂於聽著、享受著、驚嘆著，繼而再轉說給後人？巴蘇亞認為呢？

這幾年藉口養身，暫緩黃湯，生活略失小樂趣，所以就問出了此些嚴肅提問。惟作者知我，總喜愛接獲筆者特殊人類學式的論評，這表示我們兩忠兄弟，不是只有喝喝幾杯，醉了不認醉之後續才重要。

神話樹下觀望大森林

再強調一次，神話代表遠古史，而那須依靠理性資料建置者，則代表中古史及至近現代史。在當代信史觀念主導下，原住民族史的提出顯得非常困難，而這部書就是在此艱困背景下結結實實成形的鄒史。浦教授果然一號人物。

最後，回到大標神話樹。一棵果實纍纍大植物矗立於文化核心，當然很好。但是，為何不是神話之林呢？一棵棵神話樹，不就合起來成為樹林了嗎？孤零零一棵樹，不可惜嗎？大小樹，前後排，原生次生，高低差，四季款與常綠樣，闊葉與灌木，有花無花對比，等等等等，不更近於人類文化的多樣？鄒文化自身也是一個歷史演變中的多樣體，大樹林的架構，或許更合於千百世代充沛想像力和經驗世界的綜合體。鑑賞神話樹論之餘，等待著日後鄒男兒樹樹成林的鄒史進階大作。

＊本文係浦忠成／*Pasu'e Poiconx*著

《神話樹與其他——鄒族土地與文化的故事》序言

（二〇一九，作者出版）

輯三

人類學者的書房

原民教育的定見與異見

《原住民教育論叢》第一冊《民族教育》收錄了十六篇文章，並將之納歸至「教育史／政策」、「法律／宣言」、「母語教育」、「課程／教材」、及「評析」等五大部分。在本論叢的設計前提上，「民族教育」具有多重的意涵，它至少可包括：「如何認識原住民族」，「國家如何『教育』原住民」，「政府如何規劃原住民所受的教育方式」，「原住民應如何接受教育的法律依據」，「原住民教育過程的內容與教材」，以及「如何規劃出一讓原住民深具希望前景的教育藍圖」等。本冊各文主旨大致吻合上述議題，因此，閱畢全書，「民族教育」全景今況已能掌握。

姜添輝與巴蘇亞・博伊哲努的二文，分論荷蘭時期與日治景象。前者提及了荷人宗教教育在新港平埔部落地區的成效，後者則以一全歷史的整理，敘述日人以國語化與皇民化、城市觀光與善行表揚等策略，一方面從根施以「蕃童」教育，另一方面又在成人範疇上，使其在國家巧思安排下，全面「歸順」。

從日治跳過國民黨五十年，直接到了當下。本冊重視第一個專以原住民為實行對象之《原住民族教育法》的出現（一九九八年六月十七日公布，二〇〇四年九月一日第二次修正公布）。因此，除了將該法全文置為一章之外，亦收錄多篇相關的文獻。其中，譚光鼎呼籲文化必須多元，原住民可自主選擇，另應教育民族菁英，以維永續文化發展。相較於譚氏的對外呼籲，顏國樑則積極對內鼓勵原住民要不卑不亢，自我奮鬥，開創新機。行政院原住民族委員會曾適時公布了所規劃的十六點策略性實施建議，內容涵蓋譚、顏兩人外、內雙層的呼籲與鼓勵。不過，在美好光景中，卻見林長振律師一記冷水猛拳，直指《原住民族教育法》充滿不確定的法律概念，根本難以確實執行，它以距自成體系的民族教育法律制度甚遠。「希望」與「幻望」或為一體兩面，相印對照，更能警世，我們稱許編輯團隊如此的選文智慧。

「相印對照」的例子，在本冊中不止一樁。南島系臺灣原住民缺乏文字發明的傳統，因此遇上了文字文化，除了習用對方文字（如漢文、日文、各種西文），另亦學得以他文符號拼寫母語的系統。原住民各族群部落的語言使用龐雜，外部（尤其是教會）引進的拼寫模式，難以齊一。政府民間十數年溝通努力，仍不易有一定案。隨著二〇〇一年「原住民族語言能力認證辦法」的通過，原民會立即委託國立政治大學原住民族語言教育文化研究中心辦理第一屆族語認證事務。自此，原語拼寫符號應以確定一事，更迫眉睫。林修澈以該中心主任身份，說明政大的重點在務實地看到原住民的「現代生活」，因此，規劃了四十個各族語編寫組，準備動員兩百四十人參與編書。他批評語言學者總是強要他人使用國際音標和標準傳統生活詞彙的意見，是為工作推動上的一大困擾。耑此，與承辦第二次族語認證工作之國立臺灣師範大學進修推廣部有同事之誼的該校英語系教授黃美金，則在本書林文的下下一篇，直怨政大主事時，從未徵詢語言學者意見，標音系統因此分歧差誤多，不若師大承辦時族族有語言學專家指點，可信度高。政大師大較競，直至二〇〇五年十一月十五日原民會公布了十三族（包括賽德克）「原住民族語言書寫系統」，才有了了結。原民會表示「書寫系統」位等文字，而非國際音標只是拼音符號。以各族慣用之羅馬拼音為基礎而修調定稱者，有如原住民的「新文字」。事實證明，原住民追求的是文化感情（羅馬拼音用久了，早已內化成自我文化素質的部分），而非與之情愫無關的國際音標工具。

本冊後半幾章，分論教育觀念與教材的問題。秦葆琦檢視了十族原住民鄉土文化教材後指出，各教本由本族人負責編纂，他們對內容大致均作了正確的判斷與選擇。不過，傅麗玉提醒編書不宜過於保守。她主張不應只有單一世界觀，包括師生在內，人人應大聲講出自我世界觀，再從中發展出更新世界觀。原住民除了秉持傳統世界觀之外，更應習得「世界觀的轉換」機制，方能適應世界無所不利。董嘉勝鼓勵學生認識原住民藝術作品，期望大家針對作品能予以描述、分析、解釋、及評價。此一美學教學建議，事實上即在使年輕學生進入另一不同文化的世界觀，以享多元果實。不過，黃志偉與熊同鑫則提醒在多元文化流行潮之中，勿忘時時深刻反省。畢竟有時保守屬性的多元主義反而常會潛藏害事。

如上種種問題，回到全球性原住民命運的宏觀角度來看，則憂喜的確參半。高德義論說了原住民運動的回響，也指出困境的所在。其中最難解的，就是國際法與國際原住民組織的聚焦無力，以及國族－國家（nation-state）的堅強不墜。不過，南方朔明舉出世界原住民優質政策冠軍加拿大與亞軍澳大利亞的例子，點到了當代國家不見得冥頑不化的事實，而原運的喚人良知潛在力量仍是強大，好日子總有一天會到來。本冊放入「世界人權宣言」和「臺灣原住民族權利宣言」兩份文件資料，輝映第四世界實踐的紀錄，述說著民族之路漫長，但仍有無窮希望。臺灣《原住民族教育法》晚近出現，書寫系統也才拍板，有人嘆晚，也有不滿批評，但它們代表「我要主控教育」（而非被教育所控）之社會運動的成功，也是原住民主體性正在作用的明證。

＊本文原係《舞動民族教育精靈——臺灣原住民族教育論叢第一輯（民族教育）》導論，孫大川編（二〇〇六年：頁四－五，臺北：行政院原住民族委員會）

多元與多元之後

「多元」、「多元文化」、「多元文化教育」、「多元主義」到底是什麼，或者我們是否應採取上揭各項原則或精神來安排生活等問題，在今日臺灣，早已不是須依公共討論來取得答案的了。比較精確地說應是，不需再作任何研究或商議，當前臺灣唯一政策之路，就是多元文化主義。嚴格觀之，對此，臺灣並未曾經過一豐沛官民學教各方意見交流的歷程。只見在長期「發展」（development）與「進步」（progressiveness）邏輯幾為唯一價值的時空中，突然，不知何方傳來多元主義的思想，接著，大批擁論者出現，多元於是成了不需檢證的新價值。此一特定現象在教育領域上最為顯性。

本論叢《文化教育》是書，計收錄十五篇文章，其中冠有「多元」一詞者，就有七篇，另有四文標題不見「多元」，但內容仍以之為主。吾人可想像本冊編輯團隊四處尋書，結果發現上下翻找，就只有「多元」文章，進而自然書籍編妥，即成了「多元」的專號。教育哲學史的研究者看到今天景象，首先當是深刻感受蓬勃氣氛，繼之恐怕必須費神設法找到緣由。

多元洪潮中，李文富主張國家的支持與協助才能竟功，而許育典則認為在以原住民學生人格開展為核心的教育設計過程中，國家應中立與寬容。李瑛另提到互為主體的對話與夥伴式的合作關係。李文富與許氏各佔極端（即國家應進入協助相對於國家應中立），而李瑛取中間說（即大家夥伴對話），據此，足見論述立場的多重性。至於陳伯璋以及劉美慧與陳麗華合著的兩文，則從課程規劃角度出發，大力疾呼多元文化素養或觀點及文化或學生學習主體性的重要性。它們是為多元唯一價值的論述典型。

在大量參引翻譯西方論著，卻不見批判質疑的情況下，游美惠呼籲應建構多元文化教育的本土理論。張建成表示臺灣應有一「複數形式」的文化教育，而其中原住民更需一完整的文化教育模式。誠然，原住民若欲獲致完整的教育模式，有一堅實本土理論作為基石，想來應是達到理想目標的必要前提。

譚光鼎切入實務，提出了十三個多元文化教育的途徑。換句話說，臺灣值得按此步驟一一實踐。不過，王雅玄略帶憂心地表示，一直以無異議的多元文化「向前衝」，恐非最佳策略。他認為我們應留意「認肯的極限」。換句話說，非原住民可能在多元的環境下認識了原住民文化，但不料卻因知悉其內容，反而不認可或甚至厭惡該文化。有些「認肯」甚至是假的，或是暫時容忍下來罷了，有一天反感匯集爆發，後果才令人擔心。高淑芳發現原住民地區非原住民籍教師比率偏高，而且流動頻繁。漢籍教師總待不住山地或部落。令人不安的是，形式上他們最有機會瞭解原住民，但卻不會因此而思久留服務，難不成這也是一種「認肯極限」或甚至「不認肯」現象的反映？王雅玄的提示有其實質意義，大家應共同關心類此問題的後續發展。

陳仁富介紹了美國賓州州立大學名為「新開始　新視野」的教師在職訓練計畫。他發現受過訓練的教師，在協助具文化與語文差異背景學生學習時，具有正向的效果。外國成功例子的引介，是否得以見效於臺灣，仍待觀察。張駿逸回到宏觀角度，直指臺灣原住民教育是否得以成功，端看全民多民族（文化）觀的建置情況而定。賓州大學的教師訓練計畫項目中有多語言與多文化的學習，若將之放到全國性的教育面向，則自然可使全民親臨類似張文所指之「多民族文化」的情境。或許政策致勝關鍵就在此。

「文化教育」的「文化」所指，在原住民教育範疇下，當然就是族人部落傳統生活形質的價值和觀念慣習。經由「多元文化」的實踐，原住民文化才有機會得以維繫。然而，政策是一事，是否有法律保障則為另事。本冊入選章忠信、林佳陵、及李崇僖所著三篇關及原住民智慧財產權、民俗創作與傳統知識之法律保護的文章，即是認定了日後該議題勢必愈趨重要。章文指出，即使在已開發國家，要真正落實保護原住民智慧財產，仍是困難重重，何況未逮已開發成熟的臺灣。不過，他也呼籲我們必須要不斷教育宣傳，同時密集參與相關的討論。林文則對立意甚佳的「原住民族傳統智慧創作保護法草案」提出質疑，她期望包括「創作」如何認定以及財產權歸屬何方等在內的細緻問題，能在法條中被具體地釐清，才有保障的效力。李文點出現代法律體系與傳統社會傳承累積下之知識遭逢過程的困境。他建議法律人類學能作進一步的探討研究。

《文化教育》本冊內容不可謂不豐，尤其焦點集中，先是「多元」，再論多元後的具體措施。閱畢全書，掌握了原住民文化教育面貌，也知曉學者、教育人員、法界人士、與族人的關切所在。大家的確需再多參與，開展新穎公共論述，先提昇對原住民「文化」的知識，再來談「教育」的可能性。

＊本文原係《舞動民族教育精靈——臺灣原住民族教育論叢第二輯（文化教育）》導論，孫大川編（二〇〇六年，頁四—五，臺北：行政院原住民族委員會）

雨林不見雨，卻有永誌溫馨

林嘉運來自馬來西亞，二〇〇〇年代中葉，曾於臺大人類學系唸書四年。我和他有課堂教學及研究計畫參與之緣，但，彼此少交談，或許兩人均屬不喜閒聊輩。他書中提及討厭太多說話。話語既收斂，文字功夫就可能反映出精鍊，畢竟，比別人空出的多時，就能好好整理思維寫字。本書內容小品，文筆輕鬆，卻能暢快闡述文化相對相處相調侃的趣味。這份趣味代表人類學家具有的一份福氣，他受到善待，於是，生動田野點滴，方得以細述有料。另一方面，這份趣味也代表「被研究」群體的慷慨人情和令人動容的文化專業。終於，兩造對眼合意，好書也就現身。

謝世忠來自臺灣，二〇〇〇年代尾端，曾至吉隆坡馬來亞大學訪問研究兩個月。此番乖乖隆地咚，飲了百桶冰啤，全是嘉運的敦促貢獻。我倆既懶得說話，當然水料伴佐，就顯現出必要性。不久，過往臺北相處的缺漏陌生，逐一獲得補齊，師生二人形影不離，人類學與原住民話題，此起彼落，喝一杯講一則，那麼，請猜猜百桶造就了多少相關對話？

嘉運／Chan-ing／Ing同一人。我還特地為他考證為何當初「嘉運」一詞，祖母福建或潮州話唸成Chan-ing，終而中英文名字確定。Semaq Beri原住民朋友聰明，乾脆就只稱Ing。全書但見Ing來Ing去，而這位Ing先生就如青蛙大哥般，躍東跳西，忙著參加巫術祭儀，卻始終「遜咖」，聞不見「鬼聲」，或者焦急地尋覓每天必定消失幾個的魚罐頭，最後豁然於自取需求的共享價值所在。一次次文化生活情境參與，作者從被問「為何眼睛小小」，到有點「怒」地要小鬼頭們不吵，接著食衣住行狩獵網魚爸爸媽媽小孩等等樣樣來，一名人類學者的養成，終於有了影子。

大馬兩月，和嘉運討論過當時正被馬大指導教授放牛吃草的碩士論文，見到他焦慮，心想或許當事者曾跑回彭亨部落找人一起哭吧！因為好像比較了解他的人，那兒居多。嘉運兩次帶我造訪從吉隆坡當日可來回的原住民社區，雖不是他學位田野地，但，從與人應對談天觀之，立即可感受到十足的專業氣氛。由於學界長久漠視，嘉運因此一直很想推廣地處大陸地區之西半部馬來西亞的原住民知識，其中就考慮過與好友共同翻譯四十年英文古典作品，計畫或許已在進行。今日本書的出版，小小出乎意料，我不知他在苦惱論文口試之際，還念念不忘茅屋河畔作法去病，以及每天處在有毒等級高低階段和甜到不行之食物選擇情境中的大小村莊老友。

唸完書，突然發現，對喔，《「雨」林中的人類學家》，根本沒遇上下雨嘛！全書不見雨來之時，沒談雨水泥漿路途，也無熱雨連上赤道病症的問題。「雨林」引人思索生態，環境人類學必會關切族人生存土地的飽受威脅。嘉運《隨筆》大作尚未觸及，但我相信那會是他另一發展重點，下回好書就揭曉。不過，印象中，馬國就是天天雨落，彭亨州更是高量，所以，書中對族群文化生活正常運作的描述，大體應就是生態好樣的印照。我們也期盼如此。Ing與村民隨心，與謝老師隨緣，與廣大原住民隨叫隨到，寫出了隨筆是書。他就是這麼一個絕頂義氣的好朋友好作者，不善語言，卻服務朋友到家，也出版給你好看。

非常非常高興看到學生好友文筆有成，人類學學得透徹，我們才能見著田野工作者與在地族群的溫馨往來。雨或稍歇，大夥兒又出來聊天，Ing想接下姑娘遞來檳榔，無奈不成，因為那代表不久應準備迎娶。實則因為帥哥自己才在家裡剛新婚不久啦！嘉運學位、嬌妻、新書三連貫，好消息奔告，我既也是復興鄉泰雅大哥友人口中之「馬來西亞」的熟人，當然喜而提筆，為溫暖動感之民族誌號外寫序祝賀。

二〇一一年二月十七日寫於新北市安坑偏壞不見雨林，卻是雨滴不停的山坳頂上。

＊本文係林嘉運著《雨林中的人類學家——Semaq Beri村隨筆》序言（二〇一一年，吉隆坡：大將）

演化、演變及演出

——代序《150法則》中譯出版

小學生在自然或博物課程裡，開始接受物競天擇的演化觀念，然後，初高中生物課繼續強化，到了大學分科揚鑣之時，它業也成了人皆熟透的普通常識。換句話說，「適者生存」一語，大家侃談，習以為常。習常的結果，弱肉強食的社會競逐，見怪不怪，總是強者出頭，引領一切。演化（evolution）對不少人而言，更正確之詞，應即是「進化」。作用於人類世界的「社會達爾文主義」（social Darwinism），就是進化論的另稱；越進化者，越有生存機會，也理應如此。強凌弱，極盡剝削壓迫扭曲之能事，習常不怪。無料，人類向前，以此為據，其實正是危機所在根源。

本書直譯書名可為「一個人到底需要幾多好友？——鄧巴數字及其他演化警語」（How Many Friends Does One Person Need?——Dunbar's Number and Other Evolutionary Quirks）。作者羅賓・鄧巴（Robin Dunbar）是英國牛津大學著名演化人類學與心理學家、靈長類學家，更是人人稱道的科學普及社會服務典範。本書正是鄧巴教授一九九四至二〇〇八計十四年間的報章雜誌演化科學迷妳文章集彙。全書深入淺出，章章主題引人入勝，一口氣就想讀完它。作者為何寫這些？矯正一般對演化認識的謬誤或膚淺是也！

不論是普通常識的達爾文演化論，還是借用達爾文之名的人吃人社會進化信仰，或者不少反演化論的生物學者（如主張聰明的人類生活機制，必經規劃安排〔即假上帝之手〕的智慧設計論）和人口學家（如中國的一孩化人口政策制定者），在鄧巴博士筆下，通通是對演化論一知半解或不求甚解者。達爾文和塑造他成為大人物的諸多時代貢獻者何其偉大，但，偏偏就是後人不肖，一百五十年了，還是無知甚多。

達爾文《物種起源》（*The Origin of Species*）與接續的鄧巴演化人類學，處處警語，句句深思。現代智人（Homo Sapiens）的故事，或說人科（Hominidae）人屬（Homo）的千百萬年歷史，道盡靈長類（Primates）人猿表親，以及人之範疇內的直立人（Homo Erectus）、尼安德塔人（Neanderthals）等等時光近到幾乎與我們可以握到手問好的親緣悲喜紀錄。人科演化，斷掉了多少支系，更新世（Pleistocene）結束（約距今一萬年前）不久，就確定只存留現代人類一種了。過去人屬近親印象，民間傳說矮小人種（如書中所提之蘇門答臘，另臺灣原住民各族亦流傳豐富的相關口語故事），或許可供我們些許思古緬懷。而猿兄弟方面，今天正處於岌岌可危境地，它百分之百是人類自己惹的禍害。禍害根源何來？誤解或濫用或輕忽演化論，是為關鍵主因。

人類的開發與醫療發明，都是進步表徵，建設成功和新藥救人，均以楷模得獎。但，短視的幸福，卻往往換來不久之後的演化大反撲。超級細菌和抗藥害蟲經天擇過程，適應了新環境，回過頭繼續惡整人類。人們無所遁逃，傷亡更大，等到有一天依慣習發明策略，找出新解，暫緩了危機，但，對方也非弱者，牠們也能再度復出，新解全數失效，人類大災難又起。達爾文與牛頓號稱近現代兩大成功之科學大家。前者論述尤其與人類命運息息相關。大家應再重讀《物種起源》，深度結交達爾文，面對演化，可有著我們重重反省的必要哩！

從大範圍的人科人屬，談到中範圍的人類自身，作者也未忘卻個人內部的演化效應。「腦內啡」是書中一再強調的人體自我生成平衡機制。它的產出，可以減緩痛苦，也能抑制激動，使個人得到較安全的生存機會。人在與自然環境互動，或和他人進行交往關係之際，腦內啡的分泌，正合當事者之需，甚至，宗教氣氛的形成及其所發揮的心境安定魅力，也是該酵素的成功作用。類似音樂的媽媽兒語，更是其中典例，嬰兒可懂，開始微笑。

鄧巴教授清楚地解釋了人類物種與文化語言的演化。但，嚴格說來，輕視演化論或弄錯了方向的現代人類，照樣存活至今，而且沾沾自喜各項成就。他們不顧演化法則，自己將自我世界演變至此，人人不斷演出最為極至的發展建設成果。演出（performances）與演變（change），取代了演化，成了最高價值。今天人類的種種道德感，其實並不一定遵循演化規矩，它甚至可能正好反其道而行。「鄧巴數字一五〇」是什麼？它不是魔術方塊解謎，也非樂透中獎號碼。鄧巴教授發現人類腦部皮質神經的最廣接納容量一百五十。它使人們有效記憶一百五十位親友，傳統部落組成一百五十人最宜，軍隊基本連隊人數一百五十。腦內啡與一五〇配合，這種狀態最為舒適快樂。一五〇當然不是剛好一百五十，它是一百至兩百三十的大約均數，人類可以彈性容涵吸納。鄧巴數字一五〇是最成功的應用人類學／心理學例子，因為有越來越多國家，正設法以此數字規劃包括稅收和教育在內的措施，期望合於人類演化的自然天理。

本書當然不是怪力魔冊，教人神秘兮兮主義。它有巨視關懷，也富微觀細膩。人類演化路途，遇著的難題無數，但，全新世（Holocene）農業革命之後的種種，多半咎由自取，再不收斂亂演亂變浪蕩風格，回歸正統演化道理，超大危險正擺於前。一五〇不是教你作生意密訣，它反而是一種尊重科學的謙遜呼喚，誇大剝削成習（如一下子號稱臉書上千友人或「桃李滿天下」總掛在嘴邊）的當代人類，可要好好學著。

二〇一一年二月二十六日寫於文筆山下綠中海陽光透窗上午

*本文係羅賓・鄧巴（Robin Dunbar）著，黃薇菁譯《一五〇法則：從演化角度解密人類的社會行為》序言（二〇一一，臺北：商周）

典慶的觀光與弱觀光

十年前（二〇〇二）國立清華大學社會學研究所張維安教授邀請筆者共同研究竹苗臺三線客家鄉鎮的文化產業，合作成果即是二〇〇四年出版的《經濟轉化與傳統再造——竹苗臺三線客家鄉鎮文化產業》一書。原本以為，自己不算客家專家，所以，此後若欲再進行一項客家大研究甚至又見專書，恐怕不易。然而，既結上了緣，似乎總有綿延心情關注，進而動身研究的機會。果然，二〇〇九年出版前書的國史館臺灣文獻館於「臺灣客家族群史」架構下，公告了徵求研究資訊，經過爭取程序，幸運獲選，和我的老搭檔國立臺灣大學博士班研究生劉瑞超先生（按，劉先生已於二〇一二年五月十四日通過博士候選人資格考），共為研究團隊主角，也均是撰稿人。

完成一項研究，然後寫出近二十萬字言，就已是困難事了，尚且還須求得品質，通過一次次審查考驗。但，我們還是抱頭挺進，不僅不曾撤退，更始終心底順暢，總覺正在作一項好功德。在學術上，張謝二〇〇四年該書，代表甫進入新世紀北臺灣客家鄉親的迎接身影，大家談論並遂行生活轉型，農貌丕變，生態擡頭，新文化經濟正考驗著竹苗各庄。幾年過去，我們發現當前顯現於外者，卻是各式各類串出表現的「典」、「慶」、「節」、「祭」等，有古老銜接，有新式創發，有角落孤影，有熱熱鬧鬧，有客家掛牌，有遊戲引力，有餐食第一，有長官蒞臨，有旅人笑看，有在地靜態，有外地動態，也有今起明落等等。然後，最重要的是，它們都與產業，也就是客家鄉鎮鄉親的今日生計相關。於是，新書書名取了《客家地方典慶和文化觀光產業——中心與邊陲的形質建構》。

本書論述地點範圍仍是臺三線，更且集中在筆者於張謝合著該書的新竹責任區。前書專門文化產業，現本則稱文化觀光產業。換句話說，我們看到文化產業幾近全面的觀光化，而觀光的媒介就是各類祭典慶祝。至於作用的結果，或許可見中心與邊陲的相對景象。亦即，發展成功或名財雙利者與不停鍊鍛或屢敗屢戰者，當於今日新竹臺三線主要八客庄（關西、橫山、竹東、芎林、新埔、北埔、峨眉、寶山），各自清晰分立。的確，我們遇著不少例子，可謂成敗兩瞪眼，但，同時也見證了更多人類過程的實驗。一切均是一種過程，當事者時時處於運作調節之中。在地人們尋求自我調適，也學習認識時態，不成者，可以改換方向，因此，敗不是敗，成也不見得常勝。中心與邊陲交錯顯現，中心往往不一定就是想像裡光鮮亮麗或具有實力的中心，而再怎麼的邊陲，也能轉置新希望的角度。有時我們欲求得傳統，卻在熱鬧中心遍尋不到，因為觀光剪綵和商品人氣蓋隱了它們。反而，非觀光或弱觀光的鄉民日常場域，方能感應祖先容顏的精神。

張謝二〇〇四與謝劉二〇一二，可謂竹縣客家文化變遷的連續宏觀觀察紀錄，其中也分別涵括有微觀幾處地點的集中描述。它們總和囊括客家十年的努力故事，二書或也開啟了些許大家可共同思考的族群發展方向。筆者和學生一起共創事業，一定分工明確。兩個人參與，就二分公平。本書當老師的人，主筆第一、二、五、六、九、十章，學生身份的共同撰稿人寫第三、四、七、八章。筆者一向搶章節字數較少者，例如前言結論，勤勞的劉瑞超先生只得扛下最重份量的全書主體部份。原稿字數曾不達委託機關的要求，於是劉先生很快補足了內容。最後，筆者再次全文掃視修潤，力求語調用字統合。

本研究執行與本書撰寫過程承楊鈴慧、張惠琴、張育綺、林仕粧、陳怡萱、趙化吉、楊采華、蘇怡萍、張雅婷、鄭立帆、郭欣諭、陸泰龍、陳彥亘、王鵬惠、張嘉倩、李慧慧等諸位學棣多所協助，至為感激。臺灣文獻館支持本案，耐心等待，十足偉大機關的寬宏海量，各位審查先生的撥冗閱讀初稿，細心指正，令人敬佩。田野各地慷慨提供看法的地方鄉親，當為本書成就的首功，筆者大聲感謝。總之，對於途中經意不經意現身的男男女女，老老少少，除了謝謝還是謝謝，敬請指教囉！

寫於文筆山邊綠中海Ⅱ大大陽光照亮的二〇一二年六月十日下午

＊本文原係謝世忠與劉瑞超著《客家地方典慶和文化觀光產業：中心與邊陲的形質建構》序言（二〇一二，臺北：客家委員會／南投：國史館臺灣文獻館）

二十年之後

一九九四年春天，臺大人類學系碩士班招生口試場內，坐著一位長髮垂邊的年輕考生，緩緩敘說著自己從數學研究所期盼轉唸人類學的心路歷程。人類學系屬文學院，當下來了這麼一名理科的「不速之客」，考官們瞪眼豎耳，無不想弄清這位小姐哪遭覺醒，決心貢獻於此一總是靜靜角落寫文章自娛，而卻不一定娛人的浪漫學科。二十年屆滿，秀髮還是垂著，今天，這個了不起的女孩，正於大學專業人類學系所升等副教授，然後，一本新書即將問世。她是誰？——我所驕傲的學生邱韻芳博士是也！

筆者研究北東南亞操泰語系語言的傣泐人（Tai-Lue），許多人問，為何這族而非那族？答案令人氣結——因為當年美國求學，大學裡只學得到泰語，也就別無選擇了。韻芳呢？她正式當人類學系學生之前，曾於影像製作公司任職，常跟著攝影機跑山地，因此，喜歡上了原住民文化。但，為何太魯閣最終雀屏中選？理由笑果比她老師更勝一籌。原要研究布農，然，該族峻嶺為伍，風清寧靜，不是每次應對，都會長篇表達，此回遇上初入田野的羞澀膽怯，問句往來，只聞「是」、「不是」或「對」、「不對」，然後沒了，接下來雙方只能尷尬傻笑。

難怪一九九六年夏秋間我到花蓮布農東光部落探望忙於碩士田野的她，學生一見老師，二話沒有，只有嚎啕大哭。情急之際，就帶著挫折青年北走，介紹認識秀林鄉地區友人，這或是韻芳與太魯閣族的初面之緣。自此，小姐就黏上太魯閣老老少少，方才有博士論文以及這本書的誕生。

韻芳手寫字體漂亮，寫作文字也亮眼。讀她的作品，水流順暢，乾淨俐落。不信就請讀看看。這是新書一大優勢。人類學民族誌為何難以娛人？多半緣由是，一本本厚厚重重，但見刻版記錄，語詞晦澀，又把人家文化解剖的支離破碎，不僅難以有效據此告知大眾，人類學到底在做些什麼，更距造成寫讀之間的動人場景極其遙遠。韻芳是書無此通病，很學術，卻親切明朗，閱之快活。

雖是二〇一三年熱燙燙出爐品，全書實是二〇〇四年臺大人類學系博士論文的基體。當時還算年輕的指導教授，曾逐字細看修潤，事過十年，突然必須寫序，差不多年已稍邁的指導教授，扛起花眼，不得不再回頭重覽，此時，感受作者果然優質，外加內容多處，還有自己當年的一份心力痕跡，很是溫馨。重讀真是值得。當然，順便也在猜猜不知有沒序言稿費?!

人類學的臺灣原住民研究，至少持續了一世紀，韻芳加入行列，成為詮釋者之一。當初若一直布農，也許單純些，但，偏偏她踏進最被紅臉辯論的話題領域——泰雅的*gaga/utux*與太魯閣的*gaya/utux*。*Gaga/utux*或*gaya/utux*到底是什麼，研究者前仆後繼，一代接一代，一文數落一文，凡是遇著公開自己的蹲點材料場合，多數就是準備糾舉諸位早班學者的看法。這場

「文化揭秘之後，到底看到了什麼」的競賽，仍在持續。韻芳是書出版後，不久必會召來下一波參與者，然後繼續於神、人、特定祖靈、泛祖靈、善靈、惡靈、不辨善惡之靈、*gaga*/*gaya*的單一規範性抑或多重動態性、以及祖靈是否位居上帝與魔鬼之間等等範疇上，拋出無休無止的挑戰。曾有學者看到一篇泰雅文章申請出版，翻來閱去，見不到*gaga*敘述，馬上表示反對，理由是「沒提*gaga*，所以不深入」。*Gaga*似乎成了泰雅宿命。但是，或許在某一地點上的人家，真的忘掉它了嘛，只是仍堅持自己是泰雅罷了。無奈，凡是遇上僵化了的學究觀點，此舉必被認定期期以為不可，因它背離了人類學始終心儀，然卻多半是自我想像居多的「傳統」絕對不能找不到之執。沒談*gaga*，不是泰雅之作，不論*gaya*，太魯閣族研究排不上。

韻芳討論*gaya*/*utux*，會不會也是這般宿命驅使？當然不至於。她除了跟著我寫碩博士論文，也修過我開的八門課，這個小女生，在記憶紀錄中，總是盼望於花式花樣的人類活動中，尋覓一個合於人性與大時代背景的道理。據此，她的博論和這本新好書，最後方得以「拼貼式」、「一個集合體的神靈泛稱」、「並存－互補」、「修補術」、「黏著劑」等等挪用或創用的概念語詞，對當代太魯閣族人宗教變遷，作了系統性與邏輯性俱佳的解釋。

基督宗教占定位置之後，在原住民文化運動浪潮底下孕育而出的「祖靈祭」新傳統，很快的就被「感恩祭」稱名所取代。韻芳認為「感恩祭」是新傳統，但，我比較主張「祖靈祭」才是新傳統，因為，無論如何，凡用上傳統一詞，當即須有傳統文化生活的要素在內。一旦「祖靈祭」變成「感恩祭」，新傳統可謂已滅，此時，*gaya*/*utux*傳統原意指揮方向的生活文化，已然大幅縮水，而實驗中的未來世界則正式降臨。為何說「實驗中的未來世界」？因為，難保已滅的「祖靈祭」新傳統不會反撲。總之，感恩祭的新造世界，應是一須依靠未來決定前途的未定狀態，它尚處於實驗階段。韻芳說「祖靈祭」至「感恩祭」為一「全面取代」的過程，我有保留，畢竟，依「文化不滅定律」角度觀之，好像答案不至就這樣終結句點。

臺灣原有九族，大家習慣了幾十年，突然一下子增為十四族，學界如何應對？大抵也只有配合囉！但是，配合歸配合，每每進到研究層次，困擾立現。韻芳大作同樣也難脫困境。例如，敘述中，自然而然會拿泰雅族文獻進行比對，原本比對之後，下筆務要謹慎，以免落入他族印證我族的讀者批評，然而，防不勝防，有幾處真的就是想當然爾泰雅等同太魯閣。我雖不認為這有何嚴重的方法論缺失，但，今天是ethnicity高張的時代，不少族人錙銖必較，一絲一毫不能弄混我族他族，研究者因此面臨更多的說明與澄清義務，這點建議韻芳還是要多花心思。

韻芳是作，不卑不亢，採用的策略是溫柔批駁法。一堆前著，碰到邱博士溫柔巧手，或許不癢，卻會痛痛好一下子。例如，多位「唯反抗論」的歷史或民族學研究者，一向理強氣豪地主張太魯閣抗日持續十八年。此說就被韻芳糾正為，其實雙方協商和平期甚長，不宜為彰顯英雄，從而只認打仗勇事，甚至誇大效應。還有，眾*utux*之中，是否有一具超級神聖公正不阿性格者？有人說有，因為如此才能平等裁斷俗事。但是，韻芳質疑此一有如全能上帝般獨一無二的神聖*utux*，應不存於傳統社會，它的出現與基督宗教傳入泰雅和太魯閣社會密切相關。凡此種種，在在凸顯本書作者學術角色扮演的成功，換句話說，一個公式：實事求是，細膩地鋪陳材料，然後一舉汰換掉證據不足的先驗研究。

為韻芳寫序，不是因她全書參考我的著作最多筆。事實上，對於這些引文，參用者多的是質疑，或者直接表示不那麼同意。當老師的，看到學生作者詳加論證，有憑有據，不僅佩服，更是滿意「名師出高徒」的前人用語。當然，「吾愛吾師，吾更愛真理」和「青出於藍，更勝於藍」，講的也不錯啦！

我的這篇序文，有俏皮，有嚴肅，合於雙子座個性。韻芳和我都是雙子，相差一個鼠豬輪轉，有緣二十年，仍在繼續。買書人看序歡樂，抑或讀冊心喜，我都支持。反正相信我倆就對了。

寫於二〇一三年十一月十七日北投下午茶空間

＊本文係邱韻芳著《祖靈與上帝：花蓮太魯閣人的宗教變遷與復振運動》序言（二〇一三年，新北市：華藝）

擺夷與老黑的生存穿越

人類學者專門為各個角落人群寫故事，故事寫得親切，無論冰原老林沙漠山頭，凡有人居，必能動容讀者。本書此等效果鮮明，閱之喜悅，更一下子拉人至亞洲地區千里遷徙的大時代歷史情懷，對於敘事中的大媽大爹人物，不由產生敬佩之心。吳秀雀女士獲有人類學碩士學位，年輕熱忱，知道文化分析道理，也能細膩誠意與人交往，於是本書的成功，早有跡象。本人受邀寫序，感到榮幸，稿子帶在身邊，臺灣寫到寮國，又轉往東北亞，過年前交卷，為書的出版祝福。

臺灣南投清境農場住有來自雲南軍隊配上大陸東南亞尤其是緬甸北部非中國漢人眷屬的人家。此事早有人知，當然就是人類學家，那是一九八〇年代初期的宋光宇先生紀錄。二次關注該批多元族裔社群者，依舊人類學圈內人，本人其一，國立清華大學孟智慧同學其二，主要均為進入二十一世紀之後前三年的考察。又隔十年，如今的秀雀，集了大成，將擺夷（中國民族識別的傣族）與老黑（拉祜族）外加其他族民的資深女性，一一描繪，少女可憐，青年苦極，老來母性包容，自無邪童年緬甸一直到臺灣山林披荊斬棘，現在則觀光旅遊兼有文創營造。每一老媽媽，都是經典生命史的潛在報導人，她們記憶猶新，觀察敏銳，文化衝擊震撼，講出來的一件件事情，都是如此有趣有淚。秀雀很會寫字，文筆清新，拿到新書，包準毫不含糊，一定一口氣看完。

本人在美國唸書時，被教授期待成為東南亞泰學專家，回臺教書之後，花比較長時間在原住民族群變遷議題，有點疏忽了泰寮文化專長本業，清境（事實上也包含桃園和高雄屏東的類同族裔組成社區）的研究，應是為自己重返東南亞作準備之舉，此後就真的專心寮國的課題，年年跑那邊田野。作為一名人類學家，實在不應就這麼放著這邊老田野地不管，當然心急得很，卻也分身無奈，秀雀是我學生（國立暨南國際大學邱韻芳副教授）的學生，跑上清境，從此駐足。師公怠忽，師孫接棒彌補，方才稍稍寬解心頭惦記著山上老友平安的壓力。謝謝秀雀，表現可圈可點。

本書的優點不只是敘述了大媽們固有的「異族異邦異文化」老傳統，也點出她們數十年融於夫婿雲南地方生活方式的過程，更能加碼探討面對臺灣本土與當下全球意識濃烈狀況的景象。秀雀找題目，必花了一些時候，最終確定「舂辣椒的滋味」。這意味著作者認定特殊之製作與享用辣椒的種種行為觀點，足可代表現在的清境女性生活，它是文化，是懷鄉，也是族裔慣習，當年在山上，我也喜歡得要命，天天天下第一辣闖關，屢敗屢戰。

人類學的眼力，很快地可以分出清境「擺夷」三村的內部區辨情形，也可看透三村與村外資本家建蓋歐風大民宿的劃線所在，亦能聽聞農場變動和村民關係轉換的點滴。這些都在延續，也不斷有所變化，我和秀雀間隔的十年，縱然不是人事全非，也大有不同了，至少我的時代大爹報導仍多，而秀雀當今則全數大媽當家了。在地人和外界互動增多，內在整合力道也有所加強，甚至加入投資賺錢或合作種花賣出等等，寫出了適應與創造的雙重努力。

人類學當然最重視文化。清境看到什麼文化？單是「擺夷」一項，就夠吸引人的了。不過，還是需要後天製造，才能產生效果。公部門和資本家首開宣揚與製作「擺夷文化」之舉，那是我上山的初期。意料之外地，它不僅延續至今，越來越多村民不是予以配合，就是自己也來開創發明，於是各種西南少數民族意象（如麗江與西雙版納之名的餐館），紛紛現身，「文化活動」如火把節和長街宴，就算根本不是擺夷家鄉傳統，也能短時間內習慣有它。觀光文化與在地生活交融與共，寫下典例。秀雀對這些都很了解，所以，寫得清楚，也交代條理有序，值得好好閱讀。

有這麼一本書出版，留下人類刻骨銘心經驗故事，秀雀立了功，清境大媽和她們的家人也辛苦了。半個世紀流轉，異國異族終變國人，大家應多多認識，用心體會皺紋乾膚底層藏有的大媽勇不屈撓精神。

寫於大韓民國新濟州，二〇一五年二月十五日

＊本文原係吳秀雀《春辣椒的滋味：清境義民人群之認同內涵與變遷》序言（二〇一五年，臺北：開學文化）

異的呼喚

「人類學是研究異文化的學科」。這似乎是一個普通常識，多數初入課堂學生，均能獲此印象。但是，異文化又是什麼？簡單的思維就是，出了國所見都是異，那裡的人是異族，他們的生活就是異文化。那麼，不出國研究，就沒有了人類學？實際的情況好像又非如此。所以，我們又當如何理解或釐清相關情事？看似普通簡單的問題，其實常常在困擾大家。這就是人類學方法論的令人疑惑之處。我們藉由年會活動，各方學人學生匯集討論，希望能更深刻探索作為一個試圖了解人的學科，在今日的臺灣場域上，如何扮演更具成效的角色。

我們日常會使用「異想天開」、「異樣眼光」、「怪異眼神」，以及「靈異」、「詭異」、「奇異」、「異色」等等詞彙。換句話說，不需要等到人類學帶進異文化和異族的概念，本土生活內容早已經異來異去不知異到多少回了。自己的世界裡，事實上即已充滿了異。文化承載者如何看待那些異？當事人不易自我分析，所以，此事就交給擅長發現異之所在的人類學了。於是，人類學者研究自身所屬社會文化，多數也是在其中尋覓何處為異，有了異，寫出來的報告，才會像人類學學問。凡是本土人寫本土而被公認成功者，當多是跳脫一切的習以為常，從而使讀者仿如震撼到地驚呼「啊！我的周遭竟如此生動有味啊！」。只是，靜下心來之後，檢討的問題之一：我們的本土民族誌文本，可有多少具備此一生動效能？

傳統上的異文化或異族概念，比較接近異邦或異種族的認知方式，也就是將自己和絕對與已不同者，清楚刀切為二。這很容易區辨，操作上沒有困難，尤其以西方文化為基礎的認識世界方式，早就是以非A即B，非白即黑的二分原則為要，影響所及諸如文明與不文明，先進與後進，都市與農鄉，甚至大社會與邊陲社群等等對位架構充塞於心，而人類學者多屬出身自前者範疇，至於被研究者或報導人所屬群體，則泰半就是後者範圍內的居民。前往部落農村角落山地，一向是人類學工作者首選田野對象。當然，學者總是自我辯解，因部落村寨社會整體性高，而人類學欲探究全貌運作過程，所以就以其為研究範疇。無論如何，人類學還是需要先自我說服：即將被我調查記錄的人群是一種「異」，才能告訴大家自己在做人類學。都市人所陌生的邊角人群，相對上或界定上就是異，據此，人類學終於有了學理基礎。不過，我們需要關心的是，此一學理背景應該如何接受檢討？

就臺灣而言，如果無法出國去，那麼在國內可以找著的最異，就屬原住民了。為何？在「他們」與「我們」的對位架構下，其一，他們是南島語族，我們是漢藏語族。其二，他們是部落，我們是都市。其三，他們有母系雙系，我們只有父系。其四，他們維繫著傳統物質文化，我們已經全面西化。其五，他們不是古老祖靈或泛靈信仰，就是基督宗教改宗，我們則是民間信仰祖先崇拜。其六，他們樂舞祭儀各族完整一套，我們樂舞祭儀已成民俗另套，或者所剩無幾。這些清楚的劃分他我，一世紀以來，足足吸引了成百上千以上的專業研究者前往探異，繼而完成不少民族誌報告。只是，靜下心來，檢討問題之二：這些民族誌有否成為膾炙人口經典？

回到一個老問題：南島族系原住民真有那麼異？求其表異即是「他們」與「我們」對位架構的展現。他們與我們同講中文，讀同本教科書，上一樣的大學，職場交錯，婚配自由，交友自在，生活起居一起現代化，現今到了部落，根本不知抵達了，因為在地景觀就和平地或漢人城鎮一班。於是，這種傳統認知的互異，好像已經不那麼吸引人了，反而經由全球化衝擊所造成的人心叛意或者在地人的文化逆襲，以及自由意志倫理觀念風潮下的異類求同，例如認同非異性戀者的人生觀等等，正是引人入勝的進步課題。異性戀者和同性戀者站在同一陣線，他們是同類了嗎？還是原本異性戀和同性戀就是二個不同類屬？又，我應支持國家的經濟建設，還是效忠泛人類價值，如非核或反對工業污染，倘使此二者有所衝突的話？衝突二方都是同一國家的國民，都是精英階層，都生活於都市，都是同學同事同鄰坊甚至同一家人，那麼，他們是一類人，還是彼此互異？

人類學找異可以無限發展，因此，在自己國家社會裡作研究，不怕沒有好題材。臺灣人類學的學科建置，係從內部的異開始，也就是自日治時期即打下基礎的原住民社會文化研究。時日累積後，即形成了特定的研究傳統。也就是說，本國題目自原住民到漢人社會，都能發掘出被認可的課題，繼而成就研究論述。但是，就原住民課題來說，西方學界的參與者並不多，因此，迄今仍多屬國產知識。推動它的國際化，或說引來外界學術團體的關注，尚持妳（你）我大大努力。反而漢人傳統農鄉社會，一九六〇至一九八〇曾有大約二十年的英美學者密集田野，本土學者藉此獲得較多對話學習機會，因此，到今天仍是臺灣具代表性的人類學國際知識紀錄。當年臺灣的「中國社會」研究，對歐美學者來說，當然是一種異文化的探索，而本土研究者的協力參與研究，一方面有校正對方誤看在地資料的功用，另一方面則觀摩到在自己家鄉如何觀察異跡象的技術。如此以往，本土學術傳統定了型，臺灣學者繼續研究臺灣題目，就少有人質疑它是否違背人類學研究對象理應為異文化的基本原則了。

新世紀的今天，年輕學者紛紛出爐，他們帶進一部分新的異觀。有的或真的堅決出國田野，或細心認出本土社會裡不同個人團體間價值觀念或世界觀的大差異，抑或重新解釋各種人群類屬如客家、原住民、以及東南亞外配等等的專題內涵，然後繼續給予學理分析。多采多姿的題目不斷冒頭，不論個人的田野行旅走了多遠或多近，令人刮目相看的佳作始終不會闕如。

我們設計今年年會主題大致即基於前述的觀察。人類學尋異論異寫異的方法論原理，在當下情境中，是否可能產生動搖？或者不再有異的要素，也是人類學可能的擇選課題？我們期望大家組團報名，或獨立參加，以開放的心情，彼此交換心得。留在臺灣繼續努力，翻越島嶼找到帥又酷的題目，或者域外域內跑來跑去，各式各樣尋異或不尋異的策略都應獲得支持。但，面對人類困境重重的今日，那種具豐盛知識意義又富含警世味道的論述，亦即又學理深厚又與現代一起呼吸之道，似應成為各方所好者的共同精神目標。

謝謝大家的參與，學會有賴妳（你）我一起灌溉耕耘！

＊本文原係作者於臺灣人類學與民族學學會理事長任內，為二〇一七年年會徵集投稿的說明

視界的大視野

新竹地區有二個實力堅強的人類學基地，一有人類學招牌，另一沒有，而後者卻常常最為熱心，不僅曾慷慨提供古色古香場地辦理本會年會，同仁們更多次積極參與理事會，繼續貢獻良多。我在講的正是國立交通大學客家文化學院人文社會學系／族群與文化碩士班。前數月想到需要有單位和個人主導《人類學視界》第二十一期編務，毫不猶豫，立即映入腦海裡的，就是該系以及現任本會常務理事的林文玲教授。這樣講當然有點不好意思，仿如在抓公差，被盯上者，有得苦受。其實就是身居竹北的這個系和這個人，在我過去十多年經驗中，已然是一典範模型，才會自然而然覺得他們一定做得很棒。

理事長開口了。果不其然，林教授回說給她幾日想想，但，根本不到幾秒，就覆函答應了。林教授是本期主編，因此，關於編輯概念和文章內容說明介紹，就由她來跟讀者分享，我不另外贅述。《人類學視界》的「視界」，英文是vision，也就是強調視野廣闊之意。當初創刊，必有此用意，以期相互勉勵，掀開彼此學術靈窗。本期文稿送達手上時，驚鴻一瞥之餘，即有臺灣人類學視界遼遠無界之感。我們可以很溫柔地陳述傳統聚落，可以語氣增強地告知它正激烈質變，可以無奈地確認大都會造成的在地生活已然民俗化，可以堅毅地剖析科技與人間幸福的辯證，可以不安地預想未來文化唯物壓力更巨，也可以靜心地再回頭娓娓道來溫馨人類國度的理想。這些都是人類學，而本期各篇大作，也都在此善盡論述之責。

作為本期先鋒讀者，除了謝謝編輯群和作者們的群策群力之外，自己的知識收穫與觀念啟發，都是無價。當然希望各位先進學友也能一同享受甘甜。本刊不怕缺稿，因為主編強大，作者滿天下，大家等著繼續寫作。近二十年的人類學在臺灣，愈來愈有脈動社會呼吸與悸動文化創意之能量，青年學者躍出檯面，資深老將也不讓前臺，大家一起使學科更年輕活絡。請各位持續愛護本會和本刊，多寫些好玩的，多以驚世小品嚇嚇人，多提出喜悅觀點鼓舞每一位正於臺上充沛展演的妳（你）我。

再次感謝！臺灣有人類學，真好！

二〇一七年六月三日寫於美國奧瑞岡州幽靜市居，Eugene, Oregon

＊本文原係作者臺灣人類學與民族學學會理事長任內為學會發行之《人類學視界》第二十一期（二〇一七）所寫的刊頭語

埔里人類學發凡

國立暨南國際大學東南亞學系邱韻芳副教授是一位活潑可親的學者，她曾經是我學生，現在的各方表現遠勝於我，尤其從其臉書可見，生活樂趣之多，著實令人稱羨。在編輯前期《人類學視界》之時，早有想及每期委由一位臺灣人類學與民族學學會理事擔任總編輯，如此以求多樣化，同時必能帶進廣泛的人類學趣味與理解。問題是，找誰接著編？有親自經驗者都知，錢少力薄永遠是學術普及性期刊的難題。暨大有「原住民族文化教育暨生計發展中心」和「原鄉發展跨領域學士學位學程原住民族專班」二個名字長到不行的原住民教研單位，前陣子網路新聞有排名大學科系名稱哪個最長，我馬上想到暨大有希望，沒上榜還有小失望哩！當然玩笑，但是，正是這二個單位讓我印象深刻，因為後者名更長的那個，在邱老師主持之下，辦得有聲有色，關心原民課題者，不想不知該校有它有她也難。

好了，下一步就是何時開口。按理，要求曾經修習過自己所授將近十門課的學生做點事，應該一聲令下，馬上不敢不點頭。但是，邱老師對我而言，已經是一位令人尊敬的言身雙教傑出學者，不應還是僅是聽從長輩指使的晚輩。於是，我遲鈍獃木了好幾日，最終才出口拜託。當然，我知韻芳會答應，但，她的超級忙碌又如何是好？果不其然，帶著靦腆目光望著老師點頭了。

這下該我擔心了。短短幾月，萬事交攻下，如何編成？事實上，自己好像窮操心了。邱老師過去的努力，獲得豐沛的迴響，一缸子學友學生好夥伴通通現身答應寫一篇。暨大不久前還有一個人類學研究所，如今，在新設學系內服務之原本該所的老師人數，因故銳減成半。想像中，在此等環境下繼續揮舞人類學大旗，必定困難。因此，邱老師和她的團隊誠心誠意接下編務，特別動人。暨大的本期精彩，事實上就是人類學光芒在埔里再次閃耀。

《人類學視界》在網路文潮蓋滿天，以及出版事業大落潮的今天，還能持續發行出刊，學界老中青少幼同夥的支持最為重要。我們一年二期，不太準時，但卻能數字到位，稍可告慰。學會網頁和其他地方刊出之徵稿啟示不是形式樣子而已，那是真的，真心在向大家邀稿啦！拜託有突然文思泉湧者，或者早就準備論說一長篇愛恨人類學者，通通來投。下一期邱老師交棒任教於國立交通大學人文社會學系的林文玲常務理事，相信她必是熱烈歡迎文章不停地丟給她。還有，林老師之後的下一期，學會秘書處拿回自己編，同樣期待各位的傑出作品。反正，任何時候只要有文有寫，立即傳送就是了。

再次感恩各位文采作者，苦勞了編輯團隊，也謝謝認識與不認識的讀者好友總是鼎力支持！

*本文原係作者臺灣人類學與民族學學會理事長任內為學會出版之《人類學視界》第二十期（二〇一六）所寫之刊頭語

專題醒目

兩年前一接下本會理事長職務，立即跑上心頭者，就是一年二期，任內必須出版四期《人類學視界》。此事如何是好，要趕緊有個規劃。很快地，前後二期自家編，中間二期分別拜託二位服務於不同單位的理事主編，即成了原則目標。托大家的福，當然最感謝各期主編的賣力付出，一切均按進程邁開，非常順利。後一期的自家編，即是將主編大任委請張育綺秘書長擔當。她使命必達，如期端出亮相者，就是現在到手之光鮮美麗這一本。很是要得，再次感謝！

當前臺灣，人人力求創意。這真是一個創新的年代。人類學趕上風潮，也要不斷展現新意。本刊最近這四期，就一直專題醒目，文文耀眼。本期當然更新款人類學題目競出，各篇讀來有趣又有感。我們的主編，基礎打在人類學，後來攻讀運動休閒專業，她的策劃特色，果然動態十足，也有滿滿悠悠生活味道，請讀者一起分享。

《人類學視界》雖是由學界同仁所編輯之不是非得要學術格式不可的另類期刊，外界評價卻也不差。今年初大型學術期刊收錄公司，就來邀請我們加入其國際出版流通行列，足見好文章彙集之所在，必有知音好學之眾的欣賞。本會未來當持續發行是刊，讓它日益發達，永保好書良刊的身份。不過，坦白說，每期主動投稿刊物者，並不在多，總是需要主編和總編輯的多路奔波，方能收羅足夠篇數。這正表示社群同仁的熱度尚待點燃加火。一個健全的學術組織，好幾百個會員，當會有充沛參與能量，包括出席學會各項活動，以及率先寫字供給刊物，全力養其命脈。會員同仁先進，各個將才高手貢獻，必是佳作！

二年任期已屆，二次年會圓滿，四期百分百付梓，美好走一遭，感恩多多，祈望繼續支持，也鞭策，也撰文，兩相益彰。

＊本文原係作者臺灣人類學與民族學學會理事長任內為學會出版之《人類學視界》第二十二期（二〇一七）所寫之刊頭語

人類學者嘗試認識人類學界

一、

科技部／國科會迄今進行了二次稱為「熱門與前瞻」之各個學科近期與未來發展的評估檢討計畫。人類學與族群研究學門繼二〇〇五年之後，已於二〇一六年完成最新調查分析報告。筆者擔任計畫召集人，負責社會文化人類學與族群研究部分，共同召集人為臺大人類學系陳瑪玲教授，執筆考古學的部分。本文係以筆者所擔綱部分為基礎，所作的後續延伸討論，以期使吾人在認知社會文化人類學與族群研究知識範疇之時，能有更精準之眼光，以及深具批判性的解讀。

其實，熱門與前瞻的概念，就是一種對學界的認知過程。只是身為計畫主持人，理論上，自己應有機會規劃如何進行認知，以及可以認知到哪一個境地。然而，實情也非如此樂觀。因為，科技部的該項計畫是針對所有學科，所以，他有一基本客觀資訊獲取與分析的規制，每一個學科均應遵循。人類學專長田野調查，倘使此一認知或認識人類學界的計畫，可以採行民族誌田野方法，該有多好。但，客觀現實不允許，短短幾個月執行期間，也只能按章行事，全數使用本業學科不甚拿手的策略，例如問卷統計，然後祈望多少可以從中體會點滴。

首先，我們從善如流，和所有學科一樣，設計問卷發送，期望學界同仁同學都能無限熱心，一接到卷子，立即全力投入填答，然後寫滿滿之後，儘快寄回。但是，此番問卷去回，就和絕大多數發送問卷學者的經驗紀錄一樣，回收率兩成左右。後續有使用拿著卷子，央求好友立刻填答，以充人數的做法，但，那種非自願性作答的景象，對筆者而言，都是令人沮喪的事。不過，事情就是這樣發生了。

二、

問卷回收了，也做了基本的整理。初步的發現是，國內學者專家填卷者以觀光、宗教、醫療、環境、教育等專長領域者居多，研究專題涉及族群與博物館者為最，其次是性別、文化與儀式展演、文化創意產業、文化政策／文化政治、以及組織與權力等。另外，探討區域或群體對象以臺灣原住民居冠，客家和東南亞居次。簡言之，以族群概念研究臺灣原住民，應是當前最為熱門的學術課題。學者們所表達的短程研究課題方面，原住民各類議題和族群研究佔有大宗，其次才是區域、物質文化、資源與能源的主題。多數的中程規劃方面，仍以原住民題目為最，臺灣與東亞和東南亞關係之比較排於後，政治社會理論，以及全球化和區域民族誌也有部分填寫。至於新關注議題則較多重視生活困境之現代性分析的方向。

族群與南島原住民被認為是臺灣人類學者最感興趣的研究對象，公共人類學、新自由主義、博物館、文化創意產業等居次，宗教、全球化與地方化、觀光、災難、生態環境、移民與離散等再次。而不夠深刻、過於侷限、缺乏世界性對話、田野不足、以及應用性尚待開發等則是最受批評之處。受訪學者認為環境生態與氣候議題是當前國際學界最為關切的問題。文化資產／遺產、移民／難民、都市、宗教等是另外幾個重點。全球化與地方化、本體論、語言人類學／少數民族語言、觀光、自然界與人類、網路數位、新自由主義／新經濟樣貌等，也有一定重要性。

原住民和族群相關議題，仍是多數受訪者認為應該積極研究的對象。另外，政治經濟以及移民和本土課題等，也很重要。學者們幾乎一致認為國際人類學對原住民和臺灣民間信仰或宗教較感興趣，還有，族群與國族課題也是重點。不過，有幾位填答者表示國際學界對臺灣興趣不大，此一消極認知現象值得進一步推敲。

原住民、全球化與在地化、環境永續、歷史議題、災難等被認為具較高重要性，另外，博物館、醫療、語言等也受到一定的重視。簡言之，南島／原住民與族群明顯最被青睞，宗教／漢人宗教以及地方治理與社會運動居次，博物館、人類學基本分支／基礎文化人類學、消費與商品化、全球化、移民、及公共人類學又次。

問卷的回答資料顯示，無論哪個提問，原住民的議題都是最為顯著。換句話說，國內人類學者所認知之最熱門的研究領域就是臺灣原住民。當然，原住民範疇內的子題多重，細究觀之，可以發現更多新嘗試的題目，但是，田野場域仍在本土，所延續承繼的學術傳統，可能即是過去近百年累積之原住民相關素材。部分學者提及南島比較，但，多數未能清晰說明如何比較以及與誰比較，因此，比較南島，也就是國際南島研究所指範圍，仍稍嫌籠統。

族群是另一較被多人提及之研究領域。但，它到底與那些族群相關，是原住民，還是其他，多半答題者沒有細說。換句話說，較多數的答卷者，僅是泛泛認知族群的重要性或熱門程度，但，具體的範圍仍待釐清。漢人宗教是上世紀國際人類學與本土學者合作研究的典範領域，今日仍有不少人記憶猶新，甚至認定國際學者持續關注本課題。在問卷填答上，它的顯著性可說與族群並列。

東南亞的學術場地多次被提及，顯然，若有跨出本土者，首選之地即是臺灣的鄰國地區。然而，大陸東南亞與島嶼東南亞文化歷史有很大差距，後者與南島密切相關，前者則幾無關聯。從比較南島的角度出發，勢必眼光朝向島嶼東南亞。這或許可以被鼓勵，但，自問卷資料所見，迄今之扎實研究規劃似乎仍然有限。理論旨趣方面，當前的關懷，多傾向與現代性息息相關之人類生活和生態環境困境的範疇。另外，近年的災難問題以及勞工、移民、新自由主義、都市發展、公共性、治理性、應用人類學、全球化、博物館、網路數位等，也有不少人提及。

二成多的問卷回收，其中還包括一部分的博士生，或者說，他們是，看到計畫主持人名字，不好不填答的年輕好友們。到底這份資料有多少可信價值？筆者自己也不有把握。但是，還是有人填答，而且寫得認真。我們工作團隊自然必須非常尊重這些意見，才會如此謹慎地一五一十進行資料分析。不過，也就是因為送回問卷者不多，我們在汲取出各項提問的回答時，亦不得不稍稍擴大涵蓋範圍，甚至有時會予以籠統化，以期想像那些不繳回問卷同仁的可能答案也在裡頭。

為何不傳回問卷？筆者不知。或許太忙，或許忘了，或許覺得常常接到問卷接到煩了，或許不認可所問問題甚至計畫執行團隊，或許不支持此種形式調查，也或許直接認定自己與科技部無關。但是，人類學者在田野地，都極其希望在地人熱情響應自己的到來，期待大家很願意跟來訪學者講話。如此，研究才做得下去。但是，今天輪到自己變成受訪者，就是填填問卷而已，幾分鐘光景。好像那種反向熱度點燃不到自己身上。最終，我們計畫執行團隊只好勉為其難地以相當有限的回收資訊，進行該做的事。上述的答卷分析，或許有一定程度的參考價值，但是，若整體學界同仁得以湧現高度熱忱，我們當能做的更好更精準更能代表臺灣。

三、

除了試著知道本土學者如何看待學科發展之外，研究團隊另收集幾份代表性學術刊物，看看大家都在寫那些主題論文。*American Anthropologist*係最具學術地位的人類學綜合性期刊，北美洲的人類學四大分科文章都有收列，其中社會文化人類學論文約占七成以上。本計畫檢視過去十年的所有刊登文章，大致即可理出國際熱門或正被較多學者探究討論之課題範圍。

在概念理論或範疇次分科方面，各類religion（宗教）／witchcraft（巫術）ritual（儀式）問題、neo-liberalism（新自由主義）、關及history of anthropology（學史）的特定發展階段與作為一名anthropologist（人類學者）的角色扮演、以及gender（性別）等似乎最受青睞。此外，新時代面臨桃戰，與methodology（方法論）有關之題目，也收入不少。而當前最為臨場的人類行為就屬migration（遷徙）和globalization（全球化）之適應，許多研究者投入分析。Applied anthropology（應用人類學）也順勢越受重視。

另外，Multiculturalism（多元文化主義）、violence（暴力）、modernity（現代性）、identity（認同），以及indigeneity（原住民性）、refugee（難民）、kinship（親屬）、ethnicity（族群性）、governmentality（治理性）、memory（記憶）、food（食物）、materiality（物質性）、fertility（繁殖力）、environmetality（環境性）、emotion（情緒）、materiality（物質性）與material culture（物質文化）、citizenship（公民）、politics（政治）／political ecology（政治生態）／political culture（政治文化）等議題亦是熱度甚高，陸續有學人加入寫作。其他形式上似乎僅一、二次出現之課題，事實上也都是引人高度注目的現代性相關人類景象。換句話說，*AA*是一世界性學術期刊，參與論述者無不自當前的最關鍵議題入手，領域多樣，討論範圍牽涉甚廣。如何精緻理解現代人類世界，*AA*所提供之熱門議題資訊，當可給予高度參考價值。

在地區與國度（region／area／state／continent）方面，North America（北美洲）出現十九次，Latin America（拉丁美洲）、Asia（亞洲）各十七次，Africa（非洲）十四次，太平洋地區（the Pacific）十次，Mid-east（中東）九次，Europe（歐洲）八次。顯然世界各大洲均有論文，但，南北美洲合起來三十三次，高過半數，是為最大宗。其中USA（美國）就有十五次，位居單一國家被研究對象之冠。其他Israel（以色列）七次、Vietnam（越南）六次、Brazil（巴西）、Indonesia（印尼）各五次、以及Australia（澳大利亞）和Canada（加拿大）各有四次，也是較受關切的幾個國家。同樣地，*AA*的民族誌一定是廣被全球，縱使有些僅是一、二篇文章提及，但，他們的後續啟發性仍高，總會有新進研究者跟隨田野步伐。

在被研究的群體方面，以各地區之原住民（indigenous people）或本土居民（native）最為多數，其次就是移民，或者與其相關的ＮＧＯ和開發機構。顯見人類學傳統關心弱勢或邊陲人群的學術慣習仍在。在可見的未來，此一研究重點應會繼續維繫，畢竟當前大多的學理概念均與原住民族之背景民族誌資料息息相關。前舉問卷反映出臺灣學者多數研究原住民，或者認定原住民研究是當紅課題以及未來的顯性探討對象等統計結果，實可直接呼應*AA*主要關注原住民和在地居民情形。唯一差異的是，臺灣就留在本土原住民，而*AA*則遍及全球。

科技部二〇一四年起將人類學門擴編成人類學與族群研究學門，本計畫研究團隊亦隨著此一新情境，同時留意國際族群研究景況。*Ethnicities*是目前國際學界探討族群課題最為重要的期刊之一，每年出版四期，數量驚人，表示各方學者對此的高度興趣。其中與刊物名稱最為相關的如下課題ethnicized nation-states（族裔化的國族－國家）／nation-statism（國族－國家主義）／ethnic boundaries（族群界域）／ethnicity（族群性）／identity formation（認同形成）／ethnic mobilization（族群升動）／ethnic enclaves（族裔圍區）／ethnic label（族群標籤）／ethnic majority（多數族群）／ethnic relations（族群關係）／panethnicity（泛族群性）／ethnic sentiments（族群情感）／ethnic diversity（族群多樣性）／ethnic competition（族群競爭）／ethnic state（族裔型國家）／ethnic business（族群事業）／ethnic authenticity（族群真實性）／ethnic lens（族群之眼）／ethnic revival（族群復興）／new ethnicity（新族群性）等，出現有六十一次之多，遠遠超過其他議題。

　　另外，關於種族研究的成果亦多。主要出現有race relations（種族關係）／antiracism（反種族主義）／biological racism（生物性種族主義）／racial identity（種族認同）／racialization（種族化）／racial socialization（種族社會化）／racelessness（無種族存在）／racial hierarchy（種族位階）等等，達四十五次之譜。足見該刊作者們對ethnicity和race同等並重。一樣也很重要的議題還有出現五十五次的migration（遷徙）／immigration（遷入）／transnational migration（跨國遷徙）等，以及出現五十二次的multiculturalism（多元文化主義）。National identity（國族認同）／national diversity（國族多樣性）、nationalism（國族主義）／cultural nationalism（文化國族主義）、以及Whiteness（白種人屬性）／white privilege（白人優越）／white ethnicity（白人意識）各有二十一次，Islam（伊斯蘭）／Islamphobia（恐懼伊斯蘭症候群）／anti-Muslim（反穆斯林）／religiosity（宗教性）／religious accommodation（宗教和諧）／religious diversity（宗教多樣性）各有十九次，也不容小覷。而transnationalism（跨國主義）／transnational social movement（跨國社會運動）有十三次，稍居次位。

在地區方面，Australia（澳大利亞）、Britain（大不列顛）、Denmark（丹麥）、England（英格蘭）、European Union（歐洲聯盟）／Europe（歐洲）、Germany（德國）、United Kingdom（聯合王國）、United States（美國）等，都出現八次以上，尤其廣泛英國就有三十二次之多，佔了一大半，若加上大英國協成員，則幾乎全刊焦點都在此。

在指涉特定群體方面，Muslim（穆斯林）二十九次最多，Ladino（拉丁諾人）十三次居次，其他Black immigrants（黑人移民）／Black（黑人）／Black British（黑裔英國人）、Chicano（墨西哥裔人）／Mexicans（墨西哥人）／Mexican American（墨西哥裔美國人）、African American（非裔美國人）、Roma（羅姆人）／Gypsy（吉普賽人）等也有一定數量，顯見同為重要議題。

科技部的人類學與族群研究學門項下次領域中有一人類學區域研究，因此，本計畫亦據此找來相關期刊進行分析。*Sojourn*是一著名的東南亞區域研究期刊，其中約有半數以上是人類學相關論文，而近年臺灣人類學者有往東南亞開展研究之勢，因此，對該期刊的掌握，或可提供些許參考助益。初步統計該刊可以發現泰國、印尼、以及馬來西亞是研究的大宗區域，這與學術史發展有密切關係。換句話說，歐美學界過去接近一個世紀的人類學和考古學考察重點原本就在該等三國，因此，延續發展當可理解。在主題方面，ethnicity廣受青睞，其餘文化遺產、遷徙、文化理論、觀光、宗教、兩性、在地化與國家等等，亦有不少學者投入心力。宗教涉及佛教、伊斯蘭教、以及基督宗教。不過，若拆開來看，特定宗教只有零散篇數，因此，不能算是熱門。倒是廣泛的社會性分析議題，比較受到重視。

四、

本計畫社會文化人類學與族群研究部分之國際期刊以人類學最具代表性者（*American Anthropologist*）、族群研究最具權威者（*Ethnicities*）、以及東南亞區域研究最優者（*Sojourn*）等三類為分析對象，而國內刊物則以人類學專業之二份優良刊物（《臺灣人類學刊》與《考古人類學刊》），以及一份評價最高之綜合類期刊（《民俗曲藝》）為代表。

《臺灣人類學刊》近五年所刊載之三十七篇社會文化人類學研究論文，在區域或群體方面，即以臺灣和中國場域為大宗。這無疑是臺灣人類學社群的區域研究傳統，縱使有不少論及全球化或跨界議題者，亦多以臺灣為觀察分析的地點。探討文化各項抽象範疇和述及身體或方法論反思者，佔了文章最多數，另外，各類宗教和物質文化議題，還有與治理概念相關者，也頗受重視。足見臺灣學者雖不善於開發本土以外之地理範圍的研究題目，對於理論的興趣似乎頗高。至於研究的群體方面，臺灣原住民族和中國少數民族是為二大對象，此一景況應該也可視作在地學人傳統研究慣習的延續。

在《考古人類學刊》的研究論題方面，宗教和祭儀展演，以及身體感等之課題，近五年內頗受歡迎，另外，各類社會運動以及日常生活，人觀、族群性、情緒／感官等也是熱門。其他各單項題目雖不若前幾項多見，但，議題廣泛，且多與現代性相關，仍可看出當下研究者們的關注方向。地區範圍以臺灣和廣泛中國為多，間有東北亞與東南亞文章。群體方面則原住民最大宗，漢人居次。

《民俗曲藝》是人類學界公認的綜合類一級期刊，從其刊名顧名思義可知民俗宗教儀式藝術等等領域應是大宗。經由研究團隊整理所選出之與人類學相關的論文，果然宗教儀式以及文化資產佔最多數。其餘記憶、認同、兩性等也有不少人關注。地區方面臺灣和中國分屬二大範疇，前者原住民與漢人地方各半，後者則多係少數民族。東南亞有幾文，惟相關作者就固定一份有限名單。臺灣原住民和中國少數民族共有超過十個族群被專門討論到，顯見這些群體有一定的學術熱門性。

五、

基本上，臺灣學者對新研究取向的興趣與掌握能力都相當充分，最新且關鍵的國際研究課題，亦即觸及現代性和全球化與跨界議題的種種研究，在臺灣並不缺乏。多數學者將之引進國內，在臺灣進行理論和概念運用的實驗。因此，以中文寫作出版的人類學新關切取向，尚稱豐富，可為華人世界典範。

不過，傳統或稱保守之作風仍然可見。換句話說，國際文獻閱讀之後的實踐場域多在於原住民範疇和民間宗教領域，而該等二研究對象正是超過半世紀以來本土學者所建置而成的臺灣人類學「傳統」。堅持傳統或是美事，但，尋求新的研究對象一途，卻少有人嘗試。例如，東南亞外配和勞工在臺灣的人類學研究相較於其他社會科學專業，實在少之又少，更遑論動身離開島嶼前往人類學所期待之異文化地點學術探險了。

代表族群研究成果的*Ethnicities*是世界級的期刊，其涉足之研究地區雖然以歐美為主，亦即探討非西方族群團體遷移進入西方的過程及其衍伸出來的後果，但，全球各地的情況，該刊也都很關心。而專研區域研究的*Sojourn*，其宗旨標榜東南亞，實際上的操作也距離理想不遠，只是泰國和印尼的研究例子稍多了些而已。臺灣的研究現場很豐富，當是事實，因此，才可能於三個國內期刊內，見著主打全球化或跨界議題、探討文化各項抽象範疇、論及身體或方法論反思、剖析物質文化、專論治理概念、解析社會運動、描述日常生活內在質素、溫故人觀、強調族群性、談及記憶系統之建置、認知兩性變遷、以及說明情緒／感官等等活潑學術話題。

但是，將之與受訪學者們的回應對照看，似乎又有些矛盾。換句話說，受訪者總是提到原住民主題的永不改其熱門屬性，無論如何，原住民一直是研究課題上的炙手可熱對象。族群則是另一流行範疇。然而，事實上，原住民或南島研究似乎僅是一部分研究者的興趣，只是，刻板印象總以為原住民就是人類學學術主角對象。部分學者注意到非都市非鄉村非部落的新社會角落人類活動，例如社會運動、公民性、治理過程等等，但，他們的人群代表卻不是典型的異文化群體，而是生活於距研究者周遭不遠的同類人群。在此一景況下，當下正是，不是認知南島原住民是熱門，就是感興趣於同類人群的現代性課題，那麼人類學與族群研究是否幾無機會走出臺灣？據此，三份最優國內刊物就不太可能邁向三份國際期刊水準，發展成為世界性學術讀物。目前的情形是，國內的研究成果多半屬於「地方性」知識的探索成績，難怪會有不少受訪者感覺到國際學界對臺灣毫無興趣，至少他們不易在此找到可以進行全球視野討論的研究夥伴。

基於上述的討論，本計畫團隊肯定國內學者對最新學術資訊的有效掌握，但卻也期望能突破對臺灣人類學與族群研究在區域上的自我受限。至少，我們應有*Sojourn*的泛東南亞觸角，而現在科技部已將人類學門擴大成人類學與族群研究學門，吾人更應避免族群研究該部分也陷入只做本土的圈圍限制。至少ethnicized nation-states（族裔化的國族－國家）／nation-statism（國族－國家主義）／ethnic boundaries（族群界域）／ethnicity（族群性）／identity formation

（認同形成）／ethnic mobilization（族群升動）／ethnic enclaves（族裔圍區）／ethnic label（族群標籤）／ethnic majority（多數族群）／ethnic relations（族群關係）／panethnicity（泛族群性）／ethnic sentiments（族群情感）／ethnic diversity（族群多樣性）／ethnic competition（族群競爭）／ethnic state（族裔型國家）／ethnic business（族群事業）／ethnic authenticity（族群真實性）／ethnic lens（族群之眼）／ethnic revival（族群復興）／new ethnicity（新族群性）等最重要之族群研究課題，應予以高度重視。

單是東南亞在臺移民的研究，就早已等在那邊，期待社會文化人類學與族群專家的投入。這是前瞻範疇的一項說法。我們並不主張僅僅鼓勵繼續堅持傳統的研究課題與群體範疇，亦即，熱門並不代表就要特別延續發展，它當然可以留下，但，畢竟就僅是一個研究區塊，反而，我們應多鼓勵國際相關的種種嘗試。人類學本來就強調異文化的經驗與視野，現在新加入的族群研究應該也是。

六、

回到最初命題，人類學者執行本項計畫試圖認知人類學界，計畫結束，報告繳交了。那麼，到底在「非田野式地」調查之後，有多少可以提供書寫「人類學界民族誌」之用？當然，答案是還差一大截。其實，我們也不能太過苛求，寄望科技部一次計畫就能顯現出人類學界民族誌的模樣。但是，為求學科進步發展，規劃一個人類學界民族誌的系統研究，還真的有此需要。

本計畫之初，研究團隊曾想到要至北中南東甚至離島進行在地學者座談，而且一地不只一次。這是希望獲得同仁們「心裡的話」的策略之一，另一方法則是前文提及的問卷。但是，整體計畫時間只有半年，難怪計畫書送出去後，馬上被審查人認定根本做不到。於是，計畫內容就將各地座談全數刪去。審查人是對的，幾個月時間，我們根本做不到。但是，當時會興沖沖有此規劃，其實就是期望屆時可以完成一份接近人類學界民族誌的報告書。結果，二個期盼取得心裡話的步數都受挫，一是根本未能成行，二是回收問卷少到不行。我們分析了國內幾份主要學刊，基本上知道學界研究者的興趣所在。但，那是規規矩矩地發表出版，而不是輕鬆自在表達意見的場域。於是，計畫本身終歸留有遺憾。我們完成了熱門與前瞻調查研究報告，也提出了好幾條具體建言，只是距離理想還有長路。最重要的是，有了人類學界民族誌的深度資訊，我們才能知悉本土人類學百年的問題所在，也才比較有效可以認肯熱門的效益與前瞻的方向。國際學界的發展很清楚的在那邊，就算我們沒有一一調查統計*American Anthropologist*的研究景況，相信多數國內學者早已對它有不小的了解，畢竟那是必讀的刊物。只是，知悉是一回事，在地人類學如何與其呼應，似乎更為重要。否則，國內國外成了不交集的二線，那再怎麼努力探究熱門與前瞻，好像也不符投資報酬率。

＊本文原刊於《人文與社會科學簡訊》（二〇一七，十八（二），頁二十九－三十八）

「服貿」作為建置客家中國主義的前鋒：傳統客家世界主義與新興臺灣本土認同的危機

《海峽兩岸服務貿易協議》（以下簡稱「服貿」）到底對客家會有什麼樣的影響？主持人說這一場有七篇，超過其他場次的篇數，所以我們這一場應該是一個重頭戲，我文章的屬性使然，或許適合放第一篇。剛剛原住民場次感覺比較少有觸及到「服貿」的核心，也就是似乎講我們臺灣在地的原住民情況比較多一點。我剛剛請教黃智慧和官大偉二位老師的問題，與我這場報告主題相關。換句話說，「服貿」事實上還沒到，那我們為什麼對它有這麼多意見？尤其很多都是假設性的，但這些假設其實都指向：真正到的時候怎麼辦？會怎樣？我的報告也都是假設性的。但假設之前總有前提。一個基本概念就是，我認為臺灣的客家認同有兩個，一個是傳統的客家世界主義，一個是比較新形成的，也就是對臺灣本土的認同。它們並存於臺灣，也共同變成了臺灣的客家故事。

想像中，臺灣原住民一定會受到「服貿」影響，那客家呢？我特別標示出「客家」這個範疇，它真的會受到波及嗎？換句話說，扛著客家之名的所有人事物，會受到衝擊影響嗎？這個應該是我們需要關懷的一個問題。

一、傳統世界主義 vs. 臺灣土地的象徵認同

首先，我剛剛提到說，臺灣的客家認同之一，就是傳統世界主義。今天的主辦單位《全球客家研究》期刊就是一個典例。在講客家的時候，有意無意間常常會把自己拉到世界的層次，因此，「世界」、「國際」、「全球」等概念詞彙，在過去二十年裡，即常見於客家相關的公共場域。客家社會運動和大多尋求顯現客家形象的時空中，此一現象更形顯性。客委會主委辦理客家十二大節慶之時，總是會講到，全世界有一億的客家人，然後臺灣每四個人就有一個客家人。換句話說，處處有客家、人人是客家，這就是世界主義的一個基礎。因為客家既然是「客」，所以，要找一個特定的土地範圍生根認同，並不容易，唯一的辦法就是把自己擴大到更廣乏範圍。你可以想像說，全球、全世界都有我的同胞在。此種認同方式，就不一定要踏在一個特定土地之上，因為全球都是同族裔成員可能駐足的土地。這就是世界主義。

另一方面，在臺灣居住這麼久，再加上過去二、三十年包括客家運動在內的各種社會運動衝擊，引導出了一個不同的面向，那就是形成對臺灣土地的客家認同。它是相對於全球客家的一個新經驗。臺灣地區以外的客家人，似乎比較沒有如此豐富的土地認同經驗。臺灣的在地意識，可拿桐花做一個代表。桐花在歷史上從來下是客家專有的，但為了要營造、建構一個本土

認同，亟需一個主要象徵，於是，經過一些族裔領袖和積極性高之成員的努力下，桐花很快就成為客家專有，到現在大家都習慣了。其他像花布，原來也非客家特有，傳統時代所有平地漢裔人群均用花布，但現在好像大家覺得花布也屬於客家人專有。另外，一些食物，還有信仰，也都是從臺灣本土發展出來，繼而成了客家的認同要素。

二、客家中國主義的可能浮現

不管是世界主義，還是從本土激發出來的認同，它們都在臺灣土地上並存，均是臺灣客家朋友經過多年所孕育出來的認同基礎。但是，將來「服貿」通過後呢？會出現衝擊，以致引發重大變動嗎？我的想法是，屆時一定會引進一些中國觀點，而其力量如果很強勢的話，必會造成重新界定臺灣客家的壓力，就跟原住民一樣，中國觀點進來以後，或者說中國少數民族的論調進入之後，一定會有強大的重新界定臺灣原住民聲音出現。剛剛官大偉老師似乎比較樂觀，但我其實是很悲觀的。以下的說明即是對「服貿」攻佔臺灣之後的想像，僅供各位參考。

首先，在印刷和一些輔助的服務業方面，中國客家文獻大量地出版，臺灣可以輕易讀到。其次，展覽服務業方面，中國製作的客家要項在臺灣積極展示，而它們可能與臺灣本土所生成的客家要素和產業活動形質均不一樣。最重要的是，中國那邊過來之各個要項的組合整體，其規模可以非常龐大，大量製作，然後賣得很便宜，很快就會把臺灣本土辛苦創造的物質文化產品掩蓋過去。再者，視聽服務業方面，必有資本雄厚者，開拍客家歷史的「正統」故事，此處的正統指的是中國客家歷史的「正統」故事。在臺灣放映後，觀眾據此學到客家歷史，但，全數都是中國的觀點。零售服務業情形亦然。中國銷來之標榜客家的產品，在各個風景區、觀光區販售，大家可以很容易買到所謂客家的紀念品，但一樣也是從中國過來的，跟臺灣本土所生成的經驗事實有很大距離。

提供食物服務該項，也是一樣。將來很多中國大型的客家飲食店面開放，大家會去消費，久之，未來的客家美食，很可能跟臺灣過去幾年所形成的，譬如說擂茶和客家小炒等人氣菜餚會大不相同，因為中國客家飲食店會取而代之成為最具代表者。旅行社和旅遊服務業情況也差不多。到時候，極可能會不斷強調去中國尋祖。我剛剛提到的客家世界主義和臺灣本土認同，就是脫離中國的客家先祖而形成的臺灣客家論述。福佬人在臺灣，很早就脫離唐山祖，改以將最先到臺灣的開臺祖當作第一位奉祀的祖先，陳其南先生對此做過很精闢的研究。福佬人早於客家人對臺灣這塊土地發展出臺灣人意識。那是因客家人受到世界主義認同價值的影響，不易對一有限土地範圍建立認同，直到相當晚期客家人的臺灣人意識才形成，既然形成了，就值得珍惜愛護。但是，將來中國「服貿」大軍過來之後，密集地標榜說要回中國去尋祖，很可能說動人們隨之行動，久之，認同對象就被牽引過去了。

娛樂服務業和演出場所也是一樣，其中包括客家藝文表演廳處的設立，以及相關遊樂園或主題樂園的出現。臺灣現在有很多客家的主題公園，也有客家的文化中心，將來如果中國商人在臺灣蓋一個超大型、豪華無比的，甚至比中國現在永定福建土樓更大的客家民俗文化村，或許比三峽和臺北等地的現有規模大個十倍的話，怎麼辦？中國財團絕對做得到。它們極可能就成為所有客家文化的總代表，臺灣現有的這些小不點文化展示場，根本都關門去了。其他甚至線上遊戲也有辦法操作，就是創造出一些「正統」歷史故事，把它弄成遊戲。現在大家從遊戲中去學習什麼是三國。三國可以，客家當然也行啊！也就是說，利用線上遊戲，教我們臺灣什麼是中國的客家歷史。不要小看這些對小孩子的影響力，它可以徹底改造一個人。最後，「服貿」規範臺灣拍的電影到那邊去可以講方言，但需要他們的同意，亦即，需要中國官方的認可同意。屆時，所有臺灣本土音，可能都被中國的「正統」標音所糾正，臺灣話語危矣。

三、代結語：臺灣客家主體性的危機？

客家中國主義其實早已悄悄地滲透臺灣，令天的主辦單位是《全球客家研究》，是世界主義的表徵，但我們現在坐的地方，這個樓房用土樓或圓樓概念建成，它不是臺灣客家，所以說中國主義早就進來了。二〇一一年胡志強市長說要在東勢蓋一個大圓樓，有議員反對，說那根本不是臺灣客家，胡市長就回說要蓋正統客家。「正統」當然就是採中國形式的意思。總之，將來「服貿」進來以後，中國主義的滲透一定非常厲害，我們引以為豪的傳統世界主義與在地認同，很可能會受到很大威脅。臺灣的客家主體性其實充滿著危機，一切尚待你我一起努力，謝謝大家！

＊本文原刊於《全球客家研究》（二〇一四年，十一〔三〕，頁二六一－二六五）

人類學的終結

臺大人類學系博士班去年報到率掛零（事實上錄取率就是零），引來不少關注。現在考試院正準備放棄國家考試「文化人類學」與「宗教人類學」等唯二的人類學考科。更早之前，原本全國有二系六碩博士班等八個單元人類學系所，隨後陸續關店改名或緊縮，目前僅存一系四個半碩博士班。而這些碩博士班亦均面臨臺大去年類似遭遇。凡此等等人類學命脈遇著高度危機情事，有心者憂心忡忡，惟臺灣社會似乎不甚有感。

人類學是一奇特學科。擁有人類相處最高道德理念者是她，其學科總體精神為關懷各地原住民和邊陲弱勢群體，呼籲力行以對方文化價值看待對方之文化相對論，以及今日族群文化多元共榮的濫觴等等也均來自於此。但是，常常冷漠無情，堅持中立分析最傳統純淨文化內涵，以至於可以完成一部被人稱頌深度民族誌大作者，也是她的徒眾。另外，世界近代史上闖出大禍者包括種族優生、進化、原始、發展等等區分高低類屬者，更和該學科脫不了關係。人類學成了一人三面，早中晚各扮演一個臉龐嗎？當然不是。最高道德多半見於當代學術性組織的公開宣示以及一般的學校教育過程，而唯分析是論者，多見於忙於撰寫論文亟求學位或覓職升等或建立自我聲名者，至於鬧出人類種族主義仇殺事件者，則多數係被政治野心家加工利用。於是，集體、個人、以及外力等三方，分別交織於時間流動路途中，要嘛很高尚，要嘛就自我保身，要嘛諸多古典精彩理論，竟成了後世檢討的公敵。

臺灣的情況是，最末一類大概比較遙遠，現在大家也都戒慎恐懼，小心學問外流扭曲。而學院裡第二類屬者比率不低，大家汲汲營營於學問。但是，只要有機會對外，則不乏變身成第一類屬者，亦即與學會組織一致口徑，也就是「人類學很重要，她強調文化相對論，尤其應尊重少數民族特有文化」。約莫二十數年前，人類學界就是以此呼籲，剛巧配合行政院文化建設委員會首任人類學家主委的影響，國家考試於是乎有了人類學考科。考人類學一事，直接說明了人類學很重要，所以，高普考才有科目。如此悠悠四分一世紀，到了今天，結論似乎是，都錯了，人類學根本不重要，考試院主事者建議直接刪除。但，如果這門學問主旨是前述第一類屬尊重原住民文化價值的高度道德理念，又為何要去掉考試？莫非考試院認定人類學只有第二和第三類屬的私人性與駭人特質？

國家考試是中國科舉傳統的延續，它是東亞文化要項之一，理應尊重，而正因為如此，考試本身更顯重要。美國沒有這套東西，人們也就不會去考量所謂考科問題。他們的教育策略是，自高中開始就有人類學的選修課，因此，每一位高中以上的學生，均能在學習過程中，正式修到人類學課程。筆者在美國的烘培店、計程車上、或賭場周末遊客場合隨意問話，幾乎無人不能談一些人類學相關，而且都屬於認知到尊重少數弱勢主位要素的第一類屬範疇。這與他們均曾認真上完一門人類學課有必然關係。在此一前提下，根本不需要有一人類學考試，專門用來考問準公務員，因為人人已經具有最高文化相對論道德理念。

臺灣情況不同，大部分大學畢業生未曾謀面人類學，就上場應試，期望能進入文化行政公家職場。那麼，他們又如何能夠應答呢？當然是補習班囉！被補習班洗禮過者，答案千篇一律，簡直一個模子產出，但是，一看就知非常缺乏整體人類學基本訓練，只會分條列出，枝枝節節，脈絡精神全無。無奈，國家考試的改題規範與學校有異，只要矇對了一小部分，就必須給分，不若在人類學系專科考試，可能就直接以零分計了。硬背出來的答題資訊，縱使考上了，似乎也不需要指望該名新任公務同仁將來能有文化相對論的實踐作為。

隨著考科的刪除，目前已經寥寥可數的各學校人類學共同科選修，必會跟著減少。它正應驗前述博士班少人報考，而來者又多係對人類學認知茫然的誤闖者情況，也呼應大學學系班所陸續裁減的事實。這門兼具人文學與社會科學屬性的基礎學科，正於我們這個號稱文明程度愈爬愈高的國度裡快速消失中。當然，忙於純學術客觀分析的學院人士應負起部分責任，因為分出心神推廣人類相處最高道德理念的時間過少，以至於無法如同美國可以使該學科教育普及化。國考考科有人類學，當然是美事一樁，但是，若徒留形式，只見補習班模擬題答案卷卷如模，改卷老師年年為之氣結，想來想之，倒不如歸去吧！

＊本文原刊於二〇一七年二月二十日《自由時報》〈自由共和國〉

推廣人類學

——學科的神祕主義與「人類學」焦慮

中國民族學會在臺的半世紀裡（該會一九三四年創立於南京，一九五四年在臺北復會，二〇〇五年改稱臺灣人類學與民族學學會），參與學會活動者總是稀稀疏疏，一九九〇中葉至二十一世紀前五年間狀況尤是嚴重。人類學界會員們每次與會，就憂心忡忡，好似學科命運極為堪慮。於是，大家都認為必須積極誰廣人類學，以期擴大曝光，增添生力軍。但是，如何才能引來對人類學有興趣者？這是大難題，因為，在多數人的認知中，該學科的一般出路，尚不知何在。連行內學者自身家人都業已恐慌多時之際，遑論更多新成員願意進來給自己找麻煩。

於是，年會裡，幾乎每次的提案，均與「如何讓這門學科畢業生有出路」相關，大家想到的就是，應設法在國家考試中加考文化人類學。學會裡的確有人真的往此一方向努力，最終也獲得成功。但，考試有了科目，並不一定幫助到了專業人類學科系的學生，從人類學系畢業生考取公務員人數來看是如此。但，理論上至少在推廣上有了進步。因為年年上千位考生必須考寫該科目，這代表他們已經接觸到了人類學，而那每年千名人口量，合計數年下來，考過文化人類學科目者，已有萬名，這個數字是人類學系六十年畢業生的十倍。然而，單考一科到底能使考生認識到什麼，在臺灣補習班高手段的景況下，其結果就是極可能硬背出答案，而距學到人類學一事仍然遙遠，也根本無所謂提高對人類學的興趣。

推廣一事，當然不應只是考試科目的有無。但是，除此之外，是否還有他法，卻少見較為明確策略。人人知道推廣重要，但思緒上還是模模糊糊，於是只好每年焦慮一次，就在學會大會上，事後消匿，直到隔年又被搬上檯面。如此年復一年，造成了民族學會年會討論內容數十年相像。激不起創意性的推廣想法。難不成是這門學科太難令人理解，如何推也無濟於事？

會名換新之後，情況似乎有了明顯好轉。每年大會不僅不再空樓唏噓，甚至以人山人海來形容，亦不為過。但是，這其中還是有所迷惑。改名的同時，剛好遇上臺灣學術慣習大轉變之際，也就是說，過去民族學會時代只有老師輩者參與報告研究成果，而今則流行大開放給學生上臺，理由是，一則累積經驗，二則尊重年輕人創作，三則越多學系列為學程要求。於是，年會場次報名，絕大多數為在學或剛畢業而亟需工作之青年才俊，不知不覺中，教授們不曉得人到哪兒去了。另外，報名被接受的廣度幾近無限，此時已無所謂的人類學專業系所的限定，任何自認相關者，通通可來。這是現在開會爆滿的主要緣由。

當然，熱鬧總比過去蕭條來得好。至少信心程度增加，人類學形式上不再孤獨無伴。不過，今天實際的情況有二，其一是，人類學界還是很擔心他人不知人類學；其二是，仍然有人不斷在問人類學是什麼？前者從近年頗受歡迎之新興半學術人類學網路刊物文章內容中可看出。這些文章全出自年輕一代學界教師之手，他們當然各領風騷，文筆不錯，而其共有的特色即是，總會在段落中強調人類學這樣，人類學那樣，就是一直提「人類學」這三字，道盡了唯恐人家不知道人類學的下意識苦惱心境。這是心中不夠踏實的反應，亦為對學科總是無法廣為人知之灰心無奈。

一篇文章論述事情，裡頭根本不需要一直強調人類學這樣想，人類學那樣做，只要就事論事寫出觀點即可。一方面網路期刊名稱掛著「人類學」，而文章底下也會有作者的背景。如此一來，文內沒有任何「人類學」字樣，人家也會知道這是出自一名人類學者之筆，而其內容就是人類學的觀點。這樣的寫作，順暢自然，也才有機會讓人類學於無形中，潛移默化至一般人身上。

至於回應「人類學是什麼」一問，經過這麼多年，依筆者的觀察，人類學界成員多數懶得認真回答，因為總講不清楚，否則半世紀來不會如此艱辛，老是推廣不了人類學。學者費了功夫解釋，不是與對方的預期有大落差，就是花時間講半天，有如對牛彈琴，也有不少自以為他的認知正確，反過來在人類學專業者面前定義人類學（筆者就曾遇上一位政治學教授，猛談大腳怪雪人就是人類學的高見）。與其如此，索性就苦苦笑笑，不願答覆。總之，如果說，現在人類學的認識普及程度，和超過半世紀之前並無二致，其實並不為過。

那麼，不獲外界理解的學科，竟也能好好存活至今，則又是什麼道理？答案是，有一份來自人類學專業社群的神秘性信念，正支撐著大家繼續獨享自樂。在學界曾有聽聞「人類學啊，你還早呢！」的學長對學弟指正。這種語氣述說這門學科充滿神祕性，唯有高領悟力可通往這份神祕境地者，才有可能知曉它。但，這份神祕應如何圓說界定，卻也說不出個所以然。也有人說，「某某人很有人類學sense」。這也是神祕主義作祟。「某某人有人類學的天賦」，就表示另外的某某人就是沒有，所以，縱使很努力也枉然。圈內人自持的神秘性，以及前述深怕人不知，而總是很恐慌，卻又很人工性地刻意強調人類學這人類學那，其實正是阻礙人類學推廣的「元兇」，因為，人類學內容深度，若總是神秘兮兮，或者於焦慮情緒下，不斷以同一「人類學」煩人，那將永遠不得為人知。

＊構思與初稿完成於美國奧瑞岡幽靜市，Eugene, Oregon
二〇一七年二月二十三日和二〇一七年四月二十四日
定稿於臺北二〇一九年四月三日

退休人類學

十多年前在住家附近小學操場踢球慢跑，有鄰人球友來問，「你退休了嗎？」當時甚覺奇怪，為何問？想來想去，大概是常看我在此一副很閒的樣子，所以順勢猜測。總之，應該不是看到老態的樣貌才問，當下，心安許多。不料，安心了幾年之後，不知何時開始，在正式與非正式場合裡，就次次都有人提及退休與否的話題，更曾見超級熱心者，還拿起筆幫著算何時應以歸去的時間哩！不必等自己著手思考退休事宜之前，他人已經比你認真於此數倍了。

沒退之前，你是目標，眾人眼睛聚集與此，一旦退了，就無人再理會，因為他們集體轉至另外的提醒對象。退了休的人，實質上成了被目光拋棄遠遠的孤家寡人。人生關卡中，完婚生子也有類似經驗。一堆人同時注意提醒著某人的結婚以及後續的生孩子要事，等到二事都成，母子頓時即被目光拋棄，二人不得不開始經營國外學者筆下之漢人文化中孤零零相依為命的「子宮家庭」生活。

眾人的目光，就是文化的眼光之意。文化承載者一起凝聚視覺焦點，共同搜尋目標，確定了之後，集合視圈眼光，強力的射出。此一集眾之眼而鏢射的巨大力道，任誰都無法招架，只能承認，然後默默配合。也就是，不必等人開口，年紀到了，自己就知道須主動表明就要退休了，或者馬上準備結婚生子了。結婚生子是文化義務，人家死盯著你瞧，就是監督此份義務的履行與否。認證履行完結，可以放過你，然後邀你一起來參與四處監視他人同等義務執行的任務。

至於退休，確認離開崗位了，老了，撤退了，人家才會放過你。因為，自此，你已經不構成資源競爭的威脅，很快地自己也不覺然地直接消失於社會網絡之中。曾見友人自中央機關總是號令部屬的處長職位退休，之後轉任半虛職的民間協會秘書長，惟每次相遇，就感到他的低頭沉默甚至有點羞於見人，好似既退了卻還不真退，已然犯逆了那個天條一斑。縱使那秘書長位子資源極其有限，此人也不應該繼續佔據之，因為他是退休之人，文化原則早已告知過，必須退到社會可以瞧見到你的地點望外那虛無飄渺之處。

漢人文化有沒有為退休設計一套生活？有的！那就是，告老還鄉，含飴弄孫。但是，有沒有鄉可以還，還了之後，有無支持你的人力和物質資源等等，文化並未有進一步的規範。一切似乎就靠機運了。老了，即宣告依靠自己的條件日漸衰退，很快地，他人成了轉為依靠的對象。此處的他人，多半指的就是子嗣。那麼，焦慮的老人如何處事呢？為了確保自身和身後的安好，明明僅有一小份財產，卻分別單獨告知每一子女，那財產將來只歸他。於是，每一子女天真的認知自己在兄弟姊妹中最特別，因為長輩如是安排，財產只留給他，所以當然極盡孝順之能事。老人家就此安心度過晚年。泛中國文化承載者為何不立遺囑？因為，立了就曝光財產只有一份，卻暗中口頭答應每一位子女單單只傳給他的事實。一切爭吵就等老者過世而萬事見光的一刻開啟了。

退休老人為了自保，創造出一個讓子女滿心期待的好心情，然後善待尊親晚年。這是聰明作法，顯見上了年紀，其實並不老糊塗。惟身後子女對帳時，發現父親分別答應每一人，財產就只給他，卻變成了眾人共爭一份小產業，大家一定怪罪爸爸癡呆嚴重腦筋混沌了，其實才不，畢竟，從被社會揚棄的退休那一刻開始，老人家即深謀遠慮地進行一場自我好命保衛戰了。

＊本文構思於奧瑞岡州幽靜市，Eugene, Oregon，二〇一七年四月十一日
完成於臺北，二〇一九年四月二十四日

輯四

跟上時代的筆觸

紅藍綠之間

——還我天地母親原色

與我熟識的朋友，無人不知綠與紅是我的最愛。開車二十五年，換過六部車，全是大紅色。會做生意的汽車銷售員，只消前來報告公司新款紅車車，大抵就能賺到我的錢。幾年前第一次接任系主任，首要工作就是為主任辦公室添了一套紅沙發。當時包括家具行老闆在內，人人勸我三思，只是嗜紅的我，當然堅持成真。去年，再任主任，我又買了兩個大紅辦公椅。這回老闆不再遲疑，立即送達，因為人類學系主任室的紅色，業亦遠近馳名。

綠，什麼時候喜歡上，已不可考。大概就和所有人一樣，青山綠野，不愛都難吧！這幾年國際流行服飾偏愛綠系列，我因身材稍寬，只有美國尺寸適合，因此，年年渡假美利堅，順便大採購。賣場中，綠的出現，喜形於外。課堂上講授消費文化，侃侃大論，只是每一學生都知老師其實就是最標準的實踐者。打開衣櫥，綠衣紅衣各三分一，另三分一則是綠紅相間花衣服。以「紅配綠狗臭屁」讚美兼玩笑，評斷我的打扮，最常聽聞。

藍綠對峙多年，多位朋友見我綠衫亮亮，總有「不必如此明顯展現立場嘛！」之嘲。如今，紅潮來了，我的紅美人愛車，差點成了百萬紅車繞行徵召對象，更有關心者通知開紅汽車穿紅衣被攻擊消息，提醒行路要留神。問題是，我是穿大綠衣裳開大紅轎車，兩派人馬遇見我，恐怕頗傷腦筋，難下處置決定。

理論上，顏色無罪，無論何時何地，以何種方式出現存在，它自己都不痛不癢。痛癢只在人。顏色一旦被人以關鍵象徵的位置賦以意義，它可以充滿神聖（如中國帝王龍袍的金黃，阿里山鄒族戰祭儀式的紅色服飾），其被使用過程，都有繁瑣辦法規範。它也可能會在魅力領袖指揮下，人山人海，創造國族主義高峰（如世界杯足球賽韓國的Corea紅衣啦啦隊）。美國各大學都有自己的顏色，各種球隊和畢業時的博士袍披肩，均以該等色為飾，師生同感榮耀。非洲中部有些族群更以特定樹種的白色膠汁，作為母乳或精液的表徵，成年禮儀時節，它的重要性尤為明顯。臺灣政黨選藍選綠，中國政黨獨尚紅色，均可理解。畢竟，太陽的紅，大地的綠，天空的藍，都是大自然主色，又均係滋養生命的泉源，感受直接敏銳，拿來代表遠大理想，最為合適，也很快地可召喚來大批同等生活目標的支持者。問題是，明明都是生命滋養主體，一轉為人群後天的人工信仰顏色，為何就成了彼此仇恨的根據？答案無他，還是老話，顏色無罪，人的私利慾望，沾染顏色，使生命滋養蒙塵，天地母色不再可愛，人們真應慚愧纖悔。

早上出門，依是紅車綠領帶搭配，望見路上人來人往，紅綠偶現。不知大家見色安否？但求人心坦蕩，永遠效忠臺灣母親，還我天地原色。我們要紅陽青天綠油油大地滋潤，我們要母親國家健康平安！

＊寫於二〇〇六年十一月十四日

高峰迭起：先住民與工業國首腦較量

約莫一年多之前，部分日本北海道愛努族先住民（按，日語的「先住民」與臺灣華文習用的「原住民」意義接近）成員，在幾位國內外學者的鼓勵下，共同籌劃於北海道洞爺湖八大工業國高峰會議（G8）開幕之前，先行舉辦「二〇〇八年愛努大地先住民族高峰會議」（2008 Indigenous Peoples Summit in Ainu Mosir），以便形成世界性共識，再向數個尚未簽署聯合國原住民族宣言的大國提出要求。

會議如期於七月一日在首府札幌東南一百三十公里的平取町開場，三日下午議程轉至府內會議中心，翌日在四位民意代表支持聲中結束。先住民高峰會出人意料地連四天場場爆滿，每日至少約有四百人出席，邀來的國際先住民代表，分別來自美國、加拿大、澳大利亞、紐西蘭、挪威、爪地馬拉、尼加拉瓜、菲律賓、孟加拉以及臺灣等十國。包括日本愛努族在內的十一國十七個族群二十九位代表，充分表達一致的立場，閉幕之際，在記者招待會上，提出一份名為「二〇〇八年愛努大地先住民高峰會二風谷宣言」（Nibutani Declaration of the 2008 Indigenous Peoples in Ainu Mosir）英日文對照決議文。

日本參眾兩院甫於二〇〇八年六月六日承認愛努為先住民族，相較於他國，時程甚晚。因此，七月初的高峰會，明顯具有紐、澳、美、加、臺等五個「先進的」原住民政策國家成員，教戰「資淺的」愛努同胞之勢。「Summit」臺灣譯成「高峰會」，日本則稱「首腦會」。G8當然全是國家領袖，所以，「高峰」與「首腦」兩意相通。至於先住民的Summit，既然完成了宣言，國際情誼也已建立，大抵不會有人太在意「高峰」或「首腦」在其間的代表性問題。畢竟，一國之首，對象清楚，G8的建構簡單明瞭，反之，原住民誰能為首，往往抽象難定，能有多國多族多人同聚一堂，已屬不易。

宣言內容二十一款，惟如反核、反污染、反軍事化、反水壩、反開發、維護文化、保障教育權、確定自然主權、重視移民權益等重點，事實上即是過去數十年，各國原住民運動的訴求主軸。我們並非認為宣言內容缺乏新意，只是，同樣話題，必須不斷被提出提醒，它所反映的地球母親長期被剝削事實，萬不容忽視。

無人能確知G8到底如何思考此一「非首腦」組成之先住民「類高峰」會議，當前亦不易估量會後先住民們持續維繫關係的強度。但對剛「起步」的愛努族人來說，活動的圓滿，多少有鼓舞啟發的作用。不過，日本單一「大和民族」的建造，已近兩百年，如今，國家突然加入「愛努民族」，未來兩族共構，血統多元的新面向，仍待政府與人民的戮力調適。

然而，愛努族人所遭逢的關鍵問題，仍不在前述的範圍內。就在先住民高峰會結束後的七月五、六兩日，另一批族人在成立已超過半世紀的「北海道同胞（原稱『愛努』，一九六二年改稱）協會」主催下，舉行一「二〇〇八年國際先住民之日記念事業——愛努民族高峰會」，同樣有數項結論，要求政府做到。國際先住民高峰會議針對G8，北海道愛努高峰會則對話日本，理論上合乎邏輯。不過，從參與兩會人士多不重複，又忌談對方的情況觀之，卻也可能直接道出族人內部的矛盾。縱使國際原住民經驗秘方宣稱「先進」有效，不見整合機制的愛努新先住民群體，恐怕連是否得以初步開展，都困難重重。

幾位觀察敏銳的國際代表看到問題，憂心忡忡，卻也不知如何協助。G8和日本政府是否回應，均是後話。目前可以確定的是，世界性經濟開發與原住民權益的問題，總是相對矛盾。國際「先進」原住民友人為愛努族宣揚自我的流血流汗英勇抗爭經驗，似乎太過沉重，而後者自身又如散沙，希望渺遠。原／先住民對上工業國首腦，兩者均有高峰決議，G8結論成了變造世界的準繩，而另方或許終究僅為悲劇英雄增添新裳，曇花小現。北海道今夏高峰迭起，峰峰無奈不相連，其中故事，原來如此。

＊寫於二〇〇八年八月九日

「孤島」教授國際線「孤島」行

論者有語，臺灣國際外交有如孤島或孤鳥。那麼，學術上呢？當然，已有部分宏觀性世界認可成績，聞名遐邇，所以，不會孤單；但，另一方面，卻也見著學人孤影途徙，隻身闖關，諸多學術場合間，總是臺灣一人，幾天獨處一隅，然後適時唸出一篇好論文，為國家爭一份光度。筆者服務臺大二十年，自許必須浸身國際學術場域，因此，人類學國外田野不可缺，國際會議同樣重要。就這樣一路跑到今天，回觀自己，竟才發現英氣少年早已飄渺，而我依然國外孤獨，帶著「唯一臺灣」上演講桌，但見滿堂好奇，瞧望此一來自福爾摩沙的島嶼單幫。

上個學年教授休假研究一年，再加上暑假的後段，一共出入境二十四趟，參加會議者有泰國、韓國、葡萄牙，田野調查者有日本、馬來西亞、寮國、美國，外國大學訪問者則有馬來亞大學與德國漢堡大學。友人笑稱，謝老師一年多時間內，偶爾「過境」臺灣，懇請抽空探望他們一下。我自己則解嘲，二〇〇九年夏天甫搬妥當的安坑新家，根本就是「自家旅店」，到現在，男主人仍不甚熟習屋內空間，常常碰壁。不過，總該靜下整裝開學了，三百多個日子，有待慢慢消化產出。

會議三次上台，大馬和德國則在三個大學作了四次演講，合計七回。七場講演，主題橫跨臺灣、寮國、日本、以及馬國。筆者企圖心明顯，就是要讓大家知道，我們的人文社會科學研究，有本土，更有國際；注重自我家國，也關懷世界角落。多年來，我充當一名此道實踐者。典型例子即是「泰學研究國際會議」自一九九〇年以降，每三年一會，從未缺席，卻也多扮演來自臺灣的「孤鳥教授」角色。對自己而言，「臺灣唯一」，早已不陌生，所以，超過一年的日子裡，七次學術演說報告，場裡會外，往往就一人臺灣，講話詢答，點滴心底。

讓臺灣光澤在世界顯現的方法很多，學術人研究成果，不吝長長航程後，作個口頭公告，當是策略一。決定申請休假研究之前，就打定主意，這一年要集大成，好好衝個前鋒，國際線多方引觸，至少紀錄上均將載有「來自臺灣」或「臺灣大學人類學系」字樣。臺灣或許政治外交上一定程度的「孤鳥化」或「孤鳥化」，但，作為一名大學教師，其專業研究者身分，可以作的事仍多。走出孤島，縱使稀釋之後，全球分散，教授成了會場臺灣一人，寂寞可知，卻還是可大方獻藝，對話國際，如此一來，心情想必暢快。然後，奔波苦勞，忘的乾淨，勇武者繼續下回孤鳥行。

＊寫於二〇一〇年九月八日

近鄉／進鄉
——西雙版納出缺二十年

近鄉情怯，大家上口。但是，進鄉情碎，卻少人聞問。雲南極南西雙版納，我是從「近」到「進」，心情迭變的一個寫照。

一九八八年，瞞著家人自美國到西雙版納田野調查，目的是寫博士論文。一九九〇年從臺灣到昆明參加會議，會後直接轉到版納，探望老友，環境依舊。會議的不愉快境遇，讓我決意不再踏入這個國度。緣由是，我界定此一傣族傳統政體為東南亞典型微體族裔型王國，直到一九五〇年代初期人民解放軍來到為止。結果，會議官員說，「哪是，那是中國自古不可分割的領土」。然後，不排我宣讀論文，卻大力宣稱有祖國臺灣省代表參加。

統戰高張的時代，你拿它沒轍，只能拒絕往來。一絕一晃超過二十載。問說從沒想念，那是騙人。人類學博士論文田野地，往往即是未來十年以上延續學問的人文土地。我狠然離開，幾乎杜斷自己半條學術生命。外地另起爐灶，想來又是一場場久久奮鬥。傣族文化專業世界排序，原是我在前，結果，這麼一來，後起紛紛，竟多忘卻開動者誰人。當然，我也不忘常常從泰寮兩國眺望，最近的距離，就是寮國關卡進入西雙版納之處。但是，她還是遙遠。靜靜的寮國傣族村寨，與我的印象版納無差，索性想像現狀如此，心裡好過。

報導中，中國的經濟狂飆崛起，惟我從不疑版納會與它有關。某天，回望歲月，爭這口氣已近八千個日子，或可不再堅持了。於是，去年底興起返「田野我鄉」念頭，終於四月傣族佛曆新年成行。出發前，親友學生好奇於教授的情可怯乎。抵達後，電郵還是類似詢問。過去幾年間，自己縱使聽聞版納業已翻幾翻巨變，總沒啥感覺。因為我有厚厚博士論文和寮國雞犬村落雙重「證據」，「變就變，會變到哪兒去？」話雖如此，還是心悸、心動、心慌慌。尤其，上機前刻，昆明友人報告，我想造訪多人，早就作古。突來的深深歉疚，一直如影隨形。

田野之時的景洪，雖是版納首府，卻是悠悠閒氣，椰風輕輕的小鎮。下午五時之前仿如睡香之城，傍晚則又成納涼空間。今天呢？根本不敢相信眼睛所看，耳朵所聽。躡躡走於車擠喇叭大馬路上，記憶空白，足跡消弭。一九九四年起，中國各區域集團式大財團相中這裡，寮國式村景與田野好印記，也就自此不見。目前有超過百家房產土地開發公司在版納經營。它們是有看到文化。例如，被稱名為潑水節的傣新年，大公司花車和潑水隊伍一樣不缺，熱烈慶祝。傣文化似乎並未被觀光商品化，因為活動通通免費，也沒什麼紀念品販售。反而，它成了國家、省州與萬億金主共同設計制度化了的商政典慶。標準格式：大型人數、黨官商賈、貴賓滿堂、各族炫麗、豪華表演、婚戀民俗、以及東方紅國。一位傣族老友表示，「這是傣文化的提升，不像從前僅是千百年不變的農村手工小品，太簡陋啦！」

情已碎碎？是的！景洪天廈矗建不斷，市內傣族人口比率卻相對驟降。來自農庄的女性同胞們，僅能蹲於市場邊區兩旁賣小菜。空缺二十年，換來心絞久久的感覺。或許當年不絕交，起伏尚可平穩，但，客觀事實的發展就是如此。族群文化一旦被中國財團盯上，人類學者就一邊等著調整自我失調狀態。或許夢中人最幸福，近鄉進鄉、怯情碎心都不要，寧可另個二十年出缺。

＊二〇一一年四月十六日，凌晨一點十八分寫於中國雲南西雙版納景洪

雞犬相聞

社區位於山坡，景緻堪稱秀麗，不少住戶就認為自己住高級別墅。相對寬敞的空間，亦使得養狗的人家心情愉悅，他們說，這是狗狗的天堂，可以蹦蹦跳跳，活潑玩耍。的確，凡是聽到外頭小狗汪汪和小孩笑笑，感覺特好，因為必是大好天氣，大夥兒跑出遊園。就這樣，新社區四年來，人狗平安。

未料，二個月前，突然某家方向，傳出公雞鳴啼。然後就天天報早安，而且好像一次比一次早呢！我習慣早上六點半起來慢跑，全區理應尚在寧靜好眠，而牠，卻正忙著展現健康聲帶，然後，睡覺的人開始翻轉，到底起或不起？

有日，一位大嬸質問養戶，「你怎能為了個人喜好，將快樂建立在他人苦惱之上？」顯然，她被吵到了。對方輕輕回以「啊不是大家都在養狗？狗也會叫，不是嗎？」隨後，雙方繼續說些什麼，沒太聽清楚。也是！狗很可愛，但，咬人記錄並不在少，而雞呢，就啼啼罷了，不會啄人，安全的很。那，為何獨厚犬類，不能擁有或寵愛雞隻？在此，誰想辯個狗隻萬歲的道理，可能就是漏洞百出。

公雞只清晨吵人，而狗兒可能全天候吠聲貫耳。大小雞在家，排泄留於主人花園，自己可清理。小狗嘛，除非緊盯清除，否則一秒疏忽，很可能黃金下在不明角落，等著狗屎運的鄰坊用力踩下，然後氣了個老半天。社區管理委員會縱使拜託復拜託，提醒再提醒，這事仍經常發生。簡單一比，雞有比狗麻煩嗎？有趣問題。

此時，忽然想到「雞犬相聞」。雞犬二種家生動物，務要有人的前提，才能產生意義。換句話說，人養狗也必養雞，人雞犬等於是三位一體，他／牠們的共同存在，方能營造幸福飽食的生活環境。人類農業生計維持近一萬年，當然狗狗雞雞也相伴同期，只是，工業－都市－資訊－後工業－現代架構的新款生活主導了我們之後，雞隻早已不見家屋周遭，但，狗狗卻續獲青睞，看門變成寵物。一犬獨大，一切由牠來界定當代居家動物的種類與生活互動模式。

如今，有人重回老祖宗，帶來藏伏於大家記憶深處的雞鳴，一下喚起，驚到了一些人，然後立刻以「唯狗理論」上前論理。但，就這麼一回簡單小吵對話，沒見著第二次。果然老薑最辣，一萬年雞犬人的農作溫馨日子，不會全然逝去，工業生活再強勢，也不過區區百年數，大家在機械人工環繞下，不去懷舊才怪。公雞的啼叫，不久之後，就不再有人嫌吵，現在早起沒聽牠聲，仿若一天不能開始。至少，我都是由這位大鳥先生陪著跑步，同時繼續到開車駛出社區，這時，容光煥發的駕駛，不由喃喃感謝牠帶給的早安微笑。

＊寫於二〇一三年十一月二十三日

總統拼字Tailand之餘：泰／泰／傣的語意故事

前些日，蔡英文總統悼念泰皇駕崩，簽名誌念時，Thailand寫成Tailand，隨即引起議論，總統也表達了歉意。其實，寫成Tailand有錯嗎？當然，從英文字彙本身以及自泰國正式國名來看，就是少拚一個h。但是，泰國國內有一派人士，在著名大學教授領銜下，硬是不喜歡Thailand一詞，他們要求重返一九三九年之前泰國國號Siam、中文習稱暹羅。Siam是老國號，用到二十世紀初期，暹羅人在世界性國族主義浪潮影響下，統治者思及所有操用泛泰語的群體，應該團結起來，聯合建立一個大泰帝國。Siam是泛泰語群體之一，他們欲以大哥身分，起而號召，呼喚著包括居處於中國的擺夷、僮、仲家、黎等，以及緬甸的撣人和寮國的寮人，大家朝向目前邁進。

大泰主義盛行之際，正值二次大戰，泰方甚至與日本合作，在中國南疆泛泰語地區，不斷地宣揚重回泰人大家庭懷抱。不過，泛泰語是一回事，事實上，該語系涵蓋數十種彼此不易溝通之地方語言，更還有多種文字流行於各處，泰國飛機扔下寫著Siam文字的宣傳單，住在今天雲南西雙版納的泛泰語居民熟悉的卻是另一種文字（今稱西雙版納傣文），閱後，根本不懂其意。隨著時間演進，大泰主義不成氣候，甚至與泰國最近的鄰居寮國，縱使經濟娛樂生活高度仰賴泰國，也是堅強地擁護自我認同，絕不同意自己也是Thai的一個成員。

寮語和泰國官方語言雖然聲調有差，但幾乎過半詞彙相同，在寮國，八成人可以聽講泰語，凡是研究二國互動關係史者，必會發現彼此密不可分。不過，寮和泰就是壁壘分明，筆者不只一次在國際學術會議上，聽到前者學者批判後者總愛當老大，卻從不想想有沒有人認同你。

寮不是Thai，可以確定。但，如果說是Tai呢？答案是ok的。什麼是Tai？國際語言學和人類學界使用Tai已經接近一個世紀，它就是指泛泰語使用範圍的人類活動區。但因Thai和Tai發音相同，所以，只要有人表達研究意見而說出tai之時，研究者本人必會直接說出自己是在講Tai或Thai（二者中文都是泰，所以，用中文報告時，也不得不拼出英文的二字以為區辨），前者區域廣泛，後者專門指Siam改名後的Thailand。因此，凡是有提及泰國以外地區的泛泰語人群時，一定是用Tai，例如寮國境內就有Tai-Lue（泰泐人）、Tai-Nuea（北泰人）、Tai-Dam（黑泰人）、Tai-Daeng（紅泰人）等等泛泰少數群體，而對於主體寮人，學界也常稱其為Tai-Lao。

中國的泛泰語群體，以漢語拼音符號來說，雲南西部自稱tai，南部則唸成dai。在共產黨建政之初的少數民族識別過程中，二方意見相左，周恩來總理出面協調，發明出「傣」一字，唸成dai，而該字右邊是為泰國的泰，tai的發音期望，也有達成，於是拍板定案，過去的擺夷就變成傣族，其他泛泰語群如僮、仲家、黎，則分別定稱壯、布依、黎等族。

蔡總統的Tailand一詞，事實上可以理解成泛泰語群體的活動領域，國際學界不一定會說它不對。只是，總統是為了悼念泰皇，簽字出來的Tailand當然是指泰國，拼錯字立即成為焦點，只是，熟悉東南亞學術事務者，可能都會心一笑，而不有任何苛責。至於對於Thailand一稱有異見的Siam國族主義者，如何看待Tailand，則不得而知，不過，仍舊認為自己是泛泰老大哥的泰國政治人物，看到Tailand，也許有些親切感，畢竟，Tai指的就是泛泰，它或可直接追憶歷史上的大泰主義。

＊寫於二〇一六年十月二十四日，並投稿《蘋果日報》，經編輯改以〈總統拼錯字了嗎？：泰／泰／傣的語意故事〉篇名刊登於十月二十六日

周玉山的毛澤東知識

媒體消息考試委員周玉山在考試院會上痛批政府年金改革，甚至以毛澤東建政十七年後才推動文化大革命，來說明蔡英文總統上任幾個月就大刀改革，對退休軍公教極其躁進殘忍。問題是，毛澤東真如周委員所言，十七年靜悄悄準備，最後才一舉出動？周是中國政治研究者，大學教授出身，對於毛澤東的認識竟然如此粗淺，令人難以置信。

的確，毛澤東是一九六六年開始進行文革。但是，那之前的十七年是閒著的嗎？

事實上，毛在一九四九建政初始，即於所謂新解放區雷厲風行土地改革，一場土改，死了百萬被認定為地主富農者。與此重疊時間進行的一九五二年三反五反運動，造成成千上萬人受不了凌虐自殺身亡，而一九五七年反右運動大量知識分子身體受到極度摧殘，至於一九五八至一九六二大躍進運動，飢荒餓死更達數千萬人。其他還有包括大小四清在內數不清的政治清算運動，受害人數亦高。上述這些通通是文革之前發生的事。文革只是毛統治下中國人民受到迫害的政治運動之一。若一定要有所區辨，文革之前的運動，可說是黨和政府派出工作隊一起對付人民，而文革本身，則是黨和人民（紅衛兵）共同整肅政府和其附隨人員。有人類學田野報告指出，部分農村地區不少人在四清運動中受到的殘害還甚於文革。總之，毛的三十年中國，幾乎無一日不在殺戮壓迫，絕非周玉山所言，好像中國十七年安寧無聲，人民無事。

以類此不精準的歷史案例來批判政府正在推動的改革，根本只是在鬧笑話。事實上，年金改革也不是蔡政府上台之後才開始的。在前總統甚至前前總統任上，就已經多次鄭重提醒國人必須正視此事，而且也做了部分的政策調整。現在只是積極採行一全面性且較具系統的方式而已。前十年間政府部門的提醒和部分調整，應該就是一個緩衝期，讓大家心理有所準備。哪一任總統下手推動全面性改革，勢必都會遭來自己身利益受損者的罵聲，但是，像周委員身居如此重要公職，卻是發言失當，實不足取，其專業知識素養更有待加強。

＊本文刊於《自由時報》〈自由廣場〉，二〇一七年四月五日

世紀謊言的大曝光

——國泰民安、聖徒你當、及一元川普

前言：謊言開講

如果說真與假或者事實與謊話之二元對立狀態的確存在，那麼，人類無疑是一癖好說假道謊的動物。假言謊語當然不是指學校老師或輿論教條所訓斥的道德範疇，它是人類追求生存自利的一項策略功夫。其中有些永遠的謊言，就靠著大家彼此支持，終身獨占鰲頭。但是，似假如真的謊話有天被揭穿，其不僅戲劇性十足，更是無情地帶來人類下一步的迷惘。

祈求國泰民安

每次選舉，總有候選人跑到超自然主管的神堂宇殿，操作著如把香或筊杯等溝通道具，喃喃默默。問到說祝禱何事，必回曰「祈求國泰民安」。平時廟會慶典，住持廟公也會大事活

動，鞠躬向天，問其祝禱何事，百分百答案也是「祈求國泰民安」。事實上，不需等這些回話，一樣的文字，早都掛旗廳堂四周了。聽到或見到「國泰民安」，民眾相信嗎？真的有人會如此慷慨，期望「泰」與「安」由大家共享？候選人可能是大人物，老天會聽他的，廟祝則是神人間橋梁，天公以他為是。人們認定大人物會來或者慶祝總是鋪張者，就是大廟，於是趕緊來求籤參拜。問及一般人在拜什麼？大概無人會回「祈求國泰民安」之類的。大家反而比較直接就說家人健康平安等自我範圍之內的事物。

自我範圍之內正是人類關照的自然極限。換句話說，政治人物與廟公其實也是在祈望當選和廟堂生意興隆等的自我範圍事務。其實人人都知曉，但卻願意共織「國泰民安」的大謊言。資源是有限的，大餅就那麼一塊，你若又泰又安，必是佔有了相當資源，餅頭硬是被剝掉一大片，而自己所獲因而短少，家庭安全和繁衍順暢也會陷入危機，多可怖啊！所以，怎可能祝你泰安而我繼續刻苦？

宗教聖徒崇拜

宗教都有類似認可神聖信徒的正式或非正式位置之舉。有些人道德情操極高或者對教團貢獻許多，因此被上位者封為聖徒，有些則民間傳說哄舉出來成為英雄偉人，死後即陸陸續續被加上神帝佛號，繼續以其過去之超人表現，施惠民徒。這些極少數的聖人神王，在世時不是身體受難不辭辛勞，就是把大量資源贈送贊助他人，或者進出貧窮髒亂疾病源頭之地，照顧被世界拋棄的困苦人。他們因此而先受到抽象式的景仰，口語上稱讚敬佩，身後則開始享有具象的神聖身分地位。

問題是，人們以他們當楷模，但，絕少有人身體力行，也去仿效犧牲奉獻。因為，人人絕對早早認定自己不是可造之材，不可能從我身上找到「神性」。亦即，越是去崇敬聖徒，就越確認勵行超人行為不在我人生範圍之內。所以就聖人你當，然後我崇拜你，你再來給我福份。一整拖車的景仰崇敬封聖封佛，也是人類大謊言的集彙。神聖之人物的建置，就是人類斬釘截鐵表明那個完全在我之外或與我隔絕的宣示。君不見家裡子弟有出家念頭時，父母那種絕望瀕死的傷心嗎？這就是家人凡有舉動接近神聖之人時的坦白心情。那麼，平常不時在稱頌神王聖女又算什麼？沒關係，那是他家事，我以一個謊言來自圓其說，他當聖，我當人，不要拉我和家人去當聖，什麼都可，假話因此不算什麼。

挖開多元主義

川普當選美國總統了。這事非同小可，全球人人在談，處處有焦慮，更嚴重的是，經年老生常說的所謂普世價值，好像一夜摧毀。幾年前，筆者就提及多元主義是當代人類編造的最大謊言，未來會付出代價。一位原住民朋友聽了苦笑，另一位教育學者嚇得驚色，急忙問到有沒聽錯?!當時剛好在美國訪問一年，陸續察覺問題已然浮現，才會興起相關想法。簡單的說，多元主義就是聰明人等待愚笨人，因為多元尊重，不等不行，於是，浪費了許多寶貴時間精神。此等浪費之事，不可能永無止盡，有一天自以為是聰明人一方者，必有爆發性的反彈作為，以至於不可收拾。

我們聽說讀寫多元文化或多元教育已然成習，這就是普世價值的植入。那不僅僅是舉世強調的人造真理，甚至應該就是客觀上的真實。因此，只消有人提及有違多元主義觀點之論，必會受到轟炸式的批判。共和黨參選人川普先生自投入選戰第一天起，即受到來自輿論、媒體、網路、團體、個人等等的轟炸式批判，這就是觸犯了生而成理之多元價值普世原則的後果。但是，普世價值真的普世？既然普世如真，那被轟炸百日以上的違逆者，又為何當選？原來，那則現代人類的大謊言已經有人不再忍受了。換句話說，聰明人一方的爆炸性反彈行為出現了。他們以爆炸性行為，來回應川普和他據稱代表之極右保守白人主義被轟炸數月而不倒的堅毅精神。

人類歷史有多元主義存在是事實，但，那是多元相斥而非多元相受。過去各個同時期存在的文明之間，不要碰到面都沒事，一旦相互遭遇，必是多元存在卻是無法相容，殺得你死我活，今日努力呵護保存的許多文化事蹟，其實都是血淚斑斑的積累。為何如此？很簡單，資源有限（客觀上是否有限，很難估量，但，主觀上總是多一份資源就多一分群落的生存繁衍機會，因此，資源永遠嫌不足夠），必須強力競爭以求得生存。當代人類以為自己已經先進，不同於古人的自私，於是多元相受理論被提出，進而頌揚光大。今天，我們的多元主義常識，就是如此而來。換句話說，未有積極面對甚而深刻討論已有幾千上萬年傳統多元相斥行為緣由之前，即倉促地建置多元相受的真理性，事實上，一開始就有人抱著大問號，只是情勢所逼，不得不跟著包容的口號走。但是，越走越問號，因為自己所屬之族別團體國度社群的資源怎麼一分分的流失？而分明我比較聰明，為何忍讓愚笨對方讓到不知所云？到底我在包容什麼？為何我要配合？當下時刻就是大問號的引爆點。

再現白人國家

川普當選後，有長居美國的臺灣友人說，「原來住了幾十年，到今天才發現我們還是外國人」。問題是，外不外國人，其實很難說只是外部對我的認知。居美臺人平常口語中，「美國人」一詞，就是專指白種人。提到非洲裔美國人，一定是說黑人。也就是說，自然情境上的說法，無加思考脫口而出的「美國人」和「白種」是等號，其餘都不是。尤其這些外來移民入籍美國者，從不會說自己是「我們美國人」。人類本能上會不停地在類分群體，我族觀念是生物性，基本的資源取得與維護也是我族的範圍。臺裔美人已經在「美國人」的概念與生活情境上區分彼此了，當然從白人的角度來看，一定也有其區辨他我的機制。這是多元存在，而過去幾十年的多元相受價值，告訴大家有你有我，都要相互接受。但是，多元相斥的人類表型與基型共有傳統難以去除，它潛藏於心，就待魅力領袖登高一呼，聰明一族的情緒委屈以及積極追求我族生存價值的行動，一起湧現。

人類愛搞分類，生物性和文化性都如此。否則哪來那麼多國家、族群、種族、部落、城鎮、村寨、社團、會館、以及其他各類組織。但是，分類並不是為了好玩，它必有嚴肅的意涵。仔細去查看各種組織的象徵要物如旗幟、國／校／隊歌、宗旨、目標等等，很容易發現全都是在表達愛自己組織愛得要死，然後我們絕對最棒，一定永遠第一！這種直接的我族標示，在多元相受的普世價值時空裡，其實非常冒險，因為其間之矛盾至為明顯。

十多年前就有白人男性學者向筆者抱怨，說現在找大學教職，就是白男身分者最不利。的確那時候的社會印象即是，美國大學許多系所好像多少都會聘用一些非白人的教師，尤其是第三世界或共產國家至美國留學取得學位者，以期顯現自己很liberal（崇尚自由與公正），同時又照顧世界弱小或政府走錯路的國家人民。一般外界認定，白人男性是掌握權勢的一群，他們是主體。所以，輿論和媒體不會有人特意關心他們的生計前途和理想信仰等等問題，因為他們根本不是問題。反而宣揚白人為主的組織團體，都被打成罪惡之源。這等價值觀念充塞將近半個世紀之久，白人不平找不著出口，直到理論上拒絕多元之「一元美國論」的川普現身。

北美東西兩岸是美國與加拿大的精華區，近幾十年的外來移民，都集中於這些地區的大城市。來自亞非的觀光客至美國或加拿大或澳大利亞旅遊，足跡若只到紐約、舊金山、洛杉磯、溫哥華、多倫多、雪梨等大都會，必定感受不出這是「白人國家」，因為路上各處絕對是各色人種來來往往，有些地區學校甚至找不到一名白人住戶或學生。筆者一九九七至一九九八年在哈佛大學人類學系白人教授開授的一堂課上，看到老師回應學生發問時，以擠眉弄眼的古怪表情說到，「我在洛杉磯出生成長，但是，現在洛杉磯還是美國嗎？」這句話道盡白人對自己所屬之「白人國家」失落的心境。

多元相受主義面臨挑戰，引來早就習慣於此一舒適環境者的極大反彈，他們揭櫫的理由，簡單來說，有違多元相受者，就是大惡魔！川普當選，幾處地點出現示威遊行，他們為了強調大惡魔的邪怪不仁，不惜犧牲民主選舉必須尊重最終結果的美國百年傳統。川普上任後，會不會走回人類多元相斥的生物與文化雙重古老傳統，還很難定論，不過，由於競選期間太多蛛絲馬跡，讓大家又回想起一些相斥的不幸歷史，不自覺頭皮發麻。人類相斥了千萬年，就是這不到一百年突然大家相親相愛多元相受，川普的崛起，眾人頓時不由得自問到，「過去幾十年的黑白黃棕各色友好，到底是真實的嗎？」謊言的反思，此刻正是時機。

結語：謊言的掀底

廟祝的國泰民安祈福，年年做多次，政治人物亦然，但是，天災人禍照樣來，人民也不介意。因為，廟公、政客、及一般人所關心者絕非那國泰民安之說，畢竟，它不僅太抽象，更嚴重的是，倘若成真，說不定還得奉獻自己的資源去成就他人，我族頓然喪失一份維繫生存的依靠。大家在超自然場域裡念念有詞，求的都是自身的賺錢功名保平安。於是，講出來的大道理，都成了謊言。

對聖徒人間神王的崇仰亦然。這則謊話表現於自己永遠拒絕成聖，那種犧牲奉獻無私無我的作為全推給你，然後給一個大尊位名號，自己就當俗人，與聖絕緣，從而繼續竭盡所能獲取更多自身與安家之資源。「聖徒是模範」正是一則謊言，因為自己絕對不會想去具體效法也當聖徒或者做許多和聖人同樣犧牲之事。

多元相受主義的積極存在，多數人都不疑有他。此一理應是真理的信念，突然遭到前所未有的打擊，怎能不叫人心急如焚。這是自己未曾感覺是謊言的謊言，被血淋淋的解構經驗。國泰民安、聖徒、與多元相受都是謊言如真的自欺欺人，它們進入人的無意識底層，等到有一天被硬生生剖開，苦難正要開始。一元川普亮相後，多元相受世紀大謊言正處於大曝光時刻，相較之下，國泰民安說與聖徒論仍舊隱逸，畢竟，它們的謊言屬性之立即或強迫性壓力有限，至多只是廟宇失去一些香油錢，如果老算不準，或者零散家庭出現生離死別出家與在家的拉鋸而已。總之，人類說謊成精，而且一直往德性方向邁進。不管國泰民安、聖徒偉大、或者多元相受，都是具超高道德性的論述信念，縱使有的限於小小在地，有的發展於稍廣區域，有的則全球通吃，它們所反映出來者，就是道德表象之下永不停息的資源競爭。

＊本文完成於二〇一六年十一月二十七日，並於二〇一七年一月二日刊登於網路版《芭樂人類學》

無知的渴望

日常觀察中，最常見到表達自己是天真善良的說詞，就是「期盼永遠不再有戰爭」。不再有戰爭是世界和平的另一種說法，語意高尚，令人尊敬。但是，說這話，根本是反科學或者與人類數百萬年歷史相左。發話人不知嗎？當然知，然而，此刻當下，寧可當一名反智者，而觀聽讀眾卻總是一起呼應，覺得天真善良好感人。與人類從未停止戰爭之科學證據和歷史事實相違背的認知，基本上就是無知，但，大家卻共同為無知喝采，這很矛盾，唯一可以用來解釋者，顯然應是對人類世界永遠平安無事之渴望，早已遠遠超乎理性判斷事物的原則。

無知的渴望還有別的實例。多元主義強調族群文化社會觀念等等多元並存，彼此尊重。坊間許多好為人師者，天天侃侃而談多元，而一遇丁點兒相違跡象者，立即大家比賽誰罵最烈，越兇代表自己道德越高貴。一下間，仿若人人都是多元天理的捍衛天使。有天使就有上帝，此時，上帝之音即相等於多元主義。只要被指未履行多元價值者，幾乎都遭到立刻下地獄的責難。因為魔鬼不能見容於上帝的純潔國度。問題是，倘若多元已是天下真理，生而必然，又為何需要人人擔綱兇巴巴的守護天使？這反映出一個事實，那就是天下真的是多元，只是，各個單元主要任務是為己利而奮鬥，然後隨意弄個表面呼攏說很尊重你，其實是只消能掩蓋過去即可，私下則繼續錙銖必較我的利益是否受損。還有一招，就是安排特攻隊，專門狠批人家的反多元不道德。往往罵人愈兇者，愈是心虛者，其實自己做了最多違逆多元之事，只要藏得很好，又可藉以責罵相對的一方，來獲得天使美名，豈不快哉！今日人類世界衝突滿滿，根本就是非多元相容主義的寫照，大家硬是不願承認自己如此不道德或者違反上帝之音，從而持續掩耳盜鈴。當代人類空有渴望（渴望多元平等，安和樂利），其實還是無知（殊不知根本遠超乎人類能力之外）。

近代史上無知的渴望最具代表性者，應是毛澤東所創的共產世界。共產是一種僅次於上帝之國的最理想社會設計。中國共產黨在毛領導之下，完成了上帝都做不到的偉大任務，那就是，將中國變成了人人平等的人間天堂。於是，男女不能有別，大家穿著相同，一起大鍋吃飯，講用同一套語彙，私有財產不再有存在意義，而這些都直指壞蛋們已然被消滅，世間沒有了壓迫，你我天天無比快樂。上個世紀五〇至七〇年代的二十五年間，中國人就如此度過。勝利成功的共產黨，還將此一人間天堂模式複製到東南亞，一個接一個，而臺灣總是被列入下一個被「解放福音」照耀的對象。

毛氏的不智與所有無知的渴望人士相若。他們都在年輕氣盛時誇下海口，甚至付諸實現，然而，到了年邁，卻見步伐漸趨襤褸，繼續維護美好世界的力道已然沒落。為何到老就理想衰敗？道理簡單，因為人人會老，年輕時的認知認定，從來就不是自此道理已經百分百可以確認，以後必是一帆風順了。老年風燭，理想變成胡言亂語，一下子就被人揚棄。被人揚棄正是人造「真理」其實等於胡言亂語的鐵證，因為沒有後繼年輕人支持你，就忍著等你老，老死之後，立即拔除。

不過，這還不是重點。最重點是，倘使真的永遠不再有戰爭，生生世世多元互相友愛，以及人間自此平等共產沒有階級，那麼，歷史將不再延續。因為，往下通通一樣，只消不斷copy即可，現在和千百年後都一個模子，畢竟，真理已經兌現，人們照做就是。果真如此的話，那將是一個無聊世界，只要按照「真理」行事，彷若機器人的操作。無聊世界會帶給人類極度痛苦。因為，人是創造性的生物，縱使僅是幾十年短距，下一世必有與前一世大不相同的新意創作，而假使真理被認為已然在某年某月確認成樣了，那無異就是停止承認後續各項有形無形的發明創新。共產真理實踐了，未來當然就不需要繼續努力尋求別具意義的生活。多元主義成真了，一缸子人想像自我就是真理執行者，處處監控他人冒犯真理的可疑行跡，引來人心惶惶自危。至於不再有戰爭的美好，則像是非常沒有市場的童話（其實市面流傳的童話內容，反而具實地充滿衝突爭鬥），根本連自己也不相信，卻還一直有人在祈禱。不食人間煙火的結果，更易忽略認真了解人類衝突道理的機會，繼而反向加劇各類爭端。

無知的渴望往往演變成激烈的管制，共產黨如此，指控他人違逆和平或不具多元道德者亦然。這些原本都僅是自然的人類五花八門思維，卻被自以為聰明者真理性化。共產統治歷經慘烈殺戮整肅，幾十年過後的今日，早已無人聞問，但人類的學習歷程，為何總須付出如此慘痛代價？現下的川普一元新政正在發酵，抱持多元真理的個人團體立即撲天蓋地全力攻擊。事實上，川普只是要美國第一，而多元主義者卻以秉持天下真理之姿大聲喊殺。檢視一下這二者，前者是當代國族－國家（nation-state）運作的典型，國國都如此，沒什麼特殊之處，反而後者像極了堅持共產真理時代的氛圍，高舉上帝般道德意識的殺戮戰場可能隨時登場，真的不是妙事。

＊本文構思於二〇一七年一月二十八日

完成於一月三十一日奧瑞岡州幽靜市，Eugene, Oregon

綠色黏身

現在的我，生活上出現的大尷尬，就是「今天為何沒有綠色？」

不知何時開始，自己忽然喜歡且是極其著迷綠色，尤其是那種很炫的螢光綠。幾年下來，綠成了標誌，一天不綠都不行。現在連家人也管上門。出門不綠，必定遭問「今天怎麼啦?!沒半點綠。不是有某某活動嗎？綠是你的標誌，當然要穿綠啊！」於是，多半就是順從，改裝一下，又是綠匆匆上路。平日街上看到綠色系，在旁親友必定拉著嚷嚷，「綠的耶！」。不綠的當日，不僅他人認為不對味，自己也覺得總是有那邊不那麼順暢。現在，只要換穿其他顏色，則彷彿犯了錯一班，一定有人「興師問罪」，「咦，今天怎麼沒有綠？」，更不用說，若穿上偏藍色系，更會遭來一連串挖苦笑聲。

臺灣公教職業者穿著保守，尤其是男性，幾乎不敢稍稍鮮豔外出，平日白舊襯衫加上鐵灰西褲是制式常態，灰灰暗暗不惹人一看，如此自我也相對安全。但，這些灰灰暗暗者，卻頗喜歡談論人家的鮮豔穿著，畢竟愈是論人特殊之處例如衣裝，自己愈能避掉外人眼光。筆者的職業社群正是如此。常常聚合會議一開始，總有幾分鐘抓著我的綠打扮講個不停，甚至笑說看不到的地方也綠吧！足見筆者的鮮綠，真的古怪於當下。不過，也只古怪於臺灣，我的如是打扮，在西方國度，根本少人瞧你一眼。大家習以個人自由樣態為常。臺灣果然是個大驚小怪地方。

幾年前筆者系主任任內有同事參加追求社會正義之類的遊行，回來後告知，「某某人詢問，欸，聽說你們系主任是超深綠的，支持民進黨支持到只穿綠色衣服？」聽了莞爾。問題是，看看媒體上天天曝光的民進黨員，有誰穿綠嗎？除了很久之前該黨還是初上道之時，有位後來擔任過黨主席者曾多次草綠西裝外套上身之外，幾乎沒有見過哪位常態綠裝黨員，那麼，為何有人喜歡穿綠就是其支持者？而且被一問再問。顏色聯想太有趣了，在臺灣。任何正式非正式場合，只要綠綠現身，首映他人腦海者，必是「你穿綠，與政黨傾向有關嗎？」這裡的人不知何時變得如此政治，顏色趣味原本可以無窮盡，無料卻多止於庸俗之氣，殊甚可惜。

每年學生為我慶生，生日禮物多是綠色，參加者全數穿綠衣服，簽名綠色卡片。我自己家裡牆壁漆綠，書房書桌和辦公室書桌全都綠，自製信封、信紙、筆記本，以及收購鋼筆、吊帶、皮帶、領帶、襯衫、帽子、手帕、泰迪娃娃等等，一片綠海。每天二十四小時與綠為伍，很是精采。不過，談到帽子，另有意思。前數年在韓國開會，趁閒路攤買了頂綠色棒球帽。旁邊二位中國學者吱吱竊笑，指指點點，我當然知道他們所為何意，懶得回應。翌年同樣場合又相遇。他們問，「謝教授去年綠帽戴的可好？」我回，「何止，我陸續又買了好幾頂。喔，那你們兩人的綠帽呢？八成出了門之後，都供在家裡吧?!」中國文化處理顏色議題，總是不安好心，他們是，我也是。想起來還挺無聊的。

似乎最近綠色流行，更多自己的顏色出現各處。我有如先鋒者，頂著政黨傾向嫌疑人、綠帽罩頂嫌疑人，以及光鮮亮麗的話柄頭，幾年來甘之如飴，繼續我的喜愛，也笑看他人各種反應舉止。

中國傳統和臺灣文化都沒有綠色主色慣習。甚至，華人對綠其實有蠻深的敵意。明明大山密林正是日行光合作用，製造新鮮氣氣供養我們的恩主，卻常常被作為丟棄垃圾的場所。君不見時常有義工在各地登山沿途清出以噸計的人類廢棄物嗎？此一事實無疑坐實綠地和垃圾堆根本沒兩樣。此外，縱使不在山中丟垃圾，也總要繪聲繪影地傳說魔神仔住裡頭專害旅人。人家大片綠野好端端在那兒，就偏偏要給它安上個罪名，臺灣人懼綠如此。加拿大溫哥華近二十幾年移入大量華人。他們一住進來，首要之事就是去除草坪，砍光大樹，然後建造排排新屋出租。曾有在地白人為此集體抗議。抗議什麼呢？忌妒人家賺到錢了嗎？當然，一方面可以說這些移民有眼光，知道藉此撈錢，但，另一方面也是這批習慣於熱鬧滾滾都市水泥叢林的新住民，很不喜歡自己身處不具人氣的綠色原味之境，因為後者被認為鬼森森的，大樹會不會有人吊死？臺灣的魔神說可以與其相呼應。我住在新北市山上新社區。當時建商以美式別墅為號召，還真的每戶規劃有二十坪上下的花園。但是，住戶搬進後，幾乎家家不是在綠地上頭鋪上水泥，就是加蓋違建，在在展現出欲除綠而後快的決心。這個廣泛文化國度的人不喜歡綠，在臺灣在加拿大，國內國外，其行動還頗為整齊劃一。

華人不是砍樹的除綠，就是丟垃圾的髒綠，或者給以魔神壞名聲的鬼綠。總而言之就是恨綠。這種文化底基之下，偶爾還會有人認為我的綠和綠色大地之環保意識有關，畢竟當老師的當然應是這等高尚修養。但是，事實上根本不是如此。我可沒想那麼多，果真這麼認真，為支持環保而打扮全綠，那還蠻無趣的，因為整體文化如此恨綠，我一人環保綠只當可笑吧！

我的綠，說穿了，其實就是頑皮，引人笑笑罷了。日常生活原本輕鬆事情，自己簡單的好玩，卻是外界政治和道德聯想的依據。除掉政治（政黨效忠）和道德（擁護環保），好似就沒有其他可以想像的，當然，他們多數在品頭論足時，應該不會意識到華人總體文化的恨綠本質。的確，我的標誌為綠，綠綠天天黏著身，自己因此感到鮮活，還有，愈見眾人反應，愈是快活，還真是頑皮到家了。

＊起筆於二〇一七年二月八日

完成於二〇一七年二月九日，奧瑞岡州幽靜市Eugene, Oregon

賭場樣態東西方

全球賭博企業大亨四處投資建立金碧輝煌賭場，結果美國拉斯維加斯、大西洋城、雷諾、紐奧良，以及加拿大尼加瓜大瀑布城市等的北美洲賭博勝地，竟多與亞洲澳門賭場老闆同一人。老闆同人，自然賭場名稱、建築外貌、及內部裝潢等也幾乎一模一樣。情況似乎是，到哪兒賭都一樣吧，畢竟東西威尼斯人同等樣貌。於是，亞洲人跑澳門，歐美人去北美，就近方便，反正只是要賭錢，當然不需大老遠，千里迢迢，花上更多旅費和漫長時間。但是，事情真是如此？

賭場所在分別大洋兩岸，所呈現出來的人類活動情形就有不同。拉斯維加斯是美國人票選第一的休閒城市，人人想去，大人小孩，去了又回，從不休止。城區拉斯維加斯大道（Las Vegas Boulevard）俗稱Strip（又長又窄的綿密商業街道），一年三百六十五日，一天二十四小時，永遠是人山人海，逛來逛去。夏日四十度烤爐天如此，冬天零度冷颼颼照樣。這是因城市樣貌大不同於一般北美洲都會中心區，後者規矩整齊，高樓無趣，前者卻花俏絢麗，晝夜耀眼，當然引人停足留連。但是，同一老闆把模子搬過去澳門，情況就大不同了。

澳門如同Strip一樣，一堆華麗的賭場建物擠在一起，綠光紫燈，閃呀閃的，專心觀賞也是目不暇及。不過，問題就是沒人會留一秒鐘專心觀賞。外頭永遠空蕩蕩，有的僅是成排的當舖貸款借錢店家。所有人全在裡頭鐵青著臉押注。去拉斯維加斯當然多少小賭一把，但，那不是唯一，它引來全世界的觀光家庭、同學、同事、退休俱樂部等等人士，大家齊來感受異樣亮彩，有趣得很。賭桌上，常見玩家相互結識聊天嬉笑，勝了擊掌，敗了哈哈。反觀澳門，就是賭，別無其他。它不可能成為票選的休閒好去處，因為氣氛肅殺，沒有閑情樂趣。賭桌前握著籌碼的人，繃臉到不行，噴煙噴到滿堂霧，左右目光都是敵意。除了賭棍之外，有人去了會再重回嗎？

以澳門為首的亞洲賭場（可見於韓國、緬甸、寮國、柬埔寨、越南、馬來西亞、新加坡等國），都是一個樣子。其中最大的特點就是，很難見到西方客人。明明有許多西方觀光客抵達各國，但就是不會想去這些賭場。至於他們會不會去拉斯維加斯？當然！因大家均非以賭為唯一的「專業人士」。那麼，亞洲賭場到底誰去？最大宗者，就是來自各地操用華語的賭王、賭神、賭仙、賭后、賭鬼、賭徒等等是也！

現在馬祖通過博弈公投，將來會是什麼景況，大家好奇關心。會是拉斯維加斯歡樂超high模式嗎？當然不是。亞洲就是亞洲，賭棍的天堂兼地獄，或說華人「專業人士」的樂園兼葬身之地。馬祖加入陣營之後，從東北亞，一路經東亞，再轉入東南亞，各國賭場剛好把中國包緊緊，專吸出口賭博資金。小國防堵大國霸權，此招還頗具默契。想像一下，未來馬祖賭場外頭空有霓虹卻終日冷清清。此時，在地荷官們正在熱滾滾錢潮賭桌上頭，撈回中國本，而外來閑家則口袋漸空，在家妻兒更是渾不知大難將屆。

＊本文二〇一二年七月二十一日投稿《中國時報》，編輯將篇名改成〈東西賭場不同 馬祖像誰？〉，於七月二十五日刊載

戰爭與觀光的馬祖狂想

馬祖列島原分屬中國福建省羅源、連江、長樂等三縣的島嶼土地。歷史上的落難政權外島逃亡路線，多取金門（如明代魯王）、澎湖或至臺灣（如鄭成功）的路線。唯獨蔣介石國民黨政權先是落腳東亞沿岸海域所有島群，爾後再一一敗走或棄守，直到美國介入，終而確定國府擁有最後金馬外島。金門百年來早就經濟繁榮，建設當然持續順遂。至於馬祖，歷來國家少有重視，島上人口全為福建三縣的海外歇腳小漁村居民，至多就是傳說倭寇曾與朝廷於此交戰。如今，偏僻島嶼突然成了中華民國反共前線之一，千軍萬馬登上諸島，為的就是防衛復興基地臺灣。當年槍砲大軍與曬網漁民突兀面望的一刻，寫下了馬祖歷史的新起點。

軍隊到了馬祖，最重要二件事：挖坑道與埋地雷設障礙。兩者均為防範來襲。將近半個世紀過去，一九九二年馬祖解除戰地政務，當初為防衛的所設，紛紛撤除棄置。然而，幾十年防衛了些什麼呢？馬祖山丘內部全數挖空，今天，觀光人士走進坑道醺酒或踏舟，不絕讚嘆，但，少人會想及那是在粗糙技術年代裡，犧牲無數同袍生命血汗敲出的，而諷刺的是，它們到頭來幾乎沒能派上用場，因為兩軍並未真正陸地交戰。至於埋於海岸邊的暗雷尖刺，多數也是傷到倒楣的在地居民和己方的漁船底板，因為，對岸也沒進攻上岸，所以毫無展現威力的機會。過去幾年雷刺設備全數撤除了，但，空洞化了的山脈，卻永遠補不會去。名氣大的軍事將領認為馬祖太危險，躲無可躲，所以，趕快四佈雷彈，外加拼命挖洞，越深越好。數十年裡，就是在忙這些事。這是深度焦慮的現象，無端地想著此地的可怖，以致就在四周大海必定救援無望，以及居民安居捕魚無妄受災的島嶼上，死命的作出此等大動土地岩山之事。

觀光來了！但，觀光是後冷戰時期的全球現象，到處都有，競爭激烈，馬祖要在其中軋一角色，然後有所成就，自是不易。此時，前述的軍事防務設施，變成了重要觀賞景點，有的目前還有軍隊駐守，紅男綠女和迷彩阿兵哥一起錯身於上世紀憂心受攻擊的焦慮場域，輕鬆笑談，看到這般景象，有點年紀者，心情或有時光震撼之感。訪客看到岩壁上千百個廢棄的碉堡槍口，當然都知口內就是人工山洞，可以穿來穿去。但是，這些工事僅是我們單方狂想打仗可能出現情況之下的傑作，惟時間演變告知我們，它們其實與戰爭的開打，並無直接關係。

換句話說，馬祖是「前線」，但，並非「戰地」，因為沒有陸上戰場地點。敵人除了斷續砲擊，以及夜半摸黑水鬼擾亂之外，別無實體進攻行動的紀錄。導遊想要解釋在地戰事，好像也無從說起，因為沒有發生過事情。戰地觀光沒有槍砲痕跡和英勇事蹟，缺少核心精神，難以吸引太多感興趣者。於是，現在服役的官兵下海協助，呼喚觀光。客人在幾個島嶼上，均有機會乘坐裝甲戰車，或者摸摸大管機槍，過過癮。但是，果真提升了觀光效果？有時就見軍人備好各種設施，等著旅客上門，但，豔陽之下，卻是門可羅雀，弟兄也只能伏案等待。

馬祖半世紀，一齣兩岸敵對劇碼，使得原三縣漁民寧靜避風港，起了大變化。但是，回看過往，一切似空，山白白被挖，居民不幸遇雷，戒嚴時軍事前線的肅殺論說，瞞蓋了始終沒過正式交戰的事實。現在，馬祖人不易再漁，因為海底魚少；很難再作生意，因為軍人走了。今日發展觀光甚至博弈建設熱烈塵囂，難道是又一次的狂想？以前將軍們狂想共軍會來，於是強令苦命小兵挖了又再挖，因為有天必會需要躲深深；現在則娛樂世界大願景，狂想未來大賺錢，但，空夢餘恨，會不會下世代後人看到者，正是另一曾經蓋了又加蓋的廢棄casino？畢竟共軍好似愈來愈不想來，而賭客也對濛霧籠罩的列島興致缺缺。

＊本文原稿二〇一二年八月二十一日投至《中國時報》，編輯將篇名改為〈戰爭與觀光馬祖狂想曲〉於二〇一二年九月三日刊載；刊載之後，不少馬祖鄉親正反面回應，筆者受教甚多。

擁護母土：北國寒食與南國熱鍋的真精神

「德國有千萬間麵包店，每一麵包店都有千萬種麵包，只是這千萬種麵包就像千萬個冰塊。」這是我二次造訪德國之後講出的心得。這句話何意？原來是該國食物永遠是冷冰冰，麵包可為代表。問題是，德國位居西歐北方，冷得要命，怎會吃進讓自己身體繼續冷下去的糧食？其實也不怪，她的更北邊斯堪地那維亞幾個國家亦是如此，人民天天啃著乾冷麵包度日。之後遇上幾位親友北歐參訪回來，大致都是如此批評。

臺灣位屬亞熱帶，真正低溫冷冬才沒幾個單日，多數時間都是熱烘烘。但是，君不見各類冒大煙的火鍋店不僅冷天客人爆滿，夏日也是開強冷氣繼續上鍋？相較於德國和丹麥瑞典，臺灣這種高溫的南方國度，人們卻是喜愛火熱熱鍋物，而北方居民則是乾冷食物咀嚼如儀。怪也不怪？不是應該相反才對，以期獲得冷熱平衡外加身體舒適感覺嗎？

這還沒完。我們常聽到食物上桌後，主人或長輩就會說「趁熱吃，冷了就不好吃了」。父母或配偶一方對子女或另一半，總會有「不要喝冰的，對身體不好」等的訓示話語。一些好為人師者，更會指出哪些食物「很涼」，不適合某某人吃等等。炙熱的臺灣似乎對冷、冰、涼等，充滿敵意，深怕它傷了健康。

那麼冷麵包的北國還有無其他跡象？當然有！與德國同緯度的美國，以及和北歐差不多北半球位置的加拿大，多數家庭小孩一早就是冰牛奶和冰果汁灌入肚。餐廳用餐時，服務生第一句話一定問：“Something to drink?”（喝點什麼嗎？）這裡的Something就是指加了大量冰塊的可樂汽水等等，那怕屋外正在大雪紛飛。日本情況差不多。臺灣人最喜歡去的北海道，冬天前往觀賞冰雕之餘，進入餐廳，一定是冰水一杯隨著菜單端上來。想要熱開水，還要特別吩咐才有。在美國常常為了喝口熱水，連續問了購物中心內美食廣場好幾家攤位都不可得。只好下回在旅館家裡事先泡好一壺再上路吧！

很多人喜歡吃冰淇淋。這種冰涼可口點心食物正是源出冷冰冰的西方北國。很冷的北海道亦以霜淇淋聞名，而日本舉國正餐盡是冷豆腐加上冷生魚以及冷壽司。西餐的生菜沙拉，有人就覺得太冷，不習慣。事實上，整套餐點的主食牛排，也是冷冷靜靜地放置盤上，請客人享用。期望等到臺灣式的熱吱吱冒煙肉排者，一定會大失所望。

重點來了，為何冷國冷食，而熱國熱食呢？臺灣人到北方國家，冷到不行，必定超級想念熱熱火鍋，接著懷疑這些人到底搞什麼，住在這麼冷地方，還都只吃乾冷食物？西方人在臺灣，其實並不會特別欣賞火鍋類食物，反而一般不那麼火熱屬性的點菜，才是其品嘗異國食物的對象，他們也會問，臺灣人有事嗎，怎會一邊熱昏頭，一邊滾滾火湯下肚？理性地自問，為何北人不發明熱食來暖身自己，而南人不創造冰品來涼快自我？疑惑難解。甚至，身處異邦，人人想的還是自己家鄉的冷國冷食熱國熱食美食景觀。

依筆者之見，這正是擁護母土家鄉的深刻情愫。身體在土地上生活，感受到在地很冷或很熱的氣息。不喜歡此等特定環境的，全走光了，留下來者，都自然擁有愛護家園的天生基因。鄉土之地冷冰冰或熱呼呼，人們如果反制它，必定恨癢癢地開展出大熱超溫或全冰冷爆的相對性飲食方式。不過，此舉即表示你不認同自己的家鄉，才會以背叛母土的態度，經營另一套不合於冷峻氣氛或熬熱滾陽的生活伎倆。

面對冰天雪地的氣候，既然身為地方一員，自然就以享受同等冷卻的飲食生活來表達效忠，而從不會用熱燙火鍋來消遣取笑「糟糕的」冷冷天氣。熱的地區，人們縱使揮汗如雨，也要展演出極其享受高溫的癖好，那也是與母體一起呼吸的作風。縱然熱如火烤，也要進駐冷房大啖鴛鴦雙鍋，而不至於只想炫耀冰棒冰食來賭氣「討厭的」豔陽天。在臺灣，冬天來了，家裡家外羊肉薑母酸菜沙茶火鍋上陣，人人大熱揮汗，著實呈現了緬懷母土高溫天氣的下意識集體行動。在地文化生態群體所表現出的高度認同感，即以此為最。在北歐北美，每年六月中旬稍現夏天芳蹤，大家就開始冰飲冷水猛灌，藉此追憶不久前還是冷颼颼季節的母土。熱土因此永遠熱滾滾，人們不會背離熱感，而冷土則長年冷酷酷，人們也忠於寒地凍天的自然原性。

人類是感情豐富的生物。有人問，加拿大極北的Inuit（依紐特人）為何定居冷得駭人的冰原，而不往南尋求溫暖地方?也有人不解，為什麼西南非洲的!Kung San／Bushman（功賞人／布須曼人）要留居沙漠裡，而不稍稍移居綠洲滿滿的區域?其實，那都是他人的外行提問。

從本文的說明裡，大致應可獲知些許解釋。簡單的說，就是人類具擁護自己母土的高度意志，所有的擁護行動，都是清晰坦白，直刀切入，毫不含糊。冰原或沙漠因此不會構成問題，畢竟，在擁護的集體力量支撐下，鄉土永遠可愛可親。決心留於冰沙之地者，其真精神即為唯母土是瞻，冰河雪山或萬沙沖天之景，早早就與人們的血脈相容，而他們的食物必是更冰冷更沙嚼，惟在地人卻是越吃越堅定支持自己母土的意志。

北國寒食與南國熱鍋的在地景況將會繼續，母土情造就了人與冷天熱氣的共生和諧真精神。未來前往德國北歐北美甚至Inuit地區，能自然享受在地食物者，必定最為幸運，因為客人與主人一起為土地空氣喝采。外國友人有機會造訪臺灣，就試著夏天午時麻辣鍋入口，想必南國寶島熱逍遙滋味更在心頭。當然，尋求認識多元文化者，如有機會品味!Kung San人的滾沙佳餚，也千萬不要錯過。

＊起筆於二〇一七年二月五日
完成於二〇一七年二月六日奧瑞岡州幽靜市，Eugene, Oregon
刊登於二〇一七年四月十日，電子版《芭樂人類學》

退休的焦慮與悠閒

美國唸書時的一位人類學教授，做起學問拼命三郎，國際田野跑到七十歲，出版無數，也頗負盛名。一年半前他退休。他和家人第一件事，就是搬家，從西雅圖遷至往北接近加拿大邊境的小鎮。然後，過去的學生同事以他常用數十年的電郵帳號連繫他，總是石沉大海，毫無回應。八十年代中葉，筆者初到西雅圖，學長帶著認識環境，也走訪教授遷居的邊城。那時導遊前輩就介紹這是悠閒小鎮，美國醫師律師教授退休後，喜歡搬來此。當時聽聽，沒太多回應，畢竟，臺灣的環境與此差別太大，難以想像其中道理。幾十年後的今日，自己熟悉的老師果然採取印象中的行動，退休後立即舉家遷來此地。有點文化上的震驚，卻也理解般地釋懷。因為，終於感受到從一位功業彪炳大男生，所傳達出來的一份悠閒心境。那是自我安靜和珍貴的家庭人生。

另一場景是臺灣。也是大約同時間，一位同行長輩學者退休。退休活動現場人山人海，請他致詞，聽到的是「退而不休」的老生常談話語。也就是，退後竟有大堆規模驚人新計畫等著執行，感覺上比退前正職期間更加公務忙碌。聽眾不斷點頭稱是，有如來日等到自己了，也必會依樣畫葫蘆。中國文化人似乎從不需要悠閒與安靜，甚至可能以之為羞，因為外顯上再也無從重要。退休後沒事做，會是一大焦慮來源，越害怕的人，越是在退休活動場上大聲報告自己當然還要繼續功成名就。

現在輪到我。退休之年已在呼喚，於是，許多友人大場合相遇，總是提及，甚至貼心地替筆者精算時間。然後，必定會問，退休後有何計畫？答以慢跑、吹奏撒克斯風、釣魚、喝咖啡等等風花雪月事，絕對是被對方退回的錯誤答案。改說，打算努力學習原住民語言，卻也不行，畢竟那對詢問者來說實在太過陌生。想了想，還有那些選項麼？還未持念頭上身，友人即已不耐煩地揭示標準項目：寫好幾本書、轉至他校繼續教學、和學生合作不斷再研究。原來如此，前述老前輩退休的一番不服老持續加大工作論述，是為唯一正解！

中國文化承載者的歷史經驗裡，從沒感受過曾被提供過一份休閒安靜的角落，給予自己放心歇息，並得以無慮地在青山綠水中與清風靈氣同伴為伍。每一個人似乎必須無端無眠無時無刻加緊工作，累積更多資源，以期讓自己和妻小得以於紛擾不安世界中，獲致更大生存機會。於是，退休者不甘自己不再賺有財富，外加繼續面子的重要性，假裝都很忙，而諸多觀看者晚輩們，卻也全力配合演出，舉雙手同意大前輩當然沒退，鼓勵掌聲吆喝呼喊，樣樣都來。這不是虛偽，而是為自身將來會碰上的同等景況做準備。只是，退而不休是名堂，事實景象卻是，當事者的身影一天天模糊於日常世界，越來越多事情找不著他的名字，也見不到人，縱使偶有遇之，則早已是無聲之人，參與不了年輕場域的熙攘熱鬧。自己端坐一角，人們擦身而過，頂多行個禮，一秒開溜，剩下仍是孤獨一人。西方人深知此理，早早就公開宣告走向山林鄉間，都會大城的眷念會成空，沒必要苦苦緊抓，而年紀愈老，根本一下就鬆弛，年輕人都尚未表態，自己卻已經被挎臂軟手自我棄絕於外了。

退休應是還給大自然準備期的開始，愉悅不在話下。如果總放不下自己豐功偉業，也還要繼續扛一卡車任務，表面上或有人捧吹，自己卻可能越見寂寞，直到崩潰。那麼，臺灣的退休安靜悠閒小鎮何在？事實上，文化觀念改了，它自然就會出現。果真有出現的那一天，我們都會心情大樂。

＊寫於二〇一九年三月二十一日

中秋烤肉的解釋

小時候過中秋，就是享受文旦和月餅兩種特定食物的時刻，幾十年的記憶都如此。現在這二類一自然水果，一加工甜甜點心特定食品，仍然受歡迎，後者變化許多，大小厚薄均有，前者也陸續開發出多項副產品。顯見傳統仍然受用，而大家更巧思精緻，繼續歡迎。

但是，當前的中秋，還不只如此。不知從何時起始，臺灣中秋節成了烤肉節。每年一到這天前後，家家戶戶一定有某些成員參與了相關活動。它的盛行率或許比美國七月四日國慶日，許多人也是烤肉慶祝來得高。為什麼臺灣中秋要烤肉？聽過不少人自問，卻也立即陷入不可解的苦笑傻笑表情中。

可能的一解是，中秋係傳統節日中，由夏熱轉至秋涼時刻的代表者。換句話說，人人知道賞過月亮之後，風起冷天慢慢將至。而火的旺盛是應付寒冷的象徵，臺灣人愛吃的火鍋，原本適合做為代表，但，它有點過熱，難以舒暢享受，尤其臺灣亞熱帶，季節到了，卻往往體感仍是日間滾燙，夜裡悶燒。於是，同樣具備火的象徵，然卻不存在著熱烘烘特質的烤肉，正好派上用場，足可作為代表季節更替的美食行動。然而，此說仍有說服上的弱點，那就是，冷熱天變動年年發生，為何過去就只有柚子加月餅，卻從未聞有烤肉？顯然，烤肉是近幾十年才出現的「新傳統」。

的確，八十年代中葉出國留學時，尚未見到臺灣中秋烤肉，所以，它無疑是極為晚近才露頭的大眾節日休閒聚會活動。烤肉如何出現，又何能引發熱潮？這是有趣問題。前節的解釋似仍有未通之處，那麼，是否還有其他可能緣由？烤肉在美國是家庭親友聚會的最愛，對臺人而言，無論訊息是來自影視節目還是各項相關報導，它無疑是一種西方生活時尚，也就是與被認為喜愛戶外運動的西方人不可分割的另類戶外活動。那麼。臺灣居民又有何機運可以享有此一歡樂時尚？答案就在上一世紀末端，臺灣已然歷經三十年經濟大起飛，並且在不少人認定中，自己國度嫣然塵埃落定地轉型成了「進步國家」位階。進步者，當然有權擁有時尚休閒，而最時髦的戶外烤肉即成了首選。雖然美國家庭多有樹木草坪花朵相伴的後院以供烤肉聚會，而臺灣卻見小巷老寓屋角的盤盤鐵架升起火，兩相差別，無語形容。大抵後者文化重視口慾，環境搭配與否，業已淪為次要，再加上想像中的時尚，或也涵蓋了自我也擁有人家優美後院的幻覺，一切就在無障礙前提下，無處不烤，無人不歡，也是無地不火的了。

烤肉不僅是現代性的象徵，也是解放式的後現代舉動，大家無拘無束，美妙香鼻之煙火，瞬間溶解了各類有形無形限制。它新潮，西方，年輕，以及家庭為主，卻又超越家庭。所以，烤肉讓人們享受了中秋傳統節日放假，卻又以此一新潮事物來逗趣戲弄玩票傳統。這是臺灣擠入進步之林，並更躍入後現代，極力尋求解放自我的集體創意。當然，前述即將邁入冷天的宣告，也就順勢旁敲側擊，踏入被接納之林。換句話說，火鍋太熱，烤肉剛好，有火，象徵暖來，卻仍可於夏季享用之景況，正好加入催促它成為新項傳統的力道。

＊念頭起於二〇一七年十月十二日，完稿於二〇一九年三月十八日

公共貢獻與先進國度

很多人都會問說，臺灣是不是一個先進國家？大概也少人有辦法具體回答。依照西方的準據，義大利大致上是先進國家的最起碼標準看板。那它到底有何明顯指標，足以供人區辨或指認？這個指標應該就是公共貢獻。

臺灣人常在某處發生災難時，慷慨解囊，大力救援。這當然值得鼓勵。但是從文化角度視之，善款並不是公共貢獻，因為那多是為求自家福分。也就是說，捐助可以累積功德，將來自己和家庭會獲益。它和傳統故事裡的造橋舖路和辦學蓋醫院同等道理。中樂透者常會捐款幫助弱勢，多數也是尋求私領域的福報，所以，這也不是公共貢獻。

公共貢獻必須是成為人人日常生活的一部分，也就是說，不會等災難出現或自己中獎之時刻。先進國家多擁有美麗如畫之山林城鎮景緻，都會區也是人文薈萃乾淨整潔。而這些都必須靠日常的公共貢獻才有可能。唯有全民的付出，漂亮家園才得以建設維持，而公共貢獻即直接造就了公共空間的賞心悅目。

筆者前年在加拿大多倫多探親，看到一則新聞，一名華人買下房子，立即砍掉院子大樹，結果被白人鄰居舉報，因此受罰。這位東方來的屋主，就大聲抱怨說，我砍我家樹，干你隔壁何事！但，他的處境並未獲得同情，反而被認為無知。這就是從缺乏公共貢獻地區來的人，在具公共貢獻文化傳統之地，表現出自己在公共價值觀念上落人一等的例子。

那麼，臺灣是否已達先進國家之林，也就是公共貢獻已然天天自動上演了？答案當然是否定的。島上所有城市村鎮，觸目皆是鐵窗鐵皮和加蓋違建。這些醜陋外表讓人看了不舒服，心情好不起來，至少差距先進國家好一大截。具有公共貢獻文化的地區居民，不可能會讓大家一起苦於醜陋，因為那違反了必須讓社區家園美好舒適的準繩。日常時刻裡若會充分考慮到他人，就不會總是讓人看到醜陋，而家裡內部再怎麼美輪美奐，卻也僅為求得私自享有。

我們常自詡說臺灣健保世界第一，捷運高鐵也是全球屬一屬二。或許這些真的讓國人感到驕傲，但，嚴格說起來，那都只是政府服務人民的幾個基本點項，不足為奇。我所說的公共貢獻，指的是人民的素質。先進國家企業家和大明星對藝術文化和科學研究的大筆捐助，都是在比鉅額大量，而且前仆後繼，百年不衰。各項獎學金和贊助名目多到難以勝數。那都是公共貢獻的一環。青年學子在這些國家唸碩博士班，總有辦法申請到獎助學金，就是這個道理。臺灣當然也有部分績效，但仍有大段路途尚待努力。

常常有人宣稱臺灣最美麗的風景是人。看到相關報導，苦笑中還真不知如何回應。按，待人良善，應只是做人的基本而已。到了先進國家，在路邊看地圖就會有人來問需要幫忙嗎？前述巨額捐款成習，也從沒人自誇在地人的風景真是美。可見過去臺灣人對他人有多壞，所以現在稍有進步，就沾沾自喜，殊不知那僅是邁向先進國家最基本項目之一而已。公共貢獻講起來容易，卻是有著文化根的深層阻礙。除非革命性之改變潮流有機會大起，並持之永續，否則難如登天。

＊起念於二〇一七年五月十七日，奧瑞岡州幽靜市Eugene, Oregon

完稿於二〇一九年三月二十四日，臺北

市容點線面

近三十年間臺灣可被讚揚的一點，或許就是文化資產的受到重視。法規條例推陳出新，維護歷史古蹟和傳統在地特色據點的行動，也時而所聞。惟相對於此者，卻是公權力一方或者財團背景者，總會不時被質疑執意拆除如古樓煙囪舞蹈社址等等的人們硬體記憶，有時一把火來，立即去除老舊，一舉可以蓋新樓賺大錢。至於那惹事的（對某些人來說，或許是喜事）焰火怎來，卻也是疑點重重。文化資產的各方力量拉扯，正於臺灣天天上演，看不到休止日。

抗爭者維護古蹟，精神可佩。然而，臺灣的人文美景古蹟，全部都只是一個點。一個點的意思是，維護者就在這個點上執著不已，說它承載幾代人的記憶印證歷史的軌跡云云，但，卻少有人會關注到這個點之周遭，早就一蹋糊塗，鐵窗加蓋醜到不行。有時真的讓人不解，在水泥叢林萬醜之間，硬要留一個老老古厝，到底做什麼？旅人慕名想來探個究竟，卻都須穿越一堆景觀上極為礙眼的樓屋，才能抵達，而此時心情根本早已大打折扣了。臺灣的有形文化資產，就是一問香廟，一座深井，一個古樓，或一個老舖等等，一點一點散佈於全國各地。筆者既會提到點狀，那勢必應有與其相對的線狀或面狀的存在。當然有，可惜那全都在國外。線狀或稱帶狀，就是一整條大面積，全是文化資產。德國的法蘭克福有一沿著河岸的幾十間大小博物館帶狀分佈，那是帶狀的文化資產，一下子即能感動來者，自然而然就會挺身維護。歐洲和美加地區更有不少整個都會的老市鎮（old town）街坊，就是一個面狀的大古蹟區域，置身於中，輕鬆欣賞，特別愉快。拼命於點狀者，和完全不需要拼命就人人自動愛護帶狀和面狀者相比，差距何止千里。

在臺灣，常常聽到人們驚豔某處建設的表現，都會說「那好像外國喔！」好像外國的感受，必然是身歷宏觀景緻之境，也就是感染自己的，正是周遭遠近，仿如處於天堂美地。西方外國重視的是面，整個大面，而且是人人將之納入生活。一個古蹟車站四周，必定也是古蹟式的社區建築鄰坊，一片雅緻景觀，而不會只有一個點在那邊。單單微不足道的點，根本引不起舒暢愉悅之感，因為全被包圍它的惡劣大環境所破壞了。

臺大準備建人文大樓，卻一卡卡了將近十年，因為有部分人在抗議反對，理由很多，主要集中於建屋體狀必須完整配合校園景緻，不能大型，天際線要美，古色古香也要。但是，抗議者似乎只著眼於校內。殊不知臺大此樓在臺北市內只是一個點，縱使這個新大建築如眾所盼，美到不行，它還是身處於千萬戶鐵皮加蓋生鏽鐵窗公寓的醜陋市容裡。抗議者也是臺北市或臺灣居民一員，有沒有曾經抗議過那份醜陋呢？尤其裡頭還有些建築專業人士，真的很想請問他們：到底是誰把市容縣容甚至國容，蓋得那麼難看？其實最終似乎還是要回到如前述古蹟的在地思維模式，亦即大家只看到點，接著就為它爭得半死，卻少有人感受到環境容貌早已全面潰爛，醜斃了，那還斤斤計較一個小舊廟小古屋或校園一隅幹嘛呢？

＊起念於二〇一七年五月十五日，奧瑞岡州幽靜市，Eugene, Oregon
完稿於二〇一九年三月二十六日，臺北

一次一個真理：一神教文化的日常生活

在北美洲行旅的人，很容易聽到當地人說「祝你有美好的一日！」（Have a great day!）、「祝你在今天剩下的時間裡愉快美好！」（Have a great time for the rest of the day!），或商店付款時，店員問到「你今天需要購物袋嗎？」（Did you need a paper bag today?）。他們話語中，總是以當日為對象，就是問今天安好，或給予一天甚至半天的祝福。這是基督宗教一神教單一性文化觀念的日常景象一瞥。也就是，人們以清清楚楚可以掌握的時間為交換心情的範圍。時間無從模糊，就如信仰執一，無從模菱兩可一斑。這是文化的時間面向特質。

在美國開車，必須絕對遵循單一路線行進，不得沒事跨越旁線。遇到有二道左轉線之時，車子只能依持特定轉彎的單線行走，右邊線者，彎過去後只能行於右線，同理，在左線者，轉彎之際及之後，均不得轉超本線或換線到右邊。不少非在地亞洲人駕駛，都有轉過去不經意間從右變到左而被按喇叭到爆的經驗。遵循自己足可掌握之一線行走的方式，即如前述當日祝福原則一樣，不得模糊兩樣。這是另個一神教文化日常觀念實踐的例子。此則是空間面向之特質。

還有錢財面向。剛到美國唸書時，有臺灣同學至銀行辦事返回，大聲嘲笑老美行員數個幾張鈔票，一張張分別算，十張二十元券，就同樣動作二十次將鈔票由手上放置桌上。「人家我們臺灣，多厲害啊，一次五張一疊，拍拍拍數過去，幾百張難不倒。所以，過去聽說美國人數學差，果然真的」。同樣取笑對象，也是和金錢有關。另一位同學從超市回來，秀出收據，買個三支牙膏，紙上出現三次單一牙膏打字紀錄。「真是笨，不會乘以三，打一次就好了啊?!簡單算術都不會」。

上述這些時間、空間、以及錢財面向的事情，在多神多靈民間信仰基礎的臺灣會如何？首先，在臺灣很少聽到「今天好！」之類的問候語。反而，動不動就祝福「永遠快樂」或「天天開心」。單單定著於「今天」，似乎不是一個在地文化的時間思考要素，因為太具體也太短少，與擁有一大群神佛在身的境況，差距太過懸殊。而一下子就強調「永遠」的預祝，或才能顯現出超大力量，也是最高誠意的反映。再者，開車左轉過去，原本在右線，轉過去變成左線者眾，誰搶到那一線誰贏，也不會有人抗議，大家真的挺有文化默契。對臺灣在地來說，規規矩矩行在受限路線上，無疑是一種不知變通的呆滯表現，就和僅靠單一神祉力道，當然與多神眾力齊發，不能相比，聰明人必定選擇後者。至於數鈔打發票，不是量多籠統快速，就是一下子心算成功，它們的確引人入勝，也是臺灣幾乎人人都擁有的傳統絕活。人們除了相信來自多方之神力的加持，另一方面，自己的數學智力當然也不容否定。

西方一神教深入生活，東方多神教也同樣日常報到。前者強調一個真理，一本聖經，以及一個上帝。真理只有一個，各種生活中的一次，也只能有一個真理依循。於是，生活規範秉持著單一正確觀念，清楚憑據是必要品，不超越跨走他人的路線，也是要項。而一天天有限範圍的交流問安，更顯得較具真實性。至於多神教一方，多多益善的超自然信仰力量，造成一種不受限的空間時間感知，真理模糊跨界，接著出現的就是，一輩子相愛的卡片送達住處，或者轉道轉彎隨心所欲，以及收執聯上看不到條條細項。文化的嚴肅面是教堂廟宇，輕鬆面則在於你我早晚活動裡，輕鬆與嚴肅其實一體，偶爾來個簡單觀察，趣味無窮。

＊起筆於二〇一七年三月十七日，奧瑞岡州幽靜市Eugene, Oregon

完成於二〇一九年三月十七日，臺北

屈辱、聖戰、與「燭紙花」場景

伊斯蘭國及其他激進伊斯蘭組識的號召文書中，常出現自己感受到「極度屈辱」的說法，因此必須進行聖戰，以期化解屈辱。不只一次筆者和臺灣的伊斯蘭相關朋友聊天，他們常會說，「外界都認為我們穆斯林為恐怖份子，我們才不是，但，我們隨時準備參與聖戰！」顯然，激進和溫和雙方，都提及非要不可的聖戰，可見在穆斯林生活世界裡，它佔有至高無上的位置。那麼，什麼理由必須聖戰，聖戰內容為何，以及何時行動，以哪種方式證明自己正在聖戰等等，似乎就依照各自詮釋和認定說服之功了。

一個直接的理解就是，在多元競爭加上多元自主的全球景況下，有非西方主流宗教與世俗意識形態地區人群，認定自我生活觀點種種應被尊重勵行，但卻始終不如意，於是深深覺得壓抑屈辱，代代人口接續被操縱玩弄，在忍無可忍心境下，合理化了聖戰號召。幾個世代的忍受，代表那是自被歐洲帝國殖民統治剝削的最早期算起，這筆帳既然深仇似海，當事者以「極度屈辱」回應，自可理解。

極度屈辱的付之聖戰實踐，換回來的，即是西方國度輪流主辦的千盞燭光、一紙卡片、加上鮮花叢籃等「燭紙花」三合一新傳統。一幕幕的燭紙花不定期地於各地上演。人們點蠟燭，寫思念話語，還有買來花朵，全數放一起，哀傷悼念恐怖攻擊的受難者，然後，同一陣線的政權同時間發布不怕不縮的堅決反恐宣示。那是週而復始的情事。也就是說，屈辱聖戰和燭紙花反恐兩造，永遠說服不了對方，自殺攻擊，聖戰者人死，爆炸過後，路過人死，接著燭紙花上場，借問，那有意義嗎？西方在數百年世界性無情競爭之後，確定了佔有最大資源，隨著才肅立所謂的多元自由與和平進步觀念，它表面上有理，畢竟強調和平人性，但，事實上與另一方宗教國度，為洗刷屈辱之名而發動聖戰，二者間根本不相交集。再多次燭光哀悼會，也感動不了聖戰參與者，從而思及停戰。另一方面，聖戰的持續進行，亦不會讓那些多元自由主義教條人士，去接受激進伊斯蘭也是多元之一。所以，雙方在彼此全然忽略對方價值景況下，燭光與火光無疑將繼續全球性地演下去。

傳統中國有不少鼓勵人尋死之論，如士可殺不可辱、死有重於泰山、成仁取義、殺身成仁等等。日本鼓勵人赴死者，則有武士切腹和近現代的神風特攻隊。這些是東方找死的模式。伊斯蘭文化背景演化出來的當代自殺客，驚嚇到許多人，但，對照當下多已被美化了的歷史上東方求死故事，就可了然。文化的鼓動，就是有辦法驅使該文化承載者付諸行動，只是何時會鼓動到何人，平時並不易察覺，等到關鍵點現身，自然有出頭者。再進一步來說，只消文化鼓勵要素存在，文化成員人人必都具備鼓動而出的潛力，前舉臺灣穆斯林友人之聖戰論，也是這個意思。

東方赴死文化斷根了嗎？未必。未來若出現類似救亡圖存情境，當又可看到靈魂再現的新版文天祥和三島由紀夫。穆斯林是現下最顯性的赴死出演者，因為深層屈辱和家國滅絕正現於他們眼前。自九一一到蓋達到伊斯蘭國，赴死的成員絡繹不絕，顯見該文化價值有一極其高度之鼓勵人必死的要素，這個要素不消除，恐怖主義不可能滅絕。只是該文化根要素，偏偏不可能消除，於是一次次燭紙花聚會，才會等著上場。

西方標榜的自由多元，其實一點也不多元自由。一神教傳統就是宣告獨一無二之最高價值，基督宗教如此。握有最終極資源的歐美國家集團，百年來用盡全力操控非西方國家改採其價值理想，卻不料引來在地文化根的無休止反彈。許多第三世界人類的不幸，皆肇因於此。非西方國家很難有機會「自由」選擇他們的政治制度，多半就是趕著模仿強權模式。因此，「多元」的口號就只是口號，一有與民主共和體制相違背者，即會受到批判制裁，想多元，永遠是癡夢。伊斯蘭和基督傳統一樣，也是單一最高信仰的價值理想，一神遇上一神，誰不讓誰，於是，一方強勢一方弱勢對照下，後者只有四處尋死，廣泛報復，以維自我單一價值，而前者既標榜文明多元開放自由，卻也無從選擇地於不同地點參加燭紙花活動了。

＊起念於二〇一七年二月六日，奧瑞岡州幽靜市Eugene, Oregon
完成於二〇一九年四月四日，新北市安坑

東亞情色

從半世紀前的公路局金馬號起始，直至臺鐵觀光號，莒光號時代，年輕隨車服務小姐，或說車掌，就長期是媒體報導和日常話語的美談。更不用說後來大家口碑甚佳的空中小姐了。記得七〇年代臺北市公車隨車車掌服務決定要取消時，曾引起普遍焦慮。最多人提到者，就是擔心司機一人又開車又剪票，會分心，忙不過來。但，這其實只是表面理由，最重要的是，怎麼年輕女性溫柔服務，一下子變成中年男司機的粗糙往來，哪能習慣啊！

常聽聞周遭友人茶餘飯後講述搭機經驗，其中空姐美貌是為關鍵話題之一，論述範圍涵蓋日本，韓國，越南，新加坡，馬來西亞，泰國，還有當然就是本土臺灣。臺灣綠土味航空公司，相較於其他，即不時被說成「醜醜的」。紫色系列空服員罷工，上報最多者，就是談論她們的顏值。不是選美，不是模特兒，那為何非要美嬌娘不可？此一提問，倒是從沒人主動講論。另外，說來說去的美女所在，就只環繞亞洲各國，而且偏向東亞，這點也少人驚覺發現。難道，只有東亞空姐貌美冠全球，其餘通通沒得比？

筆者首次出國就到美國，而那也是生平第一次感受到「文化休克」（cultural shock）。搭乘的是美國航空公司班機，服務人員男女皆有，但，都是老伯伯母輩分。那簡直和印像中，一上飛機就空姐百分百美女如雲等在那邊之景象，完全相左。驚訝程度飆高，直到服務人車美食飲品到了眼前，才頓然知曉無論老少，招待客人其實完全同款。冷靜下來之後，開始慢慢思索為何那廂必須年輕女子上場，而這廂就一般路人老頭老媽模樣？

有人會說年輕人體力佳，在客艙裡可以提供較迅速有效的服務，這和前面提到的車掌取消理由一樣，只是表面說法。畢竟，此說若成理，樣樣事情都只能找年輕人，而人一老就直接被宣告無用。只是為何西方中老年人照樣在交通運輸行業賣力呢？顯然，年輕貌美只為服務眼睛感官，與體力和服務效益無關。

東亞情色文化，源自父系社會傳統。千百年來，受到儒家價值影響國度如中日韓越，再外溢至新馬泰，臺灣當然在內，妻妾一起直接服務男性家長之外，還有婢女外伺幫傭。除了正宮，其餘各類均屬年輕範疇。越高階者，也就是科舉高官和富有人家，越有機會妾婢環伺。以前金馬號是高層人士專利，接續的觀光莒光特快車亦然，飛機更不在話下，它們幾乎就是沒能擠入上層階級者的閉門路。婢女級者相類比於車掌，她的下崗，讓習慣於被伺候者焦急，而妾女級者即如金馬觀光莒光各號以及空中小姐，高級人家才有福份，她的美貌指數當然須遠高於婢女級的車掌。也難怪常常有人在比誰家航空最美，稍遜者還得罵名。過去醜人家大概也當不了備受寵愛的小妾，如有越線，必也是異樣眼光撻伐。

東亞空中小姐標準樣態的演化史，可以推得歷史答案。所以說，前陣子發生的洋男大胖要求踰矩服務，而空服員竟然照做的事件，就可解釋得通了。當天機上後者對前者的特殊服務項目，其實古代妾婢都必須做，一切自然而然，不會懷疑自己是否應該上場，做就對了。文化批判批了半世紀，就是批不到這裡，因為人人是歷史文化承載者，習於享受年輕貌美之服務，在航程中，乘客們多半是樂得醺淘淘。而老外看到此，亟欲轉來東亞貌美航空，不僅避開自家老伯老娘臉皺皺慢三拍，還得了妾身的便宜賣乖樂趣。

＊起心於二〇一七年四月十二日，奧瑞岡州幽靜市Eugene, Oregon

完成於二〇一九年四月五日，臺北

只有「開始囉！」，沒有「快死了！」
——越南媽媽的賭場／戰場／菜場

通則：興奮開始，喪氣結束

一位寮國友人原本和先生一起經營旅運泰國觀光團前往寮國賭場事業，天天有行程賺小費，羨煞多位只能在周休五日景點勉強維生的同好。然而，這位女士毅然決然退出好賺行業，轉而開個小麵館。她說，每次早上看到口袋飽飽的興沖沖賭客，一副陽光美好，今日充滿希望姿態，還真以為從此快樂幸福。然而，入了夜，原班人馬回返，卻換了一路靜默的態勢，面容沉重外加握拳憤恨。原來，飽飽口袋已成空。友人受不了天天看到這種景象，決定不再繼續，因為，會有罪惡感，好像自己專門負責帶人走向破產之途一樣。

賭場就是casino。Casino中文諧音「開始囉」。踏上賭場征途的泰國早晨戰士，個個精神飽滿，有如戰鬥「開始囉！」一般的勇猛。泰寮例子如此，其他地方的賭場風雲也相同。美國各大城市均有旅行業與賭場合作的發財巴士，日日夜夜發車，還贈送賭券和餐券，同樣車車爆滿。車抵目的地，但見乘客爭先恐後，趕著下車衝向夢幻中的錢堆，滿心期待的戰鬥立即開始囉！駕駛員往往必須在旁勸著"Easy!Easy!Take it easy please!"（慢慢來，請大家不要急！）只是回程又見路迢迢心酸酸，因為情況與前述寮國行一模一樣。

這種前仆後繼精神，彷彿面臨與生命交關的大事，無奈最終都是慘敗。不過，敗軍等於賭客的此一自然天理，竟被一群移民女性在天邊角落裡，悄悄位移。

異類：日行一賭，社區共識

美國華盛頓州南邊小鎮有一小型casino。這個賭場鄰近三十年前的亞洲難民安置區，所以，其客源大半比率為越南人。就連執行經理和多位發牌員也是越裔。大家聚一起，越語英語交雜，好不熱鬧。好不熱鬧的基礎在於，幾乎就是同一批客人，他們和工作人員熟絡，比較受歡迎和不太受歡迎的發牌員名錄，也是人人一份在心。來到賭場，好像訪友，招呼問好，家人平安健康一併關切。這種雙方最終目的為爭搶彼此金錢的「友好」關係，怎麼看都怪怪，但，就是那份溫馨，有形無形地維繫著賭場內的群聚禮節。

同一批人為何可以常常來，又不是自己印鈔票，擁有無限賭資？答案是，他們都是賭場方圓五十公里內的鄰居，開車頂多幾十分鐘。金錢在鄰坊間流動，一下你贏，二下我拿回，三下再交付於他，接著期待四下我又賺回。隨著此一流通模式的潛意識認知，人人必須掌握其中關鍵原則，那就是不能輸太多。一下全光的話，就無法繼續參與左鄰右舍共同來與賭場中心發展出金錢交流的遊戲。此一遊戲具終身屬性，賭客們多有玩一輩子以期最後分高下的準備。畢竟縱使三天兩頭的輸錢，還是必須想像出一個不僅可以贖回，更能多贏勝利的美好前景。

越南賭客高比率為中高年齡婦女，賭場人員習以mama（比我們稱用的「太太」還親密些。我們會說，「太太，請下注」。他們則說，「媽咪，請下注」），因此，全場各桌只聞mama來mami去，說是溫暖感人，一點也不誇張。只是這些媽媽們，分秒在盤算今天quota（可用額度）還剩多少，彼此還會提醒，有一人輸得超過了，另外夥伴會發現，不久就集體共乘離去，等待下回再來贏錢。下回何時？可能就明天。有所管控，才能長久參與這場永無休止的鄰里金錢交流戰鬥，也是最迷人的社區生活共享範疇。

媽媽：天黑賭場，天亮菜場

贏錢的人不會永遠是那一位，大家輪流。還未輪到自己者，就慢慢等。反正這是鄰居們一起參與的金錢交換戲碼，今日你贏，那是贏我輸去的錢，下次我拿回本外加你那一份。金錢在這批越南前難民移民家庭間流轉個不停，而賭場也樂於擔任中介者，因為自己正藉此飽滿了口袋。

這種社區型的賭場，少有外來的賭客，偶遇路過下車小休閒者，也曾見到周末特地前來消遣一下，但，他們影響不到主體莊家閒家往來模式，多數插個花，立刻走人。不過，賭場一見到新人，卻是最為歡迎，因為這些可愛新面孔從不知社區賭來賭去賭不大的傳統，很有可能個把鐘頭短暫，卻每每下大注。賭場因此將陌生散客的到來，視為一場慣常性賺媽媽們小小錢以外的豪華鈔票宴。

前舉的發財巴士，社區型小casino也有，但，不甚普遍，或說乏人問津，車體因此小了好幾號。發財巴士多見開往拉斯維加斯類型的超大觀光型casino，回程如喪考妣者，也高密度見於此類。難道社區型賭客就不喪氣？當然，只要輸，哪怕只是一毛五分，也是嘔。主要是一去不復回的大輸家，已經毫無返回機會，他們可能立即擠入美國接近百萬人因賭而破產的行列。而這些越南媽媽們，果然是媽媽，來到賭場，有如天天菜市場報到一斑，只是一個夜晚現身，一個白天蒞臨。她們適應力強，把輸掉幾十或數百元，當成市場買菜被貴到了，小小損失，無礙，罵罵菜販（或發牌員／所以才會有不受歡迎的發牌員）了事。於是，來日繼續端坐牌桌，哈拉問好打招呼，可忙得很，大家相互提醒，開始囉！

越南媽媽在桌前從不停止講話，更是相互批評打法錯誤或者羨慕妳的運氣特好，工作人員尤其是白人發牌員，要求大家不能爭吵，但認定自己英語不佳聽不懂的客人，多半僅僅理會個幾秒，又繼續開講。這種有如菜市場三姑六婆閒聊家常的景況，絕不見於前舉泰國人到寮國賭場的場面。後者多是一次精光，沒有下回。因為，寮國不是自己國度，一趟遙遠，難以形構出一社區金錢交流網絡。唯一景象只有單方泰幣流向寮方的背後華人大老闆與政府的抽頭。

「開始囉！」（casino 中譯）可共同見於社區型媽媽賭客和包括泰國美國在內之一次輸光郎賭王賭神賭仙賭鬼們的早晨。而「快死了」（casino 另一中譯）則唯有後者人人於入夜歸途中飽受滋味。前者人等，一般更顯聰慧，不會讓自已在社區內孤單，總能留一手，趕在「快死了」之前剎車，等待下回分曉。

纏鬥：族群堅毅 爭戰繼續

上個世紀七〇年代中，美國在越南戰爭敗興而歸，輸就輸在越南人的堅毅不拔民族氣節。當初美軍似乎缺乏聘請應用歷史學者為他們教授越族千年不服中國勢力壓迫，從而天天抵抗不休的道理。於是，美國大兵最後淪落至攜著精良武器狼狽而退的下場，卻還滿臉狐疑，不曉緣由。殊不知，越族長期飽受北方帝國的侵擾，早已養成一種永不屈服的纏鬥精神，中國人來，摸著鼻子縮回（歷史上中國直接統治過越南一次，最後都因焦頭爛額於在地的抵抗而主動放棄），美國人來，照樣給你吃秤頭。

越戰結束，大批難民被美國安置。他們多來自於當初與美國合作的南越，但是，越族只有一個，他們共享外來侵略經驗，因此，北南類似氣質，也就是那種纏綿於戰鬥場上的文化特性齊一。戰爭時期南越在美軍操控下，無從展現此一永遠堅持不退的特質，這下子搬遷到美國了，賭場的機會，終於不讓六〇、七〇年代的北越專美於前，出自西貢（越南統一後，改成胡志明市）班底的人們，也要來個一展長才。基本行動模式是，社區成員全數湧向牌桌，終年努力賺錢。外來賭客一下子就雙手投降，永不再現。而越南裔玩家，在媽媽團隊的領軍下，以菜市場經驗重塑進入賭場的金錢運作策略，充分發揮長久纏鬥的老把戲。看到媽媽們一直來，還以為她們家財萬貫，永遠輸不完。其實，只能說，一切在這些幹練女性們的掌握中。賭場看到媽媽群前來，頭是痛的，因為鬥來鬥去，贏不了她們什麼錢，還得忍受喋喋不休的桌前菜市口角。

越南人將戰爭搬到賭桌上，繼續發揚光大族裔的特質。從泰國到美國的一次賭光郎，著實需要向越南媽媽們請益。大家都有美好的「開始囉！」，卻獨獨媽媽團隊可以不走向「快死了」的命運，她們打破了賭博人興奮開始，喪氣結束下場的通則。一個華盛頓州小小社區型賭場，訴說著越南女性代表全族於二十一世紀前半葉所開闢的另類戰場。從菜場經戰場到賭場，都難不倒她們。族群的堅毅也公告周知，外來勢力千萬別再重蹈覆轍想來染指越南，否則必定纏個你哀叫求饒。

*寫於二〇一七年一月二十二日，奧瑞岡州幽靜市Eugene, Oregon

遠海孤寂　山高太寒

多年前曾與友人一起至西雅圖北方小鎮艾德蒙（Edmonds）一臺灣人家作客。那鎮區居高臨下，面對海洋，頗富風景優美盛名。果然，一進門，超大片亮潔玻璃窗，佔滿客廳一整面，望出去，正好一艘往來島間渡輪內海上悠然緩駛，大家驚豔美不勝收，隨即欽羨恭喜主人的幸運好命。惟在尖叫狂呼聲中，筆者望見主人面色凝重，不回一絲笑意。此時，回憶過往前赴清境農場眷村和花蓮海邊部落小村，也曾親見年輕人怨恨自己身處此地，或者感嘆家祖為何笨到選在這裡定居。但，同樣地，外來遊客卻也是稱讚美有加，直嘆好空氣，美視野，然後說，「你們住這兒，好幸福喔！」

紐澳的大地幽靜，美到令人窒息，但，同時也有臺灣人被吸引過去之後，就開始坐移民監說法。難道大山海景禁不起考驗？不是所有文獻媒體故事影像等等，全數在讚賞大自然天堂極美意象嗎？這怎一回事？答案是，孤寂！都會人的無知，可見一斑。他們掌握大多政經社醫商學等等資源，天天享用，而這些種種，在高山海岸聚落，都難以擁有。都市人偶爾一趟山海之旅，就大小聲於在地人面前詠嘆，殊不知後者居民早已厭煩此一無望之處了，聽到此等無意義的讚語，更是欲哭無淚。一部分受到短時間旅地美景所迷幻者，也是有錢人，他們想方設法住到望洋別墅，高興一夕，卻在未來日子裡，倍感孤單無聊，艾德蒙住家和澳洲黃金海岸或紐西蘭北島臺裔坐監如畫美景人家，就是典例。

同樣是山海，無論是世代原居民，還是富裕別墅擁有人，只要長久居住者，都很可能讓自己處於非常折磨的境地，觀左看右，前瞻後顧，盡是無望，或者室內豪華，窗外大海綠藍藍水波，也是一人孤獨至極。

華人移民到北美洲，一定是集中於兩岸的大城區間，因為那邊熱鬧。中西部美國之得以常保西部開發時代的基本族裔文化舊觀，也與亞洲移民不會進來改動人口結構有關。講起中西部的小城，華人會有不覺感到唏噓心情，因為找沒多少高樓大廈商業娛樂可以消磨。然而，中世紀教會修道的傳統，正是西方文化的重要特點。美國人最喜愛或習慣的城市大約人口三十萬上下，那是修道院小規模設置的延續設計。不少鄉間旁常有大學城建立，也是修道傳統，那是安靜唸書探索真理的規制。從未聽聞哪個中小型城市人口流失撐不下去，或者大學城學生喊著無聊的消息。反而赫赫聞名如印第安那普渡大學和愛荷華大學的前者理工後者文學，都在此些地點滋養成功。

臺灣上世紀末以降，大學廣設，其中有不少仿效北美大學城，特選鄉間小村邊，開個超級校園規模國立大學。偏偏我們缺乏修道院小而美，同時靜修學問的傳統，於是師生不適應者眾，全校鎮天看不到人影，因為許多都早早擠身於趕往都會的特快班車中。都市人一遇假日即湧往鄉野之地看山海，大口新鮮空氣入肺，而山海人家，包括假裝山海模樣學院的教授學生亦然，周末一到，一股腦兒反方向行走，趕緊回到都會來個人氣深呼吸。熱鬧起家的文化國度，供給不起優雅靜地的大學院校，越多幾所，就等於國家沒事多了一些農鄉小村，因為他們和傳統村鄉住民一樣，到頭來就是對僅聽有鳥叫蟲鳴土地的揚棄，畢竟，那邊山高遠海，人少到不行，長時間的孤寂太寒，正驅動著大家眼睛向外的逃難意識。

＊起心於二〇一七年五月十六日，Eugene, Oregon奧瑞岡州幽靜市
完成於二〇一九年四月十二日，寮國永珍Vientiane, Laos

荒

數年前，一名學生到美國內布拉斯加（Nebraska）一所大學留學，他來信的第一個評論是：這裡很荒涼，有把獵槍在手，隨時打動物。筆者曾開車橫越北美大陸，途中拜訪友人，他預知上路後的情況：下兩個州，基本上一路荒，玉米田陪你大半天。前兩年在奧瑞岡州中部幽靜市的奧瑞岡大學訪問，一次準備南下至接近加州城鎮蘿絲堡（Roseburg）走走，朋友第一秒問到：蘿堡那邊什麼都沒有啊？去幹嘛！剛到西雅圖（Seattle）唸書時，第一次開車出去，五分鐘之後，即轉到二邊都高聳大樹的美景路，心一驚，本能性地趕快返頭駛回，以為到了哪處荒郊野地，怕得很！有一回，家族長輩來西雅圖探望，直接抱怨說，美加實在沒什麼，一路都森林，車上只能睡覺，無趣看那荒涼一片。一位在美工作很久的臺籍經理，曾面試一名ＵＮＤ畢業年輕人，他不太清楚ＵＮＤ是哪兒的簡稱，畢竟，一般印象多是ＵＣＬＡ或ＵＳＣ或ＭＩＴ等等名校，再細問之，才知是University of North Dakota（北達柯塔大學），哈！那是什麼荒地啊！怎可能學到學術科技？當然不錄用了。

中國文化承載者為何對「荒」如此敏感、害怕、甚至嫌惡？「荒郊野地」是一常用的日常詞彙，字義上它直指人類足跡不到的處所，舉凡人跡罕至就被認為是空白浪費，例如「荒廢」或「荒蕪」的形容字詞。而若荒的要素逼近人的居所範圍，就會出現「飢荒」的評斷，也就是人居之處若成了荒，那必定要挨餓了。簡而言之，非人無人少人之地，原則上就是一個「荒」字。筆者之見，中國人口為何如此之多，基本上就是一種設法消滅荒的集體超大型人類群落文化運動。

我們說，人滿為患。但，反過來說，人會滿，其實是自找的。海裡屬於小魚階級者，必定是永遠擠成一大堆，他們四處遇到大魚獵食者，自以為圍成一大圈，就安全了。也就是說，魚滿為患，才有實體存在感覺。人口課題亦然，一定要人滿為患，才有真實感。所以，華人到北美，必定都選住於二岸大城市，在那兒如同家鄉作為，擁擠成一大團。大團人眾是為自我感到安全之保證。

如同小魚擠一堆以為安全了，少一些，好像沒差，殊不知陸陸續續已被吃掉，直到輪到自己，也來不及了。中國文化人擠成一堆，不定期少了一些，好像也沒太大感覺，殊不知，那些都是被專制極權所整肅殺戮消失無蹤，惟尚未輪到自己者，似乎無感，直至死到臨頭，才呼天搶地。擠一堆的文化，一向視空無一人之處恐怖危險，他們不以自然／大自然的美好予以界定，反而總是以負面的荒定義之，此舉也用來增添自己想像中很安全地擠在一起的文明性。

荒地的排拒，造成自我世界的狹窄，以至於對擠成一堆之外的情況所知甚少，於是就憑想像建立圖像。中國古代的泛《山海經》著述，把人獸特徵胡亂兜在一起，說是遠方模樣。近代代，到了當代，則把西南地區的瘧疾肆虐，空想成抽象難解的瘴癘。荒地果然不是異樣就是危險。到了當代，出個門看到大樹林立，如果是一個人，就無由間緊張，若是一整團，則會感到單調無趣。這就是如何看荒地的文化傳統，人心開闊不了，總擠成一起，然後大力參與滅荒文化行動，以為那才是人類正途。反之，西方人卻往往想方設法把自己家庭院弄得像個自然「荒」園，甚至買個鄉村州郡大片土地，就是要杳無人煙之地蓋悠閒家屋。那是個大自然世界入心的文化意境，著實引人生羨。

＊念頭起於二〇一七年四月二十七日，奧瑞岡州幽靜市Eugene, Oregon
完成於二〇一九年四月十六日，寮國永珍Vientiane, Laos

「面式殼」的假人假意

多年前筆者擔任系主任，創舉了師生盃球類競賽，每年都安排壘球和其他諸如躲避球或足球老師一隊與學生一隊的較勁。很有趣，也大大拉近雙方課堂嚴肅教學的距離。有一年，壘球賽又來，按例滿懷欣喜和年輕人較量。不料，此次卻是失望遺憾甚至憤怒的賽後離開。因為，學生們打假球。

為何會打假球？是文化使然嗎？比賽時，學生有如小丑般地故意漏接，老師看在眼裡，滿身羞辱地原本不該上壘卻上壘。比龜速還慢的球來了，學生卻也跳圓轉舞般地揮棒落空，然後，隨即以棒撞地，裝成一副極其失落樣。學生搞怪時，會用手套遮一下臉，有如那一刻戴上了「面式殼」（mask），再以面殼為掩飾，做了假仁假義的事。帶面式殼者，十足也就是假人假意。

完賽後，老師隊大獲全勝，但，值得高興嗎？筆者不知他人想法，或許有以之就是玩玩罷了，勿需太過認真，也有覺得年輕人搞笑到滿地滾，可愛！但，無論如何，自此就不再參加師生盃了。筆者的觀念是，既然是競賽為名，就應有實質意義，輸贏根本不打緊要，友誼賽不也如此？但，前提是必須要真的打一場，每隊成員同心協力，各自發揮實力，用心做好這一事。一旦作假，前功盡棄，一切泡湯，失去了運動精神，極可能也丟了友情。難過返家後，又繼續難過，接著出現一個疑問，「這些面式殼人此事假演，他事會否也是樣樣假冒連篇」？或者，他們承載的文化，難道都是如此？首先連上心頭者，就是發生過許多次的職棒打假球。

職棒被認定作假的那一球或那一棒或那一接，都可看到當事球員下意識地帽沿往下拉，上半臉頓時遮黑，有如戴上面式殼，此刻再現的就是假仁假義和假人假意。腦中同時出現與學生打球被造假的不悅經歷，以及職棒造假連連等二事，頓然驚覺，原來打假球根本是文化，而非只是幾個特定球員的犯錯行為。所謂文化，意思就是，該文化總體氣氛壟罩之下，人人均有現出特定行為舉止的潛力，因為大家一起承載類同價值觀念。造假為何可以？因為可以之換取更具價值的回饋，對學生們而言的回饋，即是自認據此足以展現孝敬師長心意，而職棒球員騙球迷之後，自我和自家可得到相當財富。孝敬與家庭倫理是為儒家傳統價值，達到目的就好，管它過程造成那些錯誤。此時此刻的當事者，不管追求的是無形或有形利益，它已然超越了賽球的運動精神，以及應對所有觀球者負責的態度。

中國文化的價值項下，常聞下棋不能贏，只能輸，以順或以尊對方長者或高位人士。所以，歷史以往，假棋四處見，竟也成了民間日常話題。假棋和假球顯現出競賽中的虛偽過程，其他相關者還有偽書。書也來競賽？沒錯！羨慕人家出書，從而成就了發明與創見，於是就假造來一個比該書更具突破見解和發現的出版，期望也獲得聲名。人類知識的創造過程中，你我競相努力，最終可能某人成就較高，而他人就只能佩服學習。偽書就是在競賽中輸不起者帶起面式殼的後續作為。他們不以正軌管道角逐，反而想一步登天，掠奪他人聲望。中國的偽書千年，當然也是文化產物。假球、假棋和假書三合一，但，還沒完，當代尚有新版樣本，更是令人乍舌。

山寨版商品百分百贗品，而它正是商業競爭下的產物，它與假球、假棋、假書，同屬一文化情境。中國文化又是其中的典型代表。不願公平競爭是一大原則。取巧偏路模仿，可以省下許多心力和資金，何樂不為？學術成績造假亦然，拼拼貼貼或偷人心血或抄襲作弊或無的放矢，湊出一份所謂研究成果，企圖以此越過得到聲譽之門檻。凡此，均與科學競爭精神大相違背。學術界人諳黑此道者，必也是面式殼戴整日，他的生活周遭盡是假科學假成果。

面式殼一般多叫面具，筆者以mask諧音稱之。本文強調文化作假或作假文化的內涵，因此，以「殼」字來凸顯其脆弱得不堪一問。換句話說，倫理與法律上雙雙不允許面式殼式的假人假意，拆穿了，通通會被指責批判。但是，自年輕開始自動出演的校園假球，以及家園假棋，到了成年或任職高矚目賽事，很容易就順勢文化傳承，繼續打職業假球，來替自家累積財富。有的則出版假書假文騙來私利。這是面式殼文化故事，它天天於我們周遭上演，畢竟，文化根深，大家都難逃其繼續稱惡搞鬼的霸凌行動。

*概念起於二〇一七年四月十一日，奧瑞岡州幽靜市Eugene, Oregon
完稿於二〇一九年四月八日，北海道札幌Sapporo, Hokkaido

鐵窗與洋房：居家安全東西方

幾年前，德國《鏡報》曾指出，臺灣人是住在豬窩的有錢人。意思是，臺灣居家建築醜到不行，而裡頭卻多是經濟發展成功的富裕家庭。當時報導一出，引來討論，但，很快又無聲。我在美國求學，羨慕人家木磚獨立洋房家屋，於是畢業開始工作不多久，就趕忙在西雅圖採購一間。曾有一段時間，每逢暑期必來小住幾月，享受非豬窩家屋生活。

這幾年美國發生了無數起持槍衝進公共場所尤其是校園掃射殺人事件。輿論撻伐槍枝氾濫者全國各報都有，但都不了了之。成不了氣候的原因，一般都歸責於槍枝製造販賣商的龐大利益，他們絕不可能放棄既得好處，而國會議員又有高比率受其遊說，而不願積極考量更有效的槍枝管制措施。但，情況真是如此？我的美國觀察，近日有了另番心得。而它與前段之居家息息相關。

臺灣的家屋為何是豬窩？其實家裡頭根本不僅不會醜醜，反而多是布置得美輪美奐，倒是外表高比例都很難看，因為全加裝鐵窗，有如籠內過著金磚生活。內部漂亮自己看，很舒服，外部醜陋是外人路過倒楣瞧見傷眼，根本與屋主無涉，所以，管它去。此當亦是中國文化之自掃門前雪母題類型一例。但是，單單只是這樣？就為見不到難看處而心底自此安定？當然不會僅有如此。鐵窗重重，正是為了安全。安全才是第一。為了適應自掃門前雪文化，只好鐵桿子建設家屋，讓水泥牆外更上金剛粗條，格格方方，交叉橫列，那怕夜行飛簷走壁人，也休想闖入。這樣子有效嗎？答案是：的確效果滿分。

我臺北曾住舊公寓樓房五樓外加上層加蓋。因在美國待過，又崇仰清爽美麗洋房，於是就堅決不裝鐵窗，親族長輩急的不得了，還得了，小偷會來。果然，小偷一直上門。來一次，兩次，三次，四次。沒幾年間，樑上君子竟連續光顧。可見鐵窗有效，左鄰右舍全是鐵條縱橫，都沒事，唯有我家，永遠被盯上，因為竟然大膽到不裝鐵窗。後來，逼得不得不找個新型類似美式獨門獨院房子。這款房屋有鐵窗嗎？當然沒有，那，為何搬去住？答案是，這類房子都在新建設之社區內，同樣模子屋舍一間間，然後每戶每月繳錢養個管理中心和保全員。鐵窗換成保全外加門禁，以此來確定居家的安全。我常想，這種圈圍一區，把有街道路名編制的公共道路大牆圍起，人車無法任意進出，到底合不合法？公共馬路不是人人有用路權嗎？怪！

不過，臺灣美式洋房取名如此，卻和美國在地屋硬是不同，前者圈圍必有人車管制，後者社區多是開放空間。保全管制為了安全，那麼，美國家戶獨立一棟，如何保護自己？這是一問，自己問自己許久，終於領會出答案：槍！

以前想法天真，以為美國漂亮房屋處於綠草如茵院旁，專門供人走過欣賞。實情可不是這樣。在西雅圖之時，曾有鄰居發現附近一個空酒瓶，此事引來社區討論，緊張兮兮。我教一位同學開車，中午開進空無人車路過的社區，下午稍候再繞回，立即有一住戶衝出，要求馬上離開，否則報警。我喜歡慢跑，在很多國家都留下練身神遊紀錄。但是，一個原則，在美加地區大路邊可以，但絕對不跑進住宅社區內，畢竟距離人家太近，有失禮貌。說不太禮貌是客氣，其實是害怕。因為外表上街上空無一人，樹草花鳥芬芳，真好，但，事實上，隨時有幾十隻眼睛在監控著你。陌生人車進來，都被高度懷疑。最好不要左右瞧看人家花圃，以為好景欣賞，卻不知屋內敵意正在高張。柯林頓總統任內曾有一名日本留學生在某一人家前面探頭，加上語言不通，就被男主人一槍打死。其實那位日本青年只是想問路，他以為幽靜人家，必定祥和很好請問。哪知美景家屋的真實面，就是槍枝的發威。

在臺灣，舊樓屋靠鐵窗，新社區請保全外加門禁。在美國，沒有鐵窗，也無保全管社區，只有憑藉每家每戶的武裝自己，那就是擁槍自衛或自重。臺灣人無有福氣享受獨門獨院優勝美地的家，鐵窗一扇扇，引來國外人取笑，但是，晚上得以安睡，那些特製條鋼功不可沒。有人想要享受洋房家屋，於是興起新社區蓋出一棟棟別墅型屋念頭，但卻無法像美國一樣，「輕鬆自然」存在，而是必須整個圍起來，肅立高牆，再雇個幾十人保護安全。然而，美國果真輕鬆自然？當然不是。他們的安全機制就是買槍放家裡，隨時備用保護自己。鐵窗和圍欄保全對美國人而言，簡直是愚蠢化身，因為那若非很醜，就是與自由精神相違背。不過，事實上，一派輕鬆的美國人，每天仍是戰戰兢兢，在室內要高度警戒，車鑰匙放哪兒常會忘記，但，槍枝所放置的抽屜，卻記得牢牢。

說到這兒，主題意識是，不需羨慕洋房社區獨立美屋，也可另類看待鐵窗與我們，更應對自己躲在社區內呼應保全之外無完卵一事，感到好笑。美國槍枝無法重新管制，原因是商賈大戶不放既得利益？或許是，但，不是主因。主因是，槍枝是家庭日常一部分。日常生活必需品如何約束管制得了呢？人類尋求安全是天性，東西方以臺灣美國為例，找到一共同點，那就是安全依賴要項都是鐵，鐵窗是鐵，槍也是鐵製。

＊本文刊於二〇一六年十一月二十八日，網路版《芭樂人類學》

美國認同

曾有美國政治學者說，中國土地上其實存在著許多歧異的文明，只是它們假裝在一起罷了。而有一位專研中國文化的資深人類學家，則認為東亞大陸會形成單一大國，主要是各地類同之葬俗，所呈現出的共享價值，使大家合在一起而不以為怪。各地當然風俗差別不小，但，往來四處都可看到對逝去長輩處理方式的共通孝順精神價值，因此，那怕語言稍異，婜親多樣，也都基本包容可行。

而美國呢？來到此地不久，就發現他們喜歡談天氣和話運動，一開始覺得這樣很好，淡如水，不干涉人家私事，只說公共話題。但，過久之後，才覺不是如此簡單。天氣似乎只有北部人在談，尤其是出太陽或難得高溫之時分。因為北溫帶地區，長時間缺乏陽光或者縱使有也是力道受限，所以，一有超過華氏九十度（攝氏三十二．二度）的豔陽天，立刻彼此相告，頗具報佳音的味道，然後，所有人口一剎那間，全現於戶外。至於南部地區如拉斯維加斯和鄰接墨西哥各州，根本全年天天一顆太陽或者熱到不行，以至於也就沒得驚喜談論了。

不過，天氣之外的另一熱門話題一球賽，則全美都談。哪種球？是棒球嗎？據調查它最受歡迎。一般家裡小小孩時起即開始接觸運動，多半是棒球。於是全家大小到棒球場看球吃熱狗，溫馨好玩，也鼓勵了小球員！當然，孩子最在意的是自己校園比賽時，父母是否到場加油的了。但，棒球總歸還屬素色的球類（球員都樸素單色衣裝上場），傳媒上或加值商品上，也只有個別偶像的鋒頭，就球賽本身來說，並沒有真正成為全國日常話題。至於籃球則場地太小，擠在一起，只能看個人美姿進球選秀，也非家國一統論題對象。

看來看去，只有美式足球／橄欖球才是日常話題。不像棒球和籃球員的制式呆板，橄欖球員的服裝打扮和場地，都是花花綠綠五顏六色，根本就是為了完全展現嘉年華熱度。平常無論認識不認識，在酒吧間，在餐廳，在賭場，在派對聚會，人人一開口，就是職業或大學橄欖球隊的話題，跟不上話題者，一下就被發現他不是美國人，沒有共享最基本的文化。就如同前述在東亞大陸，某一個地區特定一群人，若沒有秀出同一價值的葬俗，馬上就落入蠻夷的標籤指認。凡此如球賽或喪葬，其實就是文化認同的起始和根源。

天氣之外，看棒球和論足球都是樂趣，也是美國人日常生活常態。天氣和球賽並置一起，直接想到的就是運動。天氣好，大家出來戶外，河岸海邊山林小徑都見歡笑臉龐。於是，「美國人喜愛戶外運動」，即成了非美國人，尤其亞洲人，當然包括臺灣人在內的固定印象，然後，「東亞病夫」污名，正好與其相對應。

但是，事實果真如此？筆者有天天跑步的習慣，幾十年來如此。曾在美國北方不同大學進行各為期一整年的訪問研究。這些地方秋天春天都是冷颼，冬日更是寒酷。唯有夏季陽光真是溫暖可人。慢跑慣常如筆者，那管天候啊，依樣是天天跑一大趟，至多就是包緊緊，外加厚厚手套頭套，照樣上路。只是，此時，你會發現，路上全程只自己一人。那麼，傳說中那些喜愛戶外運動的老美呢？很是納悶。

五月開始，跑步路上，慢慢有人氣了，尤其太陽露臉時。有天，突然一頓悟，原來，不應該界定成美國人喜愛戶外運動，正確應是，歐美人多數生活於北溫帶，甚至接近極區外圈，非常缺乏陽光養分，尤其是維他命D，於是，可以說是本能性地，一有太陽，就有戶外人湧現。大家搶著吸取D素材，才是戶外活動的準確答案。秋冬氣溫低，但偶有陽光，人們也會誇張地短衣褲跑出來，夏日若遇陰雨，多數還是躲室內，頂多健身中心小動一下。美國人超大寬廣身材者眾，這當然與飲食有關，但，缺乏足夠熱量消耗，也是關鍵。簡單的說，就是不運動啦！陽光普照時，大胖也和大家一樣，會出來搶優品D，他們同樣去球場看棒球，也煞有其事地熟知每一球隊的四分衛，以及誰能達陣得分。

電視新聞政治社會經濟等等各類，多數真的都在報導平日生活範疇點滴，唯獨體育運動項目，專報棒、籃、足球大英雄事蹟，與個人身體健康無關。大家總是滿足於嘴上運動，或觀賞超級盃神奇球力，而極少有鍛鍊自我體能的實質。但，這就是美國，人們習於此，也樂不疲，天天就講個不停，天氣和球賽充塞口耳。我們若感覺很無聊，那就注定無緣變成美國人，東方移入者，老是鄉親團聚一堆，打不進白人黑人世界，理由就是一方面戶外無感，因為在原鄉已曬太多，另一方面，打球明星實在也離我太遠，根本無從一起聊。於是，美國認同是什麼，外來人若單只會跟著口號「共和民主」，義正凜然，必仍不知了解文化的關鍵何在，因為他們對老美日常生活仍是一片空白，接不了地氣。

＊起念於二〇一七年四月二十三日，奧瑞岡州幽靜市Eugene, Oregon
完稿於二〇一九年四月六日，臺北

獎學金與墓碑

各級學校都有獎學金的設置，它多數具紀念性質，也就是說，相關人士過世了，家人或學生或企業為宣揚功績或紀念，即以其名給獎，嘉惠學子。在臺灣，新式教育制度實施以來，已有無數學子獲得資助鼓勵，這是社會佳話，值得讚揚。然而，獎學金並非只是給與受的單純過程，其中尤有須吾人予以檢討反思之處。

獎學金設置一久，申請領取人幾乎都已不知那些被紀念者是誰了。有名在上，卻完全陌生。獎學金管理單位少有藉此強化捐助歷程的激勵事蹟者，一般只見年年按表操作，發出去了，即宣告完事。但，有的捐款人對此有所感，希望錢出之後，能有回饋作為。例如，捐款人要求得獎者應來信向他致意，代表一種獲得獎助的喜悅，以及感謝對方之心情。但，得獎者有的總是慢條斯理，拿了錢，卻久久未履行義務，害得捐款人氣呼呼前來所捐大學抗議。當然，在校方系上壓力下，學生就補上了。但，翌年同樣事情又發生。為何如此？事實上，感謝信函，寫是寫了，只是，年輕得獎者哪知那名份人物是誰啊！之所以不把義務當一回事，就是已將申請領錢視為形式，說不定還以動筆填單甚至回封姿態低低謝謝您的信，都覺煩人呢！

獎學金發光了，是否就自動消亡了？曾有一個全國性獎學金撐了二十年，每年學界組織的年會，都風光地頒了獎。年年看在眼裡的是，得獎學生多是拿了就開溜，不僅少有願意繳個極其有限之入會費者，更遑論對捐款人有一份真心感恩。長長的時間過了，捐款者也在數十載鞠躬盡瘁之後往生多年，而社會經濟條件的巨變，致使基金母金竟然發到沒錢了。有人建議趕緊找捐款人家人報告此事，意思是問問看要否再捐。但，我們這等後輩學者又有何資格提出要求呢？畢竟，人家已經貢獻了這麼多年，而其後代或親人也無義務永遠支撐下去。更何況，時日久遠，現在輪到更下一輩當家，他們與先祖事蹟距離遙遠，捐款人家族與受領人所屬學術社群之間，早已陌生不識多年了。於是，獎學金必須停了。一切仿如雲消霧散，好似從未發生過什麼事。

筆者住過芝山岩，知曉山麓佈滿成百古墓塚，都是清代時候，大約距今至少五代。每年清明，都只看到零星個位數字的家墳，還有人來掃，其餘就是荒塚。會成為荒塚，理由或許可以學術整理一大堆，但，被遺忘應該就是主因。會被遺忘，大體是時間綿長所致。也就是說，日子一久，縱使擁有同一血脈，也是不理不會一乾二淨。家父墳墓是大排場墓園的一座，每次掃墓，都有如來到花園感覺，兄弟姊妹對爸爸可獲如此優質安頓，均頗以自豪。然而，有一年，大家忘了繳管理費，園區事務人員也就棄而不顧，等我們掃墓節興沖沖來到地點，竟發現整個墓區雜草已經幾乎蓋過所有，接近荒塚不遠，驚嚇難形。墳墓大小果真無關緊要，稍見無人問津，同樣都淪落荒煙蔓草境地。

獎學金的消亡，不也一樣？當人們不再有記憶，不論是獎學金掛名大人物還是墓主赫赫大名，其風華義理貢獻慷慨，通通一夕間煙消雲散。設立獎學金之當下，以及大禮厚葬的光環，或許讓人動心，但，那顯然是虛無本質的真實。獎學金捐助人後代和墓主孫輩，或許已然無感於前祖作為，無論是再去添加基金款項，或者費力耗時花大錢去維護墓塚，對當下關係人而言，都可能是極其勉強之事，因此，直接遺忘無疑是一個自然而然發生的狀況。那些退幕的獎學金和再也不見香燭祭拜的孤獨墳案，但且隨風而去，畢竟，既沒了記憶，當也就無傷感之必要了。

＊起念於二〇一七年五月二十三日，奧瑞岡州幽靜市Eugene, Oregon
完成於二〇一九年四月九日，北海道札幌Sapporo, Hokkaido

東方健康神祕主義

筆者山居，社區環境不錯，天天早晨乘風慢跑，很是愜意。不知何時起，有人於某個角落教授學習慢慢拳。這慢拳正式名稱不知，但很像電影推手神力老先生打的國拳，更似去年在中國被散打專家秒內擊倒的千年國術。累喘吁吁的跑者，通過這群白衣黑褲慢條斯理比劃的鄰居們，也不知他們是否同樣心肺功能正接受高低起伏的養訓。但是，令人納悶的是，慢拳打者們，明明家居離練習場地就百公尺上下，卻也吝於走幾步路到達，總見他們發動摩托車，大清早即製造噪音汙染，然後騎個十秒鐘去練拳。咦，不是起來運動嗎？走一下下路，都不願意？那慢慢拳又有何魅力，吸引得了連幾步路都懶得走的人？

幾年前，筆者下榻雲南昆明市內被認為景致優美的翠湖旁賓館，每天天未亮，湖的方向就傳來各種哇哇嗚嗚啊啊啊的非自然性高音量人聲，睡夢中被吵醒，總是狐疑冬季冷天誰在外頭喝醉搞怪啊?!無料，那異樣聲響天天都來，某日就決定要自己去探個究竟。原來那是清晨居民起身操演的吼功叫功哭功笑功嘯功等等，據說可以延年益壽。還不只這些，湖岸周邊早被各式各樣練功人士占滿，問說練個啥，給出的答案，竟從沒聽過者眾。但，它們通通是武林秘笈。回到臺北自己服務的大學，有天一大早必須臨時前往校園，竟也發現和翠湖一斑武功景致的場面，多人比手畫腳，口裡哇嗚啊地吼叫哭笑嘯個不停。一驚，兩岸這檔事倒是頗為一致。

有回到韓國釜山洽公，按例，一早就循圖往海邊公園走去，準備享受異國跑步心情。那也是天剛微微亮，一個突出於海的小山頭，看起來頗迷人。到了現場，老天，布滿滿的中老年人，同樣地，人人輕拳緩腳，仿如進入慢動作世界，然後，某個角落突然又哈哈嗚嗚鬼叫了起來。根本就和中國與臺灣同景嘛！然後，沒見到人在慢跑，幾位短短輕裝準備繞個山頭幾圈的西方訪者，也一臉狐疑，不知如何是好，畢竟，馬路小徑全被練功大媽大叔盤據。我們慢跑員只得摸著鼻子另找他處了。

歐美國家任一湖邊海岸河堤附近，一定有長長的步道，供人跑步快走騎自行車。夏日日夜或冬日太陽好天，很多人會集中於此，運動項目單純，就是跑走而已。寒冷季節則轉入健身房拉機器。無論如何，這些練身項目，必會使人汗流浹背，新陳代謝迅速進行，脂肪熱量亦正燃燒。這是解剖學文化基礎的鍛鍊身體景致，一切清楚亮出看到，甚至可算出消耗量能數字。它與前述東方種種顯然有大不同。

中臺韓等的東方文化，沒有掏出來檢視的解剖傳統，它靠的是一連串或一大套神祕主義式的論說，醫學如此，健身操練亦然。公園的資深年紀者，人人藏有許多養身秘方，各種奇功名目，眼不暇及。它們來自各方，總歸年齡到了時候，就自然而然可以取得。有的組織起來一起團練，有的自己秘密動慢，而大家共有的是，必有搭配傳說中本武功非常厲害神奇的故事。這些練武叔姨們，煞有其事地，不留一滴汗水，就自認達到效果。大家都變成深藏不露的各派一號人物。

前段問到，社區慢慢拳打手，為何總能樂此不疲，答案就是它在毫不勞累的舒適緩作之中，還被認定著有神力襄助，因為傳說中、電影裡、和武俠小說上，就是如此印證的啊！說不定這些現場高手見到跑累汗雨如哈士奇的教授鄰居，還笑稱其為不明武術真理所在的書呆傻子呢！

＊起念於二〇一七年五月三日，加拿大渥太華Ottawa, Canada

完成於二〇一九年四月二十四日，臺灣大學

問說，與人類最親近的動物是什麼，答案必定是狗。而人類最痛恨的動物又是什麼，回答可能多重，但，狼勢必排在前頭。只是，怪了，偏偏狗和狼又那麼的相像。

狼

日本北海道原有土生狼群廣泛分布，牠們卻於十九世紀末葉明治天皇時期起始，快速消失，主要就是人類的獵殺。為何殺光狼隻？因為太壞，竟把可愛的小鹿當獵物吃掉。狼的滅絕，造成北海道野鹿繁殖過量，公路社區常常被侵入，更吃光眾多植被，是為當前在地最令人頭疼的問題。

狼之令人厭惡，不會只在日本，它似乎遍存於現代人類社會。臺灣是個典型所在。欺負女生者叫「色狼」，教員侵犯學童者是「狼師」，而「某大學之狼」或「某城區之狼」等等，更是報刊電視常見的媒頭。近年流行的恐怖主義，亦有鼓勵個人行動的「孤狼」。簡單來說，狼就是造成嚴重傷害的代表者。動物被人們拿來譬喻隱喻，當然不會只有狼。就凶猛動物來說，獅子和老虎也上榜。但是，至多就是「河東獅吼」或者「母老虎」等帶有詼諧意味的性別角色指控，不會直接涉及欺凌殺戮的舉措。狼的凶狠，總歸還是列於萬獸之王與猛虎之前。臺灣並無原生狼，更沒有狼的人類文化要素，但，現在部分原住民們會以「狼煙」來象徵反抗力量的集結，大抵也是借重牠的見血獠牙之力道想像。

狼和狗生物分類學上都屬犬科，血緣關係極其相近，幾乎就是原屬同一群，後來在生存選擇策略上，一決定跟著人類，即可獲得方便直接的食物給予，但，必須犧牲自由自在的日常生活，另一則毅然留在野地，繼續享有無限寬廣空間，但，卻須艱苦狩獵覓食，甚至常要忍著找不到獵物的飢寒交迫日子。人與狗相結盟之後，關係越緊密，對牠越形寵愛，狼的地位就越糟糕。因為，狼根本就是背叛了的狗。

狗被馴服之後，即拼命幫人類獵得資源，再從資源中，分得一杯羹。這杯小小食羹，不至於降低或減損人類獲取的滿足高度，因此，狗還真的非常好用。甚至，到最後，狗自己也經常乖乖成了人類的盤中佳餚。而那狼，明明就是狗兒，卻專找人類麻煩，偷吃牲口，咬傷家居人口，在傳統時代，更是行路不安全的根源之一。於是，人類對此一背叛者更形痛恨，非予以滅絕不可。極端伊斯蘭主義團體對溫和伊斯蘭教徒之懲罰，絕不因同信仰而手軟，因為後者被認為是叛徒。國共鬥爭史上的殘酷事蹟，其悲慘之狀難以形容，那不是中國人殺害自己中國人同胞嗎？是的，但那是殺叛徒，叛徒不得留活口。日本曾是敵人，惟戰爭停止，輕輕的以德報怨即可解決，而中國同胞間之血仇卻繼續砍殺不止。叛徒畢竟大壞遠甚於敵國。人類對狼的恨之入骨，就是亟欲對叛徒之狗屠戮殆盡的舉動。至於對其他兇猛野獸，雖然也獵殺，卻非懷恨在心的行為，多半是可有可無，或者為了取其皮骨賣錢。

《與狼共舞》是多年前的一部電影，那傳達了北美印地安原住民對狼的另類定義。狼是族人的祖先。因此，狼廣獲尊敬，人類從狼的生活方式，學習甚多，雙方和平相處。狼的勇猛、合群、以及堅忍不拔性格，正是印地安人於殘酷原生大地中，必須具備的生存條件。自己是狼的後代，當然必有狼的偉大特質，而家養狗兒，則是狼的小弟或僕人。弟弟奴僕當然要伺候作為狼之代表的人類大哥啊！

只要狗狗繼續忠心可愛，狼就勢必揹著叛徒黑鍋，然後不斷受到人類驅趕消滅。印地安的令人驚豔動物哲理，的確是趕盡殺絕叛徒劇場裡的一盞戲外亮燈，它微弱，卻充滿生態希望，也訴說著在人類某個偏角，總可以看到不一樣的善意。

＊構思於二〇一七年六月二日，奧瑞岡幽靜市Eugene, Oregon

完成於二〇一九年四月二十五日，臺灣大學

人行道

人行道供行人走路，天經地義，無人質疑。但是，事情恐怕不是如此簡單。數年前，有次美國教授伉儷開車載我出遊，路經一鎮區郊外，忽見一人緩走於馬路邊人行道上，教授開口，「怎走在這裡？這在美國很不尋常！」聞之傻笑，一時不知如何回應，因為，實在想不通，人行道上有人，哪裡不合理了？後來慢慢想通，原來在高度資本主義實踐下的美國，人行道是專門服務資源競爭成功者的設計。

有錢有閒者會養狗，然後下班周末假日遛狗，他們走人行道。工作之餘，也是下班周末假日，打扮成亮眼短衣樣態，現於戶外慢跑者，也選擇人行道。狗狗是口袋飽合的標誌，畢竟花在牠身上開銷，絕非一小筆。運動衣裝標示著名牌，每件布料少少幾碼，往往貴得嚇人，而就這些富裕潮人擔負得起。開車經過市區郊外，看到人與狗，或者見著跑著跑著的汗流姿態優雅者，沒人會說「不尋常！」那反而是人行道景觀的正常樣態。前舉老教授所評論的那人，沒狗兒在旁，也不穿一勾而起的精品好鞋，所以才會落入非正常人等的論評對象。

沒狗沒好鞋裝，卻在人行道漫步，那八成就是失意人，也極可能是都市遊民。得意人都有車開，舒適地經由大馬路開著回家或外出遊玩，落寞者可能就鎮日拖著蹣跚步履，人行道上無端往返走著。這是美國景象。所以，平常上班時間，看不到牽狗跑步人，人行道總是空蕩，而社區內，路上若有人影，除非是偶爾走出來弄弄花草的在家媽媽或老人，否則那人必是家戶準備電話報警的對象，因為作為失敗者的遊民，萬不能在這邊沒事走路。

說說亞洲。寮國正發展中，首都永珍陸續鋪好馬路邊紅磚人行道。惟因車子日漸增多，四處都沒停車場，只好全數開上人的走道上。行人走路過來，望著人行道上滿滿大小車子，只能被迫走車道。人車在同一空間穿梭，危險嗎？其實就習慣成自然。臺灣場景呢？若只看北中南少數幾個大都會，當然沒有永珍那樣，人行道只要一有車膽敢上來停放，立即被拖吊離開。但，其他二線三線縣市鎮呢？那些地方卻也見到人們被迫走上馬路。原因是，每家每戶從屋內直接勢力伸展出來，以各類家具攤販搭架，霸佔著原應給人走的騎樓。沒有一個民選首長敢大刀闊斧剷除障礙，還給行人權利，因為，如此一來，下任鐵定沒票。再者，反正只需宣揚特定幾處景點，讓外來者可以駐足拍照打卡吃飯，觀光目的已達，沒人會看到一般人行路堆滿醜八怪障礙物景象。倒是前述永珍若見住戶商家有此作為，立即會被罰款取締。也就是說，寮國的公權力不去管車子亂放事情，卻干涉住家的佔用公共地，而臺灣情況相反，紅線路邊會被拖車，家家戶戶佔據行路，卻反而得以我行我素。

車子是機動的，有彈性的，它們的佔用只是短暫，就和苦短的有限人生一般，功德圓滿的來世才是重點，於是，大家對暫時性者，通通不以為意，就讓它去，反正一下子就不見，無礙。但永久私占行路土地一事，與寮國所屬南傳佛教之業來業滅文化觀念有別，當然就不允准之。臺灣的霸地私用，和加蓋違建一樣，人人為之，然後一起喊出就地合法。若只一家一戶佔地，那是盜匪，但，所有人都如此，就是一種正常。這是中國歷史上總是人口先大量遷移到新地點，之後官府政權才到達的傳統遺緒。換句話說，人到了，先佔先贏，你據我奪，人人有份。等到政府來了，民眾早已各憑本事擁有自我資源，此時公權力若進來分杯羹，或欲切割再分配，等於是與全民為敵，所以索性放著不管，終於尾大不掉，更隨時日加碼堆疊，永遠留在那邊。縱使被認為是毒瘤，也要逼著自己習慣，他人也見怪不怪。

東西方真有不同。西方資產主義勝利者，顯然獲有人行道休閒使用的正確性認證，若有非屬富人者一方的他人上到此路，就是古怪。東方世界的寮國和臺灣，分別有強占人行路的行動，前者機動車為如人生般的暫時性，後者則自家屋延伸出永久性擁有，此等特有現象自佛教文化信念和族群人口經驗觀之，似也能獲得些許道理。

＊構思於二〇一七年五月十七日，奧瑞岡州幽靜市Eugene, Oregon

完成於二〇一九年四月二十六日，臺灣大學

美國人用舊貨

住過美國的人，一定都知道車庫拍賣（garage sale）和搬家拍賣（moving sale）。當年在那兒當學生時，就偶和同學周末抽空逛逛，看看能否挖到寶。美國人家不定期在院子門前掛起牌子，將家中物品清一清賣出，而新主人也高興地便宜花費，取得了自己的所需，兩邊都獲益。關鍵是，這些都舊貨，或許古古老老，也可能退色了些，但，沒人會在意排斥。若趕不上此類拍賣的時機，沒關係，實體商店中，就有好幾家著名大型連鎖，專賣舊貨，一年四季都有好生意。

筆者前兩年在西北區一家大學訪問，結束時，當然從俗地也來個拍賣。一對開車自南方來尋求新生活樂趣的年輕夫妻，相中了床組，約好搬運之日，他們看到了自床組拿下的被單枕頭，即表示願意加點錢，也買下它們。筆者小小驚愕，想說，這是很貼身的物品，更是已經用了好些時候，難道都不介意？看對方態度認真，就答應了，然後小倆口歡欣地全數拿走，回家慶祝新鄉的新床組具到來。曾有附近友人告知，也常見有人在拍賣家戶場合上，購買舊內衣，同樣無人有怪異感覺。

反看臺灣，只要般個家，往往就見大興土木，把前任住戶東西全數掃除，之後新裝潢新家具等等，更不在話下。顯然臺灣人喜新厭舊，美國人喜新不厭舊。二者之所為，對環境資源的浪費，何者為巨，答案呼之欲出。

不過，不浪費資源是一個後設式的解釋，還是無法充分說明美國人用舊貨的文化。基本上，美國是個信用社會。八十年代曾有臺灣學者訪問美國，對於信用卡的使用，特表驚訝。怎可能東西拿了，就只是一張卡片刷一下，簽了名，即完成雙方交易？太神奇，也讓人佩服。事實上，那就是建立於彼此信任的一套制度上。人們購買使用舊貨，也是如此。他們信任原主人對物品的照護，因此，買了並不感到可能上當吃虧。西方人信任社會的建置，有其客觀的人際關係發展背景。幾百年來，他們四處發展勢力，人口流動是為常態，今天美國人平均七年就搬家，而新去之處必須是值得信任的地方，否則定會造成緊張衝突。

新地方的旅館住處或房屋新家，絕大多數就是對於舊物的新經驗，亦即，旅店設備床套浴巾杯子桌椅等等，都是舊物，而客人就是花錢來此使用這些。試想，舊物若不乾淨衛生或功能完全，有可能招來外來訪客嗎？當然，買房子是一項新移民的落腳選擇。在美國，往往越古典，歷史越悠久的家屋，越值錢。他們很少會出現在臺灣人人搶買新建築單位的情形。嚴格來說，臺灣人普遍有舊物恐慌症。住旅館就無端擔心房間怪聲詭影，買房子更常憂心舊屋會不會是凶宅，其實，那都是對陌生地點的缺乏信任或對他人待過之處的反感所致。看到美國人對百年老屋的珍惜愛護，住在裡頭舒適無比，很令人羨慕。在對本地過去人類活動的充分信任前提下，當下主人不會胡思亂想，居住起來當然就安穩。

美國人買東西可以退貨，這也是基於雙方彼此信任的原則。賣方相信買方沒有破壞物品，買方也深具信心地拿來退貨，因為自己的確是完整奉還，經得起考驗。大學開學之初，書店都有販售舊書之活動，前一學期修完課的學生，將教科書拿來銷售，新的修課學生也不疑有他以較低價購得。從來沒聽聞兩方後來因一方欺瞞而發生爭執之問題。信任的關係，不可能天上掉下，它必是社會往來所形成的進階修為，日常舊東西若有日可廣獲珍愛，不僅維護住了地球資源，更是人們相互信任的印證。臺灣尚待大大努力。

＊構思於二〇一七年七月二十七日，奧瑞岡州幽靜市Eugene, Oregon

完成於二〇一九年四月二十七日，臺灣家中

隱士

筆者過去二十年間多次造訪外國大學，最長一待一年多，最短也有個把月，次次有獲，也回回感受不同。朋友說，「每去一趟，就是一本書出爐，真有你的！」意思是，大概必須天天埋首，才有如此可能。問題是，總是振筆疾書，那種日子是怎麼一個模樣啊?!又，哪來那動力呢？筆者回到臺灣，有時還真的不太忍心去回想異國時光。為何？因為這等次數的歐洲北美東南亞歲月，一大共同點就是——寂寞！而它就在寫作日夜裡，時而常態慢啃，卻又可能變為突現式地重擊寫字人，熬得過，才有回家後向學生親友吹噓不虛此行的本錢。

歐美國度個人主義文化傳統原本就是寂寞世界，才會有酒吧檯前陌生人啜飲間相互談論球賽天氣的場景，而賭場林立也提供了空虛人們暫緩心情的處所。不過，文化環境如此，多數還是可以安然適應。君不見中世紀以來之修道院寂靜唸經禱文兼寫書立著的畫面嗎？那或許是後世人們似乎能夠享受寂寞的背景基礎，也可能係隱士得以活著順暢的歷史參照文本。

然而，話雖如此，還是很想觸及這些單人度日的真實景況，他們到底如何過生活啊?!有文學大家的昔日湖邊隱居小屋，如今成了當代仰慕者參訪地點，筆者不落俗套地也多次跑去沉思。最常躍現腦海的提問是，「他孤單嗎？平時生活如何打發？料理三餐呢？」一般在敘說此等隱居故事時，多以浪漫思維表意，嚴格來說，那距離當事者的真正生活狀況其實遙遠。筆者的國外小窩時光，縱使天天文思泉湧，寫個不止筆，卻也常突然仰頭轉身，才發現四周一片孤寂。幾次之後，當然就知曉自己身陷無法改變的孤單，而唯一能作者，就是繼續孤單。

孤單之際，最關心者竟是天氣，因為，養成了天天河岸邊慢跑習慣了，雨太大，可不成。那麼，那些古時代隱居人會否也需要運動健身？後來的自我解析發現，其實跑步表面上在殺時間，但卻是引發大量寫作靈感的時機。定速的步伐肌肉輪轉，帶動一份穩健的心境，而吸入的大口氧氣，更立即涮去腦中的舊有沉積，於是，好點子開始跳躍冒頭，喜悅感覺強烈，回家就立即來個千百字詞黑體印證。

單是枯坐案前，不可能有思有學有念，也不會下筆清澈滑順，因為整個心頭烱在一起，根本只有煩躁悶氣。筆者如此，想必隱士傳奇人等亦然。難怪那隱居環境都是山間水畔，小屋院牆之外大方圓內的樹林溪河周遭，應有該自我消失於世之神秘創作者的日常足跡，他們走走跑跑於大自然，芬多充分滋養，神來之筆的氣質才能隨而出現，然後順意地坐下，來個驚人創作之舉。

有辦法不斷寫出東西，或許正是可與寂寞恐慌取得平衡的機制。也就是說，一篇文字完成，可以撐個一段無聲無人時間，等到可供自己享受之溫度慢慢降低，就再造一次精采文章段落，如此循環，剛好足以成就大部頭出爐，然後但見一人依然好端端地以空屋眼神望著飄遠雲煙，讓人不由得崇仰豔羨。顯然，孤單是一種享受，不過，它必須有客觀的清新環境支持，加上個人高度動筆興趣，如此各造相乘，才能達陣後人對隱士文學家的優雅定位。思及此，回顧過往，自己的類似隱士域外生活還算順心，果然感恩對象居首者，正是大自然提供的慢跑律動。

＊構思於二〇一七年四月十一日，奧瑞岡州幽靜市Eugene, Oregon三角洲水塘Delta Ponds邊，Barnes & Noble書店咖啡座
完成於二〇一九年四月二十七日新北市安坑家中

前後稍息

在臺灣上過學或當過兵的人，都知道立正稍息。立正好理解，就直挺挺站好，雙手垂下貼腿，兩腳併攏。而稍息呢？稍息意思是稍微休息一下，亦即放鬆放鬆。但，如何確認是放鬆休息了，肢體上來個與立正相對的擺置，似乎就是證據。手放前邊，腳直立，很嚴肅，那是立正，而完全相反意象的手放後，腳叉開，自然就是輕鬆的代表性姿態了，於是它被稱作稍息。立正姿勢行走，只有如踢正步或隊伍通過司令臺等特別表演的時候，才見得著，一般生活情境如出現此景，必定被視為怪異笑料。但，稍息就不然了，它業已悄悄成了自然現身的身體語言。

友人表示，她爸爸走路時，雙手都放在後面，真不知為什麼。筆者頓時回憶自己行路姿態，竟然也是一樣。於是，就開始來個實驗。進入超級市場，逛逛百貨公司，或者在人行道往返，試著雙手自然下垂走著，竟是很不習慣，手肌肉整個僵硬，擺動也是古怪如機器臂膀。那麼，改換成雙手在後的姿勢呢？哇，立即感覺舒適多了。這怎一回事？尤其在美國場合，人來人往的血拚之處所，來個稍息走路，保證就你一人獨演，其餘皆是雙手兩側自然擺動。忽豎間，自己成了獨一無二的怪咖。

唯一會手放後頭走路者，就是上級長官。軍官巡視士官兵時，多是以手放後姿勢走過站挺挺的隊眾面前，那是他稍息，你立正之意。等到士官兵個人長大了，也變成上級了，縱使早已經在民間公私立機關服務，卻也自動學著軍中模樣，手背於後地觀看下屬工作種種。那意思是，你做事，而他閒著考察，因他是在上位者的老闆經理。民間生活中的稍息走路，即是權威或威權經驗產物，路上看到有人如是姿態，那一定是當過兵，或曾經或現下是主管首長如校長教授議員董事長館長等等者。習慣了，到了外國，竟也不自覺訪視督導了起來，整座百貨公司，就你一人稍息慢行，變成另類土包子。

不過，稍息如此，立正可不。後者沒有自軍中傳習到民間，因為，立了正，根本無法做事情，無論如何，雙手勢必要解放開來。那民間人士站立時，又當如何？其實也是稍息，但，手係自後頭換至前面，亦即雙拳覆蓋，放在下腹部正前方。不願再次立正，因為那是絕對下屬的象徵，沒有人想繼續那位階，於是就姿態性地永遠稍息，畢竟稍息可以是士兵也可以是官長，它模糊掉了界線，自己藉此心裡較為舒暢。不過，一有前來巡視者手放後頭，我就立即手轉放前頭，以示區辨，也比較方便等下或有獎品須領取。

肢體是語言，文化承載者成員間，彼此可通。年輕立正稍息，那全都服膺於他人的命令，退伍多時，早已揚棄立正，卻繼續保有稍息動作，時而後面，時而換到前面，端看情境需要。一個人走著，只會手放後頭，因為總想自己高位階，四處巡幸。等到遇著有形無形更高位者，就自動改到前頭放手，畢竟，總是源出威權文化，時代如何改變，也不可能全數換新，放前頭的次級稍息，還是要低頭於放後頭的高等稍息。諸君下次看到人們手前手後換姿，大概就可知曉情勢背景的故事了。

＊起思於二〇一七年八月十日奧瑞岡州幽靜市Eugene, Oregon
完成於二〇一九年四月二十八日安坑家中

野味的疑雲與道理

十數年前的ＳＡＲＳ和現正在屠戮病患的新型冠狀病毒，都被許多人認定為源自野生動物，其中蝙蝠、蛇類、果子狸甚至穿山甲等，都入列最大罪魁禍首名單。專家們紛紛表示自己發現了病毒和特定動物體內基因序列有多高度的一致性。好吃野味而致禍，因此成了共識。被懷疑是人工合成病毒機構的研究員，即把握住此一歸罪非人類自己惡搞出來的普遍認知契機，趕緊跳出說這正是對不文明人類行為的大自然反彈，也就是說，人們吃野味極不文明，所以就須承受懲罰式地反撲。

從人類的飲食慣習特性來看，前述將文明道德與食用對象混而定論之舉，其實很難服眾。人類遠祖自約一千八百萬年前從棲息的樹上下到地面時起，為了生存，即在很短時間內，演化成高度直立以便可以觀遠避難，同時變成雜食動物，以使與其他生物激烈競爭之際，可以快速各樣覓食，獲得身體所需能量。所謂雜食，就是葷素都來。我們的老祖宗都是狩獵採集者，亦即，在人群勞力分工上，有的負責於聚落近處採拾野果菜蔬，多半女性為之，而男性則備妥武器出外打獵，常常一去就是長時多天。

出獵之前必有嚴謹之禁忌遵行或者系統性儀式的舉行，為的就是期望收穫滿滿返回。有所收穫非常重要，因為那是族人蛋白質的關鍵來源。有了足夠蛋白質汲取，才可維持身體正常運作，生活和群落命脈方能持續。許多民族誌資料顯示，男性的成年禮就端看他的首次獵獲成績而定，過了關，女孩才能託付給他，畢竟，一個家庭未來的維生需求，終究有了可信賴基礎。那麼，獵手們打回來的都是什麼獵物？基於生態的知識和超自然信仰的約制，各個群體有其規範中不去狩獵的對象，但，一般而言，這些項目並不會太多，因為，一次出獵不是易事，運氣不佳者，就是空空如也賦歸，準備接受失望的異樣眼光。所以，在不使大家餓肚子前提下，大體上弓箭鏢槍上膛的勇士，多不會輕易放棄被看上的動物。什麼都吃的結果，即是人類的雜食性不斷被強化，來者不拒的適應力，也就更加有效了。

對雜食的高度適應，按理不會很容易在遍嚐食物過程中受害。然而，人類面對的是永遠無法全然知悉的大自然世界，因此，偶爾慘遭回馬槍襲擊，也是可能的。神話故事中多有試吃百草嘉惠大眾，而自己卻誤觸毒物犧牲的情節。許多前現代社會的人們，清楚知道山林中可食和不可食之品類的分際，這些應當都是經驗的積累，動植物皆然。不過，總體來說，一個群體在特定地方久待，就表示對周遭自然世界已能理解掌握，亂吃凸槌的事，會愈來愈少。

一萬多年前，大多數的人類群體紛紛進入農業生業階段。較多的穀類主食生產，供養了更多的人口，也使得家畜家禽獲得保障，因為牲口可以有農產剩餘為食，也能撿吃人類丟棄的食物。畜禽的普遍，引來了動物蛋白質吸收對象的大變動，亦即，家生大比重取代獵物，而人們對於前者之依賴正急速加深。打獵可能轉成休閒，或者只屬於少數人的專門技術。吃到野味因此變成了奢求，於是類似「山珍海味」的說法油然而生。欲要吃到山產，就必須經由特定管道，或許商業高價，也或許僅有特殊階級成員才能享受。這在城市化社會和當代國家中，可以找到許多例證。至於部分實質生活或價值思維觀念仍處於前現代生活模式的部族群體，雖然也是農業主食，但，那記憶猶深的狩獵，依舊難以被割捨，所以，特定的打獵和獵獲物，即轉成為重要祭典儀式的必須行為與用品。總之，無論現代或前現代，多少仍有傳統行獵所得之野生動物的消費食用行為，一直到今日。

一有需要，即有獵物可以食用，很多還維持該項習慣的群體族人必然高興，因為那是與祖先文化連結的一個標誌，無可斷裂。此類用餐模式，是一份歷史情感和儀式氛圍的籠罩，沒有其他神秘兮兮要素。但是，另一類的商業買賣，可不相同。因為野生動物在此一苦於家畜刻板味道的場域內，躍然一變為珍禽貴獸，他們是極致的滋補壯陽聖品，也是長生不老的祕方。於是，明明是高度農業主食的大都會，總會有報明牌式地宣稱哪裡有好料野味云云的訊息。既有老饕趨之若鶩，就有更多人千方百計設法弄到愈古怪愈好的活體動物，蝙蝠或許是其一。

早已遠離狩獵採集生業的現代人，相較於歷史時期，當然少有機會與大自然野生動物飲食交會，所以，現生人類體質業已然適應了家生畜禽肉品，過去吃獵物的身體特質已不再。不是與野味同體的身體，硬是吃下大量山林動物，結果會怎樣？可能沒事，因為祖輩野味基因或許仍在，但，也可能出事，畢竟，新身體完全不是消化珍禽走獸的料了。

武漢地區染病者數量極為驚人。倘若真是由某種野味引起的，那這款動物必然是非常非常特殊，極少有人食用過者。牠的帶毒一上身，無人可擋，畢竟過去千百人沒人曾經與之相互適應。一般的野味大體上不可能如此的威力強大，因為誠如前文所述，人類與山林動植物互動無數萬年，彼此曾熟悉到不行，縱使遲至今日，飲食生活已然大大改換，在體質上著實也不會如此脆弱不堪。所以，那款神秘野味到底是什麼？反過來說，如果人們已有大多數野味經驗，那怕任一種類病態發作，也不至於凶險如此，那麼，我們可否提問：該款果真存在於大自然中？還是牠源自人工介入產出，以至於人類自然身體無力可擋？

另外一個考慮方向是，問題可能出在野生動物的圈圍活體之上嗎？維持部分前現代生活的群體，多半獵物帶回立即處理，少有刻意生養久久當成好玩或者其他目的之考量。但是，商業市場內，為求鮮味，客戶要求生猛，於是活生生一隻隻在籠內等著，一待可能好長時間，以致某種極特殊動物體內之人們非常陌生的菌體病毒，就獲有充分時間接觸人們，其間的危險性自然增多了。

史前祖輩或有食百草吃百物而犧牲於毒害者。而當代嗜吃山產野味而中毒者，似正為緬懷祖代狩獵採集飲食文化而損傷生命。歷史文獻或地方誌書多載有某地某年瘟疫大流行，死亡狀態多麼慘烈等等。這些瘟疫到底是什麼？是否很可能有高比率正是當下情況的寫照？人們在吃食汲取野生動物蛋白質之際，遇到身體不配合，就出現大量犧牲者，來述說現代「家畜型」身體與古代「狩獵型」體質已然大不同。野味禁止不了，因為那是老祖宗遺留，對今日某些人而言，尚存實質需求，而對另一批人來說，至少象徵意義重大。或者，縱使緊隨祖先腳步，通通得以適應，卻有人有機構有國家不甘寂寞主動拿來組裝換位，以求得人定勝天的成就，那就不得而知了。野味有罪否？各人雖有判斷，但牠總歸還是有其一分道理，只是此分道理在今日關鍵時刻卻是充滿疑雲。

＊寫於二〇二〇年二月九日

代後記　寂寞

無人之境　獨白望壁
一日踱步　就等聲音
那是幽靜
急著出跑　有處可去
只是空曠　身外蕩蕩
也是幽靜
躲去世界　想著回來
不久打包　因為虛慌
念著幽靜
越洋途中　默然絕望
他邦更孤　卻又再來
到幽靜了

＊寫於二〇一九年九月十九日，下午兩點十七分於臺灣大學研究室

社會科學類　PF0269　Viewpoint 50

幽靜人類學
——文化的匿蹤與現身

作　　者／謝世忠
責任編輯／鄭伊庭
圖文排版／周好靜
封面設計／蔡瑋筠

發 行 人／宋政坤
法律顧問／毛國樑　律師
出版發行／秀威資訊科技股份有限公司
114臺北市內湖區瑞光路76巷65號1樓
電話：+886-2-2796-3638　傳真：+886-2-2796-1377
http://www.showwe.com.tw
劃撥帳號／19563868　戶名：秀威資訊科技股份有限公司
讀者服務信箱：service@showwe.com.tw
展售門市／國家書店（松江門市）
104臺北市中山區松江路209號1樓
電話：+886-2-2518-0207　傳真：+886-2-2518-0778
網路訂購／秀威網路書店：https://store.showwe.tw
國家網路書店：https://www.govbooks.com.tw

2020年6月　BOD一版
定價：460元

國家圖書館出版品預行編目

幽靜人類學 : 文化的匿蹤與現身 / 謝世忠著. --
一版. -- 臺北市 : 秀威資訊科技, 2020.06
面 ; 公分. -- (社會科學類)
BOD版
ISBN 978-986-326-821-5(平裝)

1. 文化人類學 2. 文集

541.307 109007128

讀者回函卡

感謝您購買本書，為提升服務品質，請填妥以下資料，將讀者回函卡直接寄回或傳真本公司，收到您的寶貴意見後，我們會收藏記錄及檢討，謝謝！

如您需要了解本公司最新出版書目、購書優惠或企劃活動，歡迎您上網查詢或下載相關資料：http:// www.showwe.com.tw

您購買的書名：________________________________

出生日期：________年________月________日

學歷：□高中（含）以下　□大專　□研究所（含）以上

職業：□製造業　□金融業　□資訊業　□軍警　□傳播業　□自由業

□服務業　□公務員　□教職　□學生　□家管　□其它_____

購書地點：□網路書店　□實體書店　□書展　□郵購　□贈閱　□其他

您從何得知本書的消息？

□網路書店　□實體書店　□網路搜尋　□電子報　□書訊　□雜誌

□傳播媒體　□親友推薦　□網站推薦　□部落格　□其他__________

您對本書的評價：（請填代號　1.非常滿意　2.滿意　3.尚可　4.再改進）

封面設計____　版面編排____　內容____　文／譯筆____　價格____

讀完書後您覺得：

□很有收穫　□有收穫　□收穫不多　□沒收穫

對我們的建議：________________________________

____

____

____

請貼
郵票

11466
台北市內湖區瑞光路 76 巷 65 號 1 樓

秀威資訊科技股份有限公司　　收

BOD 數位出版事業部

（請沿線對折寄回，謝謝！）

姓　　名：＿＿＿＿＿＿＿＿　年齡：＿＿＿＿　性別：□女　□男

郵遞區號：□□□□□

地　　址：＿＿＿＿＿＿＿＿＿＿＿＿＿＿＿＿

聯絡電話：(日)＿＿＿＿＿＿＿＿　(夜)＿＿＿＿＿＿＿＿

E-mail：＿＿＿＿＿＿＿＿＿＿＿＿＿＿＿＿